U0625374

公路桥梁设计与施工技术研究

李振中　马秀娟　吴斐斐◎著

吉林科学技术出版社

图书在版编目（CIP）数据

公路桥梁设计与施工技术研究 / 李振中，马秀娟，
吴斐斐著. -- 长春：吉林科学技术出版社，2022.9
　　ISBN 978-7-5578-9621-8

　　Ⅰ. ①公… Ⅱ. ①李… ②马… ③吴… Ⅲ. ①公路桥
－桥梁设计②公路桥－桥梁施工　Ⅳ. ①U448.14

中国版本图书馆 CIP 数据核字(2022)第 179564 号

公路桥梁设计与施工技术研究

著	李振中　马秀娟　吴斐斐	
出 版 人	宛　霞	
责任编辑	郝沛龙	
封面设计	金熙腾达	
制　　版	金熙腾达	
幅面尺寸	185mm×260mm	
开　　本	16	
字　　数	283 千字	
印　　张	12.5	
印　　数	1—1500 册	
版　　次	2022 年 9 月第 1 版	
印　　次	2023 年 3 月第 1 次印刷	

出　　版	吉林科学技术出版社
发　　行	吉林科学技术出版社
地　　址	长春市净月区福祉大路 5788 号
邮　　编	130118
发行部电话/传真	0431-81629529　81629530　81629531
	81629532　81629533　81629534
储运部电话	0431-86059116
编辑部电话	0431-81629518
印　　刷	三河市嵩川印刷有限公司

书　　号	ISBN 978-7-5578-9621-8
定　　价	75.00 元

版权所有 翻印必究 举报电话：0431-81629508

前　言

公路桥梁建设是现代化建设中的重要组成部分，关系着城市的发展。做好基础设计，提升施工技术水平，有助于加强公路桥梁建设质量控制，促进其使用功能的最大化发挥。在公路桥梁基础设计与施工过程中，在保证安全环保的基础上，要重视技术创新，开展精细化施工，以确保公路桥梁建设质量符合相关要求，促进公路桥梁建设事业的稳定健康发展。现代化发展背景下，在我国公路桥梁建设行业持续发展中，社会各界人士对其质量与性能提出了极高关注。鉴于我国各个地区施工现场情况的不同，为做好公路桥梁施工工作，要求施工单位必须在做好基础设计工作的同时，秉持实事求是的原则，合理选择现代化施工技术，高效推动公路桥梁基础施工工作，这是支撑我国公路桥梁施工行业可持续目标尽快实现的重要保证。公路桥梁不仅承担着交通运输的重要功能，同时也在一定程度上彰显国家的经济实力。

公路桥梁设计与施工关系着社会经济的发展与人民的生命和财产安全，因此应当更加重视和加强研究。本书是公路桥梁建设方向的著作，主要研究公路桥梁的设计与施工技术本书从公路桥梁工程的基础理论入手，针对公路设计和桥梁设计的相关知识要点进行了分析，然后对公路桥梁的主要施工技术包含路基路面施工技术、公路附属工程施工技术、桥梁施工技术等进行了详细论述，旨在为我国公路桥梁建设提供较为全面的研究理论。本书可为从事公路与桥梁工程设计及施工的技术人员提供参考。

在本书的策划和编写过程中，编者曾参阅了国内外有关的大量文献和资料，从中得到启示；同时也得到了有关领导、同事、朋友及学生的大力支持与帮助，在此致以衷心的感谢。由于公路桥梁的技术发展非常快，本书的选材和编写还有一些不尽如人意的地方，加上编者学识水平和时间所限，书中难免存在缺点，敬请同行专家及读者指正，以便进一步完善提高。

前　言

目　录

第一章　公路桥梁工程概述

第一节　公路工程的基础理论

一、公路基本建设程序

（一）基本建设及其内容构成

基本建设是指国民经济中建造新的固定资产，从而扩大生产能力或工程效益的过程。例如，为了增加社会生产能力，新建工厂、学校、公路、桥梁、码头、矿井、电站、水坝、铁路等；为了扩大生产和提高效益而扩建生产车间、提高路面等级、修建永久性桥梁；为了提高生产效率，改进产品质量，对原有设备及工艺进行整体性技术改造。包括原有公路的全面改建等，都属于基本建设的范畴。由此可见，凡是固定资产扩大再生产的新建、改建、扩建，恢复工程的建筑、添置、安装等活动及其与之连带的工作称为基本建设。

在我国，基本建设是发展国民经济、增强综合国力、迅速实现社会主义现代化、提高人民物质文化生活水平和加强国防实力的重要手段。因此，党和国家历来都十分重视基本建设事业，并制定、颁布了一系列政策、法规。全国范围的大规模基本建设，初步形成了比较完整的工业、交通运输体系和国民经济体系，使历史悠久的中华大地发生了天翻地覆的变化，为我国的改革开放事业和构建社会主义和谐社会提供了坚实的物质基础。

基本建设工作应包括以下内容：

1. 建筑工程

建筑工程指消耗建筑材料，使用工程机械，通过施工活动而建成的工程实体，如路基路面、桥梁、隧道、厂房、水坝等构筑物。

2. 安装工程

安装工程指基本建设项目须用的各种机械和设备的安设、装配、调试等工作，如工业生产设备，公路及大型桥梁所需的各种机械、设备、仪器的安装及调试等。包括生产设备和生活设施。

3.设备、工具及器具的购置

设备、工具及器具的购置指属于固定资产的机器、设备、工具、器具等用品的购置，如渡口设备、隧道照明、消防、通风的动力设备；高等级公路的收费监控通信、供电设备、路面养护用的沥青混合料拌和设备、摊铺机械和工具、器具等。

4.勘察、设计及相关工作

勘察、设计及相关工作指编制建筑安装工程施工依据的勘察设计文件所进行的工作，如公路工程的可行性研究、初步设计、施工图设计等，以及勘察、设计过程中必须进行的地质调查、钻探、材料试验和技术研究工作、评价、评估、咨询、招标、投标、造价编制、试验研究工作等。

5.其他基本建设工作

其他基本建设工作指为确保基本建设工程的顺利实施和正常运行而进行的基础工作，如土地征用、拆迁安置、人员培训、工程质量监督和监理、工程定额测定、施工机构迁移工作等。

（二）基本建设项目的划分

基本建设工程规模有大小之分，但无论大小都有其自身的复杂性，要进行若干项技术的、经济的和物质形态的工作。为了加强对基本建设工作的管理，便于编制设计文件、概预算文件和施工组织设计文件，便于工程招投标工作和施工管理，必须对基本建设项目进行科学的分解和合理的划分。基本建设工程可以划分为建设项目、单项工程、单位工程、分部工程和分项工程。

1.建设项目

建设项目也称基本建设项目，是指经批准在一个设计任务书范围内按同一总体设计进行建设的全部工程。建设项目由一个或几个单项工程所组成，经济上实行统一核算，行政上实行统一管理，一般以一个企业（或联合企业）、事业单位或独立工程作为一个建设项目。公路工程以单独设计的公路路线、独立桥梁作为基本建设项目。

2.单项工程

单项工程也称工程项目，是指建设项目中具有独立的设计文件、建成后可独立发挥生产能力或使用效益的工程。如工业建筑中的生产车间、办公楼、仓库，民用建筑中的教学楼、图书馆、实验室、住宅，公路工程中独立合同段的路线、大桥、隧道等属于单项工程。

3.单位工程

单位工程是单项工程的组成部分，是指在单项工程中具有单独设计文件和独立施工条件，而又单独作为一个施工对象的工程。如生产车间的厂房修建、设备安装，公路工程中同一合同段内的路基、路面、桥梁、互通式立交、交通安全设施等属单位工程。由此可见，单位工程一般不能独立发挥生产能力和使用效益。

4. 分部工程

分部工程是按工程结构、构造或施工方法不同所做的分类，它是单位工程的组成部分。如房屋的基础、地面、墙体、门窗，公路路基的土石方、排水、涵洞、大型挡土墙，桥梁的上、下部构造，引道等均属分部工程。

5. 分项工程

分项工程是指通过较为简单的施工过程就能生产出来，并且可以用适当计量单位计算的"假定"的建筑或安装产品。如 $10m^3$ 块石基础、$100m^3$ 水泥混凝土路面、一台某型号龙门吊的安装等。必须指出，分项工程只是建筑或安装工程的一种基本构成因素，是为了确定施工资源消耗和计算工程费用而划分的一种假定产品，以便作为分部工程的组成部分。因此，分项工程的独立存在是没有意义的，它不像上述项目那样是完整的产品。

（三）公路基本建设程序

基本建设程序是指基本建设全过程中各项工作必须遵循的先后顺序。这个顺序是由固定资产的建设过程，即基本建设发展进程的客观规律所决定的。科学的基本建设程序能正确地处理基本建设工作中，制订建设规划、确定建设项目、勘察设计、组织施工、竣工验收等各阶段、各环节之间的关系，指导基本建设工作有计划、按步骤地进行。

公路基本建设程序是指公路基本建设项目从规划立项到竣工验收的整个建设过程中各项工作的先后顺序。公路基本建设涉及面广，既受地质、气候、水文等自然条件的制约，又受物资供应、技术水平等物质技术条件的影响，同时还需要建设单位与设计、施工、监理、质量监督等单位和部门的协作配合。因此，公路基本建设项目必须严格按照规定的程序实施，依次进行各个方面的工作，才能达到预期的效果，否则将可能给国家造成严重的经济损失或给工程带来无法弥补的缺陷。

1. 政府投资公路建设项目的实施程序

①根据国民经济长远规划及公路网建设规划进行预可行性研究，编制项目建议书。②根据批准的项目建议书进行工程可行性研究，编制可行性研究报告。③根据可行性研究报告和可行性研究报告批复编制项目设计招标文件。④根据批准的项目设计招标文件、资格预审结果和公路建设计划，组织项目设计招标投标。⑤根据可行性研究报告和可行性研究报告批复编制初步设计文件。⑥根据批准的初步设计文件，编制施工图设计文件。⑦根据批准的施工图设计文件，编制项目施工招标文件。⑧根据批准的项目施工招标文件、资格预审结果和公路建设计划投标。⑨根据国家有关规定，进行征地拆迁等施工前的准备工作，编制项目开工报告，并向交通主管部门申报施工许可。⑩根据批准的项目开工报告，组织项目实施；项目完工后，编制竣工图表、工程决算和竣工财务决算，办理项目交工验收、竣工验收和财产移交手续；竣工验收合格营运一段时间后，组织项目后评价。

2. 企业投资公路建设项目的实施程序

①根据规划，编制工程可行性研究报告。②组织投资人招标工作，依法确定投资人。③投资人编制项目申请报告，按规定报项目审批部门核准。④根据核准的项目申请报告，编制项目设计招标文件、组织项目设计招标投标、编制初步设计文件，其中涉及公共利益、公众安全、工程建设强制性标准的内容应当按项目隶属关系报交通主管部门审查。⑤根据初步设计文件，编制施工图设计文件。⑥根据批准的施工图设计文件，编制项目招标文件。⑦根据批准的项目招标文件、资格预审结果和公路建设计划，组织项目施工招标投标。⑧根据国家有关规定，进行征地拆迁等施工前准备工作，并向交通主管部门申报施工许可。⑨根据批准的项目施工许可，组织项目实施。⑩项目完工后，编制竣工图表、工程决算和竣工财务决算，办理项目交工验收和竣工验收；竣工验收合格后，组织项目后评价。

（四）公路基本建设程序各阶段的主要内容

为加强公路基本建设项目管理，公路建设还应当按照国家和交通运输部的有关规定实行项目法人制度、招标投标制度、工程监理制度和合同管理制度（通常称为"四项制度"）。

1. 前期阶段

（1）项目建议书阶段

项目建议书是建设单位（业主）向国家提出的要求建设某一项目的建议文件，是对建设项目的轮廓构想，这种构想可来自国家、部门和地方的发展规划与计划安排，或来自市场调查研究，或来自某种资源发现。项目建议书应对拟建项目的社会需求进行分析研究，明确为满足此需求所要达到的建设目标，包括经济目标、社会目标和环境目标，并考虑可能承担的风险。

（2）可行性研究阶段

项目建议书批准后，由政府交通主管部门组织项目的可行性研究。可行性研究是对拟建项目在技术上和经济上是否"可行"进行科学分析和论证工作，为项目决策（该项目是继续实施还是放弃）提供依据。可行性研究的主要任务是通过多方案比较，提出评价意见，推荐最佳方案。

按可行性研究的工作深度，划分为预可行性研究和工程可行性研究两个阶段。预可行性研究应重点阐明建设项目的必要性，通过路勘和调查研究，提出建设项目的规模、技术标准，进行简要的经济效益分析。工程可行性研究应通过必要的测量（高速公路、一级公路必须做）、地质勘探（大桥、隧道及不良地质地段等必须做），在认真调查研究、占有必要资料的基础上，对不同建设方案从技术上和经济上进行综合论证，提出推荐方案。可行性研究报告的文件应符合《公路建设项目可行性研究报告编制办法》的规定。

可行性研究报告经审查批准后，项目才能正式"立项"。大中型项目和限额以上项目的可行性研究报告经批准后，可根据实际需要组成筹建机构，即组建项目法人。一般改建、扩建项目不单独设置机构，仍由原企业负责筹建。

2. 设计阶段

（1）设计招投标及任务书阶段

根据可行性研究报告及可行性研究报告批复编制项目设计招标文件，进行项目设计招标，选择确定项目设计单位。

设计任务书是项目确定建设方案的决策性文件，是编制设计文件的主要依据。设计任务书可由建设单位自行提出，也可由工程咨询公司代为拟定，或由建设单位与设计单位协商确定。

设计任务书的内容包括：建设依据和建设规模；路线走向和主要控制点，独立大桥桥址和主要特点；地理位置、自然条件和社会经济现状；工程技术标准和主要技术指标；设计阶段及完成时间；环境保护、城市规划、抗震、防洪、防空、文物保护等要求和采取的措施方案；投资估算和资金筹措；经济效益和社会效益；建设期限和实施方案。

（2）公路设计阶段划分

公路基本建设项目一般采用两阶段设计，即初步设计和施工图设计。对于技术简单、方案明确的小型建设项目，也可采用一阶段设计，即一阶段施工图设计。对于技术上复杂、基础资料缺乏和不足的建设项目，或建设项目中的特大桥、互通式立交枢纽、地质复杂的长大隧道、高速公路和一级公路的交通工程及沿线设施中的机电设备等，必要时采用三阶段设计，即初步设计、技术设计和施工图设计。

（3）各阶段的设计依据

初步设计应根据批复的可行性研究报告、测设合同及勘测资料进行编制。一阶段施工图设计应根据批复的可行性研究报告、测设合同及定测、详勘资料进行编制。两阶段设计时，施工图设计应根据批复的初步设计、测设合同和定测、详勘资料（含补充资料）进行编制。三阶段设计时，技术设计应根据批复的初步设计、测设合同和定测、详勘资料进行编制；施工图设计应根据批复的技术设计、测设合同和补充定测、详勘资料进行编制。

（4）施工图设计文件组成

不论按几个阶段设计，其中的施工图设计文件由以下内容组成：总说明书，总体设计；路线；路基、路面及排水；桥梁、涵洞，隧道；路线交叉；交通工程及沿线设施：环境保护；渡口码头及其他工程；筑路材料；施工组织计划；施工图预算。

3. 施工阶段

项目在开工建设之前，要做好以下前期准备工作：

（1）预备项目

初步设计已经批准的项目可列为预备项目。国家的预备项目计划，是对列入部门、地方编报的年度建设预备项目计划中的大中型项目和限额以上项目，经过对建设总规模、生产力布局、资源优化配置以及外部协作条件等方面进行综合平衡后安排和下达的。

（2）建设准备的内容

建设准备的主要工作内容有：征地、拆迁和安置；完成施工用水、电、路工程；设备、材料订货；准备施工图纸；监理、施工招标投标。

（3）申报项目施工许可

完成了规定的建设准备和具备了开工条件以后，应申报项目施工许可。年度大中型项目和限额以上项目须经国务院批准，其他项目可由部门和地方政府批准。

建设项目开工报告一经批准，项目便进入了建设施工阶段。本阶段是项目决策的实施、建成投入使用、发挥效益的关键，因此建设单位、施工企业、监理单位都应认真做好各自的工作。

公路项目开工建设的时间以开始进行土石方施工的日期作为正式开工日期。分期建设的项目，分别按各期工程开工的日期计算。施工活动应严格按照设计要求、技术规程、合同条款、预算投资、施工程序和顺序、施工组织设计，在保证质量、工期、成本等计划目标的前提下进行，达到竣工标准要求，经验收后移交使用。

4.竣（交）工验收及后评价阶段

（1）竣（交）工验收交付使用阶段

竣（交）工验收是建设全过程的最后一道程序，是投资成果转入使用的标志，是建设单位、设计单位和施工单位向国家汇报建设项目的生产能力或效益、质量、造价等全面情况及交付新增固定资产的过程。验收工作在建设项目按施工合同文件的规定内容全部完成后进行。

公路项目验收分为单项工程交工验收和整体项目竣工验收两个阶段。竣工验收由建设主管部门主持，依据国家有关规定组成验收委员会，按照原交通部《公路工程竣（交）工验收办法》的要求组织验收。在工程验收前，建设单位要做好以下准备工作：组织设计、施工等单位进行工程初验，并向主管部门提出验收报告；整理技术资料，包括各种文件；绘制竣工图，必须准确、完整、符合档案管理的要求；编制竣工决算。

验收合格的工程，应移交使用，并按有关规定办理交接手续。

（2）项目后评价阶段

公路建设项目正常运营一段时间后，再对项目的立项决策、设计施工、竣工验收、生产运营等全过程进行系统评价的技术经济活动，称为项目后评价，它是固定资产投资管理的最后一个环节。通过后评价可以肯定成绩、总结经验、探讨问题，并提出建议，作为今后改进投资规划、评估和管理工作的参考。

项目后评价应经过建设单位自评和投资方评价两个阶段，包括以下内容：评估项目的实际成效，确定项目是否达到了预期目标和设计要求；检查设计、施工各个环节的实际质量；重新计算实际财务效益和国民经济效益。

二、公路施工项目管理过程

施工企业通过投标承揽施工任务后，公路施工项目管理要依次经历施工准备阶段、施工阶段、竣（交）工验收阶段、用后服务阶段等，按工程施工承包合同的要求完成施工任务。对于不同规模、不同性质的具体工程项目，施工过程各阶段的具体工作内容不尽相同。

（一）投标与签订合同阶段

在社会主义市场经济条件下，施工企业通过投标竞争，中标后与建设单位签订工程承包合同，承揽施工任务。在工程承包合同中，建设单位为发包人，称为业主；施工企业称为承包人。

建设单位的拟建工程项目具备了招标条件后，便发布招标广告（或邀请函），施工企业见到招标广告（或收到邀请函）后，从做出投标决策至中标签约的过程，实质上是在进行施工项目管理第一阶段的工作。

1．投标决策

公路施工企业获得工程项目施工招标信息后，从本企业经营战略的高度并结合当前的施工任务情况，由企业决策层做出是否投标争取承包该项目的决策。

2．收集信息

如果决定投标，就要力争中标。因此，应从当前工程市场形势、施工项目现场状况、竞争对手的实力、招标单位情况，以及企业目前的自身力量等几个方面大量收集信息，为投标书的编制提供可靠资料。

3．编制投标书

按照招标文件的规定和要求，充分发挥本企业自身的优势，编制既能赢利，又有竞争力，可望中标的投标书。

4．签订工程施工承包合同

如果中标，则在规定期限内与业主单位进行谈判，依法签订工程施工承包合同。

（二）施工准备阶段

工程施工承包合同正式生效后，施工企业便应组建项目经理部，然后以项目经理部为主，与企业经营层和管理层配合，进行施工准备，使工程具备开工作业和连续施工的条件。

1. 成立项目经理部

施工企业按照工程施工承包合同规定的基本条件确定施工项目经理,成立项目经理部,根据施工项目的规模大小和施工管理工作的实际需要建立管理机构,配备管理人员。

2. 制订施工项目管理实施规划

施工项目管理实施规划由施工项目经理负责组织编制。施工项目管理实施规划是整个工程施工管理的执行计划,在施工项目中它还要进一步分解,由施工项目经理、经理部各部门、各工程小组、分包人等在项目施工的各个阶段中执行。

3. 进行施工现场准备

施工现场准备包括组织准备、技术准备、物资准备等项工作,主要有熟悉和核对设计文件,补充调查资料,编制施工组织设计,建立临时生产与生活设施,施工测量、放样,劳务人员培训,材料试验、备料等。通过施工现场准备,使现场具备施工条件,有利于文明施工和场容管理。

4. 编写和提交开工报告

各项施工准备工作完成,并具备连续施工作业的条件后,按照施工承包合同规定的期限向监理工程师提交工程开工报告。开工报告的主要内容应包括:施工机构的建立,质量检测体系、安全体系的建立和劳动力安排,材料、机械及检测仪器设备进场情况,水电供应,临时设施的修建,施工方案和总体施工组织设计等。

监理工程师对开工报告进行审查后,将在投标书附录规定的期限内发布开工令。

(三)施工阶段

这是一个从工程开工至竣(交)工验收的实施过程。在这一过程中,具体负责施工项目现场管理工作的项目经理部既是决策机构,又是责任机构。企业管理层、建设单位、监理单位在这一阶段中的作用是支持、服务、监督与协调。这一阶段的目标是完成工程施工承包合同规定的全部施工任务,达到竣(交)工验收的要求。

1. 组织施工

收到监理工程师发布的工程开工令之后,施工项目应在投标书附录中规定的开工期内开工。根据工程设计图纸,按照施工项目管理实施规划的安排,精心组织施工和管理,使整个施工活动连续、均衡、协调地进行,直到施工项目竣工。

2. 对施工活动实施动态控制

实现施工项目的质量、进度、成本、安全等目标,是施工项目管理的根本目的。在施工项目的目标控制过程中,经常会受到各种客观因素的干扰,各种风险因素也可能随时发生,为确保按计划实现施工项目的阶段性目标和最终目标,对施工项目的各项目标都必须实施动态控制。

3. 管理好施工现场

良好的施工现场是实现施工项目的目标以及安全生产和文明施工的保障条件之一。管理好施工现场，使场容清新美观、材料放置有序、机械设备整洁、施工有条不紊，为施工项目提供一个能使相关各方都满意的作业环境。

4. 严格履行施工承包合同

开工后的整个施工过程中，项目经理部应严格履行施工承包合同，并认真做好工程分包、合同变更、费用索赔及工程延期等工作。为顺利履行合同，还应协调和处理好内部与外部的各种关系。

5. 做好施工记录

施工记录包括施工原始记录、工序检查记录、隐蔽工程验收记录、材料试验与施工测量记录等。同时还应做好根据施工记录进行的协调、检查、整理、分析等工作，并按时编写和提交各项施工报告。

（四）竣（交）工验收阶段

本阶段与建设项目的竣（交）工验收阶段协调、同步进行。目标是对施工项目的最终成果进行检查、总结、评价。公路工程验收分为交工验收和竣工验收两个阶段，小型工程或简易工程项目，经主持竣工验收单位批准后可合并为一次竣工验收。

1. 工程收尾与自验

工程施工承包合同规定的施工任务基本完成后，施工项目应及时进行工程收尾，并为施工项目验收时应提交的资料做好准备，项目经理首先要安排好竣工自验工作。

竣工自验又叫初验，是在施工项目按照承包合同的要求建成后、由项目经理组织各有关施工人员，按照正式验收的标准和要求进行的内部检验。对检查出的缺陷或不符合要求的部分，必须采取措施，定期修竣。全部问题处理完毕之后，项目经理应提请上级主管部门（如公司）进行复验，彻底解决所有遗留问题，为交工验收做好准备。

2. 交工验收

交工验收由建设单位主持，主要是检查施工承包合同的执行情况和监理工作情况，提出工程质量等级建议。

承包人在全面完成所承包的工程并经监理工程师同意后，向建设单位提出交工验收申请。建设单位组织设计、监理、施工、质量监督、接管养护、造价管理等单位的代表组成交工验收组，对工程项目进行全面验收。交工验收时，施工单位要提交验收项目的竣工图表、施工资料、工程施工情况报告等文件供交工验收组审议。验收组将提出交工验收报告，由建设单位报上级交通主管部门核定。

交工验收不合格或有缺陷的工程以及未完工程，由原承包人限期修复、补救、完成。

交工验收合格的工程，监理工程师应及时向承包人签发交工证书，同时办理工程的移交管养工作。

3. 竣工验收

按照建设项目的大小，竣工验收由交通运输部或地方交通主管部门主持，主要是全面考核建设成果，总结经验，综合评价建设项目，确定工程质量等级。

经过交工验收各标段均达到合格以上的工程，由建设单位向竣工验收主持单位提出竣工验收申请。竣工验收委员会由验收主持单位、建设单位、交工验收组代表，质量监督、接管养护、造价管理、环境保护、有关银行等单位的代表组成。施工单位要向竣工验收委员会提交关于工程施工情况的报告。

验收委员会将对工程建设、设计、施工、监理等单位进行综合评分，并评定工程质量等级和建设项目等级。验收委员会对合格以上的建设项目签发《公路工程竣工验收鉴定书》，项目所在地的公路工程质量监督部门签发各标段的《工程质量鉴定书》。

4. 竣工结算与总结

工程经竣工验收合格后，业主与承包人之间根据监理工程师签发的"最终支付证书"办理竣工结算。

施工项目总结包括技术总结和经济总结两部分。技术总结的内容是：施工中采用的新技术、新工艺和重大革新项目，以及在合同管理、施工组织、技术管理、工程质量、安全生产等方面采取的措施、取得的成绩和存在的问题。经济总结主要是进行成本分析和经济核算，计算各种经济指标，通过与企业和同类施工项目的有关数据对比，总结经验教训，以利进一步提高施工项目的管理水平。

（五）用后服务阶段

这是施工项目管理的最后一个阶段，主要包括施工项目在缺陷责任期和保修期的工作。其目的是保证使用单位正常使用，发挥效益。

交工验收合格的工程，在合同规定的期限内移交业主，施工项目即进入缺陷责任期。在缺陷责任期内，应尽快完成在交工证书中写明的未完成工作，对本工程存在的缺陷、病害或其他不合格之处按监理工程师的指令进行修补、重建及复建。

缺陷责任期终止后，施工项目即进入保修期。在保修期内承包人应对由于施工质量原因造成的损坏进行自费修复。还应进行工程回访，听取使用单位意见，观察项目的使用情况，开展必要的技术咨询和服务活动。

三、公路施工项目管理的方法与内容

（一）施工项目管理及其特点

施工项目是指由建筑企业从施工投标开始到工程保修期满为止的施工全过程中完成的项目。施工项目的任务范围由施工合同界定，可以是一个建设项目的施工活动，也可以是一个单项工程或单位工程的施工活动。

施工项目管理是建筑企业管理的组成部分，是建筑企业运用系统工程的概念、理论和方法对施工项目通过计划、组织、指挥、控制、监督、协调、核算、信息反馈等一系列活动进行的全过程的全面管理。施工项目管理有以下特点：

1.施工项目管理的主体是建筑企业

施工项目管理由建筑施工企业独立实施。建设单位和监理单位在工程施工阶段对施工项目进行的管理（如征地、进度和质量控制、验收等）属于建设项目管理的范围，不能算作施工项目管理。设计单位不进行施工项目管理。

2.施工项目管理的对象是施工项目

施工项目管理工作针对特定的施工项目开展，管理工作的周期从工程投标开始到项目保修期结束时为止。施工项目管理的特殊性主要表现在：生产活动与市场交易活动同时进行；先有交易活动，后有产品（竣工项目）；交易双方都要进行生产管理，生产活动和交易活动很难分开。

3.施工项目管理的内容是按阶段变化的

从施工投标开始到工程保修期满为止的各个阶段，施工项目管理的内容差异很大，因此必须针对不同阶段的具体情况进行动态管理，优化组合施工资源，提高施工效率和效益。

4.施工项目管理要求强化组织协调工作

公路施工项目是必须一次完成的单件性土木产出物，一旦发生工程质量不合格、影响环境或其他问题，则难以补救，将产生严重后果。另外，施工项目工期长、大量的野外露天作业、施工人员流动性大、需要巨额资金和种类繁多的资源，加之施工活动还涉及复杂的经济、技术、法律、行政和人际等关系，因此，施工项目管理中的组织协调工作就显得十分重要。

施工项目管理与建设项目管理是两种平等的工程项目管理的分支。建设项目管理是站在投资主体（建设单位）的立场对建设项目从可行性研究开始，经过勘察、设计、施工等阶段的全部建设过程进行的综合性管理；而施工项目管理是由建筑企业在项目的施工阶段对项目的施工活动进行的管理，两者之间各自独立而又密切联系。从工程项目的招标、投标至竣（交）工验收这一阶段（建设项目的施工阶段），建设项目管理和施工项目管理同步平行进行，彼此交叉，相互依存和制约。

施工项目管理也不同于建筑企业管理。建筑企业管理的对象是整个企业，自然包括对施工项目的监督和指导，而施工项目管理以施工承包合同确定的内容为最终管理目标，由施工企业的法定代表人授权的项目经理负责的项目经理部为管理主体，对施工项目实施管理。

（二）施工项目管理的基本方法

施工项目管理的基本方法是"目标管理法"。目标管理法是现代科学管理方法之一，广泛应用于经济领域和管理领域。为了实现各项具体的目标，还有其他适用的专业方法，如在施工项目管理中，控制进度目标用"网络计划方法"；控制质量目标用"全面质量管理方法"；控制成本目标用"可控责任成本方法"；控制安全目标用"安全责任制"。

1.目标管理法

目标管理以被管理活动的目标为中心，将经济活动和管理活动的任务转换成具体的目标，运用现代管理技术和行为科学，借助人们的事业心、能力、自信、自尊等，实行自我控制，促成目标实现，从而完成经济活动的任务。目标管理的全体成员要亲自参加工作目标的制定，并以目标指导行动。因此，目标管理是面向未来的管理，是主动的、系统性的整体管理，是特别重视人的主观能动性、参与性和自主性的管理。

2.网络计划方法

网络计划方法是控制施工项目进度最有效的方法，尤其对复杂的大型项目的进度控制，更显其不可替代的优越性。随着计算机技术在网络计划中的应用日益普及，网络计划方法将在项目管理的进度控制中发挥越来越大的作用。

应用网络计划方法应注意以下几点：认真执行网络计划的有关标准，使网络计划规范化、进度管理集约化；遵循网络计划应用的一般程序，即准备、绘制网络图、时间参数计算与确定关键线路、优化并正式编制网络计划、实施与调整网络计划、总结与分析；采用先进的网络计划应用软件，对施工项目进度进行快速、准确的有效控制；不断总结和积累应用网络计划的经验，提高进度控制的水平，处理好网络计划技术与流水作业计划的关系，应根据项目的具体情况选用适合的进度控制方法。

3.全面质量管理方法

全面质量管理方法自20世纪60年代诞生以来，对实现质量管理科学化和促进产品质量水平的提高都发挥了重大作用。简单地说，全面质量管理是"全员参与施工项目全过程和全部要素的质量管理"，通过各种层面的PDCA（计划—执行—检查—处理）循环，在全员范围内开展"QC小组"活动，最终确保实现质量目标。

用全面质量管理方法控制施工项目质量应注意以下几点；全面质量管理是全企业的管理，企业和项目都应按照全面质量管理方法进行管理；数理统计方法是全面质量管理的工具，要充分利用这个工具为全面质量管理决策服务；处理好与ISO9000族标准的关系，全面质量管理是方法，ISO9000 是标准，两者是统一的，不可相互替代；工序控制和质量检验是重点，是有效提高施工项目质量水平的关键。

4. 可控责任成本管理方法

成本是施工项目中各种消耗的综合价值体现，也是施工项目管理效果的重要指标，因此，施工项目管理必须进行成本控制。可控责任成本方法是成本控制的主要方法。施工项目的操作者和管理者都有控制成本的责任，可控责任成本是指责任者可以控制住的那部分成本，可控责任成本方法是通过明确每个责任者的可控责任成本目标而达到对每个生产要素进行成本控制，最终实现有效控制施工项目总成本的方法。该方法的本质是成本控制责任制，也是"目标管理法"责任目标落实的方法。

可控责任成本方法的关键是责任制，因此，要建立和落实每个责任者（操作者和管理者）、各部门和各层次的成本责任制，项目经理部全体成员概莫能外。在实施过程中要加强各级各类成本核算，确保可控责任成本取得实效。

5. 安全责任制

安全责任制是通过制度规定每个施工项目管理成员的安全责任，是施工项目安全控制的主要方法。安全责任制是岗位责任制的组成内容，项目经理、管理部门的成员、作业人员都要承担相应岗位的安全责任。安全责任制中还包含承担安全责任的保证制度，即进行安全教育，加强安全监督、检查与考核等。

（三）施工项目管理的主要内容

施工项目管理由以项目经理为首的项目经理部负责实施，管理的客体是具体工程项目的施工活动及其相关的生产要素。国家标准《建设工程项目管理规范》规定了施工项目管理的基本内容。

1. 建立施工项目管理机构

（1）选聘称职的施工项目经理

施工项目经理是经承包人的法定代表人授权对工程项目施工过程全面负责的项目管理者，是承包人在施工项目上的委托代理人。施工项目经理由企业采用适当的方式选聘或任命。

（2）建立施工项目经理部

根据施工项目管理的组织原则，结合工程规模和特点，选择合适的组织形式，建立施工项目经理部，并明确各部门、各岗位的责任、权限和利益。项目经理部是项目经理领导下的施工项目管理机构，负责对施工项目全过程的施工生产经营活动的管理。

（3）制定管理制度

在符合企业规章制度的前提下，根据施工项目管理的需求，制定施工项目经理部管理制度。

2. 编制施工项目管理规划

（1）工程投标前编制施工项目管理规划大纲

在工程投标前，由企业管理层按招标文件要求编制施工项目管理规划大纲，对施工项目管理自投标到保修期满进行全面的纲领性规划。

（2）工程开工前编制施工项目管理实施规划

在工程开工前，由项目经理负责组织编制施工项目管理实施规划，作为施工项目从开工到竣（交）工验收整个工程施工管理的执行计划。

3. 施工项目的目标控制

在施工项目管理的全过程中，必须对项目的质量、进度、成本和安全目标进行控制，确保实现整个施工项目的管理目标。控制的基本过程是：①确定各项目标的控制标准。②在实施过程中，通过检查、对比，分析目标的完成情况。③将分析结果与控制标准进行比较，若有偏差，找出原因，采取措施以保证目标的实现。

4. 生产要素管理

施工项目生产要素管理是指对施工中使用的人工、材料、机械设备、技术和资金等施工资源进行的计划、供应、使用、检查和改进等管理过程，目的是降低消耗、减少支出、节约物化劳动和活劳动。

（1）人力资源管理

人力资源不是简单的劳动力，而是指能够推动经济和社会发展的劳动者的能力，是关系到企业生存和发展的一种重要战略资源。作为施工项目的人力资源管理，主要是指对体力劳动者进行的劳务管理。对脑力劳动者的管理，纳入项目经理部的管理范围。

人力资源管理是一个动态管理过程。项目经理部对施工现场的劳动力管理应做到：按施工进展进行劳动力跟踪平衡，根据需要进行补充或减员，向企业劳动管理部门提出申请计划，实行有计划的作业，向作业班组下达施工任务书，根据执行结果进行考核、支付费用和奖励；加强对劳务人员的教育、培训、思想管理工作，对作业效率和质量进行检查。

（2）材料管理

材料管理对节约现场费用、降低工程成本具有重要意义。材料管理应满足以下要求：编制材料需用量计划；按计划供应材料，优选临时仓库地址；严把材料进场关，保证计量设备质量，材料的试验、检验必须符合质量要求；做好材料库存管理；建立限额领料制度和材料使用台账，实施材料使用监督制度、退料和回收制度。

（3）机械设备管理

机械设备的使用是管理工作的重点，而使用的关键是提高效率，要提高效率就必须提高机械设备的完好率和利用率。机械设备管理的职责是：编制机械设备使用计划，并报企业管理层审批；对进场的机械进行安装、调试、验收；做好机械设备的维护和管理；采用技术、经济、组织、合同等手段保证机械设备合理使用。

（4）技术管理

技术管理包括：图纸审查与会审；工程变更洽商；编制施工方案，技术交底；对分包人的技术管理进行服务和监督；参加施工预验收、隐蔽工程验收、分部分项工程验收、结构验收、交工验收和竣工验收；实施技术措施计划；技术资料管理。

（5）资金管理

项目经理部通过对资金的使用管理，实现保证收入、减少支出、防范风险、提高经济效益的目的。资金管理工作有：编制资金收支计划，并上报审批，配合企业财务部门及时进行资金计划；控制资金使用；做好资金分析。

5. 合同管理

合同管理的内容包括与施工项目有关的施工合同、分包合同、买卖合同、租赁合同和借款合同等的订立、履行、变更、终止，以及解决合同争议。项目经理作为承包人在施工项目上的委托代理人，应按照施工合同认真完成所承接的施工任务，承担合同约定的义务，并行使相应的权利。

项目经理部合同管理的主要任务是实施和履行施工合同。项目经理部应向各职能部门的管理人员进行合同交底，落实合同目标，用合同指导工程施工和项目管理工作，按规定进行合同变更、索赔、转让和终止。

6. 信息管理

对工程施工中发生的信息进行收集、整理、分析、处理、储存、传递、应用的过程称为施工项目的信息管理，是现代项目管理的一大支柱。信息管理必须适应施工项目管理的需要，建立信息管理系统，及时收集和准确、完整地传递信息，并配置信息管理人员。

施工项目应建立以项目经理为中心的信息管理系统。信息管理系统要满足项目经理部全部管理工作的需要，应做到目录完整，层次清晰，结构严密，信息齐全，表格自动生成，方便输入、处理、修改、储存、发布，与建设阶段和各有关专业有良好的接口，相关单位、部门和管理人员能信息共享。

7. 现场管理

施工项目的各项施工作业活动和相关管理工作，是以施工现场为平台进行联系和实施的，因此，施工现场管理不仅直接关系到施工作业任务的完成，而且对文明施工、安全生产、环境保护等都具有极其重要的意义。施工现场管理的依据是国家颁布的有关法律、法规、规定和项目经理部编制的施工平面图。

施工现场管理的总体要求是：文明施工，安全有序，整洁卫生，不扰民，不损害公众利益；现场入口处设立有关公示牌；项目经理部应经常巡视施工现场，发现问题及时整改；用施工平面图规范场容管理；按规定做好环境保护、防火保安、卫生防疫等工作；进行施工现场的综合考评。

8. 组织协调

施工项目的组织协调，就是按一定的组织形式、方法和手段，疏通项目管理中的各方关系，排除施工过程中产生的各种干扰的过程。组织协调的内容包括人际关系、组织机构之间的关系、供求关系和协作配合关系等。

施工中需要协调的关系有三种：企业内部关系，属于行政关系；近外层关系，是由合同确定的关系，如承包人与业主、监理单位之间的关系；远外层关系，是由法律和社会公德确立的关系，如企业与政府监督部门、地方行政管理部门等之间的关系。

四、公路工程施工监理

（一）施工监理的作用

工程监理制度是交通部规定的公路建设管理四项制度之一，它是随着我国经济体制改革的深化和社会主义市场经济的形成，自 20 世纪 80 年代中期以来在工程建设中逐步实施的一种与国际接轨的工程建设管理的新体制和新模式。工程监理通过对工程建设参与者的行为进行监控、督导和评价，并采取相应的管理措施，保证工程建设行为符合国家法律、法规和有关政策，制止建设行为的随意性和盲目性，促使工程建设费用、进度、质量按计划（合同）实现，确保工程建设行为的合法性、科学性、合理性和经济性。根据交通部的规定，公路工程的监理目前在公路施工阶段实施，因此也称为"施工监理"。

公路工程施工监理制度，是以国际通用 FIDIC 土木工程施工合同条件为基础，形成建设单位、施工单位、监理单位三方相互制约，以监理单位为核心的管理模式。实行施工监理制度，使建设各方的权利、义务和责任更为合理、明确，有利于克服随意性，增强合同意识，提高管理水平；突破了建设单位事无巨细统揽一切的小生产管理方式的局限性，有利于积累经验，促进建设项目管理向专业化、社会化方式转变；突出了监理单位的管理作用，有利于预防和减少建设单位与施工单位双方发生的纠纷，促使建设活动顺利进行。

由于公路工程与国民经济的发展和人民生活的关系十分密切，公路建设又受到各种条件的限制，施工难度是很大的。为了保证公路工程的质量，控制工期和工程费用，提高投资效益及工程管理水平，凡列入基本建设计划的公路工程项目，都应实行"政府监督、社会监理、企业自检"的质量保证体系。政府监督指承包人（施工单位）和施工人员、监理单位及监理人员、业主（建设单位）的项目管理人员等均应接受政府交通主管部门和公路工程质量监督部门的管理和监督检查。社会监理指建设单位委托监理单位对施工项目实施全面的监督管理，监理单位和监理人员应按照"严格监理、热情服务、秉公办事、一丝不苟"的原则认真做好监理工作。企业自检即施工企业在公路施工过程中应加强管理，自行把好质量关。

（二）监理工作的组织过程

1. 选择监理单位

监理单位是在工程施工招标之前由业主（建设单位）确定的。业主对监理单位的选择，可通过招标、聘请、委托等方式进行。

承担公路工程施工监理业务的单位，必须是经交通部审批，取得公路工程施工监理资格等级证书，具有法人资格的社会监理单位，并按批准的资格等级承担相应的施工监理业务。

2. 签订监理服务合同

监理单位确定之后，业主与监理单位双方必须签订监理服务合同，即用书面形式确定双方的责任和权利。监理服务合同是一个对业主和监理单位双方都具有法律约束力的文件。

监理合同文件由合同协议书、合同通用条件、合同专用条件和附件组成。主要内容应包括：委托监理工程的概况；监理服务的形式、范围与内容；监理单位的职责；建设单位的职责；监理服务的费用与支付办法；违约责任及赔偿等。

3. 组建监理机构

监理单位承接监理任务后，应考虑项目组成、工程规模、难易程度、合同工期、地理位置、现场条件等因素，根据不同情况设置现场监理机构，对公路工程施工的监理工作实行统一管理。

现场监理机构一般按工程施工招标合同段设置基层监理机构，可视工程的具体情况分别设置一级、二级或三级监理机构。一级监理机构设置总监理工程师办公室，适用于特大桥、隧道等集中工程项目或小型公路工程项目；二级监理机构设置总监理工程师办公室和高级驻地监理工程师办公室，适用于一般大中型公路工程项目；三级监理机构是当建设项目为两个以上独立工程项目或跨省、直辖市、自治区时，在二级监理机构中间再设置项目监理部。

4. 确定监理人员

监理人员由以下三部分构成：①监理工程师，包括总监理工程师、总监理工程师代表、高级驻地监理工程师、专业监理工程师。②监理员，包括测量人员、试验人员和现场旁站人员。③其他人员，包括文秘、翻译、行政人员、后勤人员。

各级监理机构中的人员构成及数量，根据被监理工程的类别、规模、技术复杂程度，以能够对工程实施有效监理为原则进行配备。

5. 实施工程监理

监理的主要依据有：国家有关公路工程建设的政策、法律和法规，政府批准的建设计划、规划、设计文件，以及公路工程的有关技术标准、规范、规程等；业主和承包人签订的施工合同文件，监理单位与业主签订的监理服务合同文件；公路施工过程中，监理工程师与承包人围绕工程实施的有关会议记录、纪要、函电和其他文字记载，以及经监理工程师批准的图纸、签发的指令等。

监理工作贯穿在公路工程施工的各个阶段，各监理阶段的划分及相应的监理任务如下：

（1）施工准备阶段的监理

监理合同签订后，即进入施工准备阶段监理。在这一阶段，监理工程师应熟悉合同文件；制定监理程序，了解现场用地占有权和使用权的解决情况；核查设计图纸，复核定线数据；审查承包人的自检系统，以及工程总进度计划、现金流动估算、临时用地计划，准备第一次工地会议；发布工程开工令等。

（2）施工阶段的监理

工程开工后，监理工程师应集中力量，严格按照合同要求对工程施工的质量、进度和费用实施监理，做好合同管理和信息管理等工作。

（3）竣（交）工及缺陷责任期阶段的监理

在工程竣（交）工或部分（单位工程、分部工程）交工后签发交接证书，对未完成的工程进行监理和对工程缺陷的修补、修复及重建进行监理。本阶段应视同施工阶段监理一样，认真做好各项监理工作。

6. 提交监理报告

在工程施工期间要做好监理记录和工程监理月报。在工程结束后，监理工程师应提交监理工作报告，报送建设单位和上级主管部门。

工程监理报告的内容一般为：工程概况，监理组织机构及工作起、止时间；关于工程质量、进度、费用的监理及合同管理的执行情况，分项工程、分部工程、单位工程质量评估；工程费用分析；对工程建设中存在问题的处理意见和建议；监理过程中的照片或录像等。

监理工程师与业主、承包人或指定分包人之间有关工程质量、进度和费用的一切往来函件和报表，以及监理工作的各种文件、记录、报告、图纸、资料等都应分类整理、编号，建立档案，按规定保存。

（三）施工监理的内容

公路工程施工监理的主要内容，可分为工程质量监理、工程进度监理、工程费用监理、合同管理、信息管理、组织协调，通常称为"三监控、两管理、一协调"。

1. 工程质量监理

工程项目的质量控制分为业主的质量控制、承包人的质量控制和政府的质量控制。业主的质量控制是通过合同形式委托社会监理单位而实施的监理工程师质量目标管理，即工程质量监理。承包人的质量控制靠承包人的质量自检体系来实现。政府的质量控制通过行政主管部门及各级质量监督站来实现。因此，工程质量不是单一的技术管理，而是技术、经济与法律在公路工程质量上的统一体现。

质量监理的依据是：合同条件、合同图纸、技术规范和质量标准。监理人员应对施工全过程进行检查、监督和管理，制止影响工程质量的各种不利因素，使承包人提交的工程项目符合合同图纸、技术规范、使用要求和验收标准。

监理工程师应建立完整的质量监理组织体系，以保证对所有施工环节进行有效的控制。质量监理组织体系中应根据工程规模的大小和复杂程度，设置材料、试验、测量、计量及各工程项目的专业技术岗位，并明确其名称和职责。

从开工报告到工序质量检查，都要按规定程序进行控制。对现场质量的控制、质量缺陷与质量事故处理，都是质量监理的工作内容。

2. 工程进度监理

每个工程项目，一般情况下在合同文件中对工期都做了明确的规定。承包人应根据合同规定的工期进行计划安排，制订出切实可行的工程施工进度计划。监理工程师的主要任务是审批承包人编制的施工进度计划，并对已批准的施工进度计划的执行情况进行监督，从全局出发，掌握影响施工进度计划所有条件的变化情况，对施工进度计划的执行进行控制。当可能发生工期延误时，监理工程师应及时要求承包人采取加强施工计划管理和技术管理的措施，重新修订或调整施工进度计划，增加施工机械或人力，以确保在竣工期限内完成工程施工任务。

3. 工程费用监理

工程费用包括合同文件中工程量清单内所列以及因施工单位索赔或建设单位未履行义务而涉及的一切费用。监理工程师应在质量符合标准、工期遵照合同要求的基础上对工程费用进行监理。

费用监理工作中，应尽可能合理地减少工程量清单中所列费用以外的附加支出，达到控制费用的最佳效果。为此，要求监理工程师必须熟悉技术规范、工程量清单及其说明的内容，掌握工程具体项目的工作范围和内容、计量方式和方法等。

4. 合同管理

公路工程施工涉及建设单位、设计单位、材料设备供应单位、施工单位、工程监理单位等。为使建设项目各有关单位之间建立起有机的联系，相互协调、默契配合，共同实现工程项目的进度、质量、费用三大管理目标，一个重要的措施就是通过合同，利用经济与法律相结合的方法，使各单位在平等互利的原则上建立起密切的权利义务关系。

公路工程施工监理必须熟悉合同，掌握合同，利用合同对工程施工过程的进度、质量、费用实施有效的管理。合同管理的主要内容包括工程分包、工程变更、工程延期、费用索赔、工程计量与支付、工程保险、业主违约、承包人违约等。理解和熟悉合同的主要内容，对监理工程师、建设单位代表和施工人员都是十分必要的。

5. 信息管理

公路工程监理的实施过程中，在工程费用控制、质量控制、进度控制、合同管理等方面，以及在试验、环境、监理工作有关各方之间都将产生大量的信息。信息管理包括信息的收集、传递、处理、存储、发布等内容。

由于公路工程投资巨大、建设期长、质量要求高、涉及各种合同，同时使用的机械设备多，材料消耗数量大，因此，信息管理采取人工决策与计算机辅助管理相结合的手段，达到工程监理的高效、迅速、准确。信息管理的基本方法是建立信息的编码系统，明确信息流程，制定信息采集制度，利用高效的信息处理手段分析和处理信息，从而科学地为监理工程师的决策提供准确可靠的依据。

6. 组织协调

监理是建设单位和施工单位之间的第三方，又处于工程建设过程中实施监督和管理的核心地位，因而具有组织协调工程建设参与各方的能力，这也是公路工程施工监理的一项主要内容。

第二节　桥梁工程的基础理论

一、桥梁的类型与结构

（一）桥梁的主要类型

桥梁由承载结构（桥跨结构）、支承结构和基础组成。承载结构是直接承受行人、车辆的重量并使之通过的结构，因在桥体上部，所以又称上部结构。支承结构是支持承载结构，并将荷载传到基础的结构，因在桥体下部，所以又称下部结构。

按照桥的组成结构不同，桥梁有下列几种主要类型：

1. 梁式桥

因承载结构是梁而得名。支承结构是桥台（位于桥两端）与桥墩（位于桥的中部）。两个桥墩中线之间的空间称为跨。单跨桥只有两个桥台，多跨桥除了两端的桥台外，中间还有桥墩。

梁式桥外力（恒载和活载）的作用方向与承载结构的轴线接近垂直，梁内产生弯矩，须用抗弯能力强的材料（钢、钢筋混凝土等）建造。我国古代也有用石料修建的石梁桥。这些材料修建的梁式桥，跨度不超过 25m。跨度很大并须承受很大荷载的特大桥梁，可建造钢结构桁架桥或预应力混凝土梁桥。

2. 拱式桥

拱式桥主要承载结构是拱券或拱肋。拱式桥在竖向荷载作用下，桥台或桥墩将承受水平推力。由于拱以受压力为主，通常用抗压强度高的石、混凝土或钢筋混凝土建造。应特别一提的是我国的石拱桥技术在古代就很有成就。如举世闻名的河北赵县赵州桥，建于公元 605 年左右。此外，还有举世闻名的北京永定河上卢沟桥，也是一座石拱桥。

拱桥的跨越能力很强，在全世界范围内石拱桥跨度最大为 135m，钢筋混凝土拱桥为 390m，钢拱桥达 518m。

3. 钢架桥

此类桥的主要承载结构是梁（或板）和主柱（或竖墙）整体结合在一起的钢架结构。梁和柱连接处有很大的刚性。在竖向荷载作用下，梁主要受弯矩，柱脚处有水平压力，其受力状况介于梁桥与拱桥之间。

4. 吊桥

吊桥的支承结构是悬挂在两边搭架上的缆索，通过吊在缆索上的吊杆吊起桥的承载结构。在竖向荷载作用下，缆索受到很大拉力，所以要在塔架的后方修筑非常巨大的锚碇结构。

5. 组合体系桥

为了增大桥的跨度或改善桥的工作状态，将几种不同体系结构组合起来构成组合体系桥。

（1）梁拱桥

梁拱桥由梁和拱组合而成。组合梁与拱均为承载结构，可增大桥的跨度，且对墩台没有推力作用。

（2）斜拉桥

斜拉桥由主梁与斜缆组合而成。这种桥的支承结构是悬挂在塔架上的被张紧的斜缆，这种桥承载结构是主梁。斜缆将主梁多点吊住，既发挥钢缆高强度的作用，又显著减少主梁截面，使结构减轻而能增大跨度。

（二）混凝土梁桥

1. 钢筋混凝土与预应力混凝土梁桥

钢筋混凝土梁桥利用了钢筋的抗拉强度高和混凝土抗压性能好的优点。能工业化施工，耐久性、整体性好，适应性强。但本身结构自重大，占全部设计荷载的 30% ～ 60%，跨度愈大自重所占的比值显著增大，这就大大限制了钢筋混凝土梁桥的跨径。装配式钢筋混凝土简支梁合理的最大跨径在 20m 左右，悬臂梁与连续梁为 60 ～ 70m。因此，对跨径大的钢筋混凝土梁桥，则应用预应力混凝土。预应力混凝土能减小构件截面，节省钢材 30% ～ 40%。显著降低自重所占全部设计荷载的比重，增大跨越能力。预应力混凝土简支梁的跨径已达 50 ～ 60m，悬臂梁、连续梁最大跨径已接近 250m。

2. 钢筋混凝土梁桥承载结构的截面形式

钢筋混凝土梁桥的承载结构截面形式有板桥、肋板和箱梁等几种。

（1）板桥

板桥可以用钢筋混凝土，也可以做成预应力混凝土。有整体式和装配式两种。整体式简支梁板桥的跨径在 10m 以下，跨径不超过 8m 的多采用装配式板桥。整体式板桥截面形式主要为矩形或矮肋式。装配式板桥截面形式为矩形或空心。此外，还有装配与整体组合式截面，是以小型预制构件安装后做底模，再在其上现浇混凝土结合式整体。在起重设备能力小的情况下，可采用这种方式。

（2）肋板式

肋板式由板与板下之肋组合而成。当跨度在 13 ～ 15m 以上时，通常采用肋板式梁桥。肋板有整体式与装配式两种。整体式肋板桥为减少桥面的跨径，可在两主肋之间增设内纵肋。装配式肋板桥也称装配式 T 型梁桥，主梁间距多在 20m 以内。梁是主要承重结构，主梁间设有横隔梁（也称横隔板），以保证车辆荷载在各主梁间有良好的横向分布。主梁上翼缘构成行车道板，承受车辆荷载的局部作用。

（3）箱梁

其截面是一个或几个封闭的箱形梁桥。它可以用于较大跨径的悬臂梁、连续梁，也可用作预应力混凝土简支梁，跨径可达 30m 以上。箱形梁桥可做成单箱或多箱，可做成整体式，也可做成装配式。

3. 钢筋混凝土梁桥的桥面构造

钢筋混凝土梁桥桥面部分包括桥面铺装、防水排水设备、伸缩缝、人行道和栏杆等。

（1）桥面铺装

桥面铺装即行车道铺装，也就是桥面保护层，保护行车道免于直接磨耗和主梁免受雨水侵蚀，并分布车轮的集中荷载。桥面铺装主要采用水泥混凝土与沥青混凝土，其厚度为 6 ～ 8cm。为使铺装层具有足够的强度和良好的整体性，一般在混凝土铺装中设 Φ4 ～ Φ6mm 的钢筋网。对中、低级公路桥梁可用沥青表面处治或泥结碎石铺装。

（2）防水排水设备

为了将透过铺装层渗过的雨水汇集到泄水管，在铺装层下边设置防水层。常用的防水层由两层油毛毡和三层沥青胶砂相间组合而成，一般厚 1～2cm。使用这种防水层，在车轮作用下，铺装层容易起壳开裂。以树脂为基料，掺水煤焦油、沥青等增塑剂制成的树脂焦油防水层，使用效果较优。

为了尽快排出桥面积水，桥面须具备一定的纵横坡，当桥面纵坡大于 2%、桥长小于 50m 时，可在引道两侧设置流水槽，以免雨水流入路基；当桥面纵坡大于 2%、桥长大于 50m 时，须每隔 12～15m 设置一个泄水管；当桥面纵坡小于 2%，则每隔 3～7m 设置一个泄水管。泄水管可沿行车道两侧左右对称排列，也可交错排列。泄水管与缘石的距离为 0.1～0.5m。泄水管也可布置在人行道下面，泄水管可用铸铁管，也可用钢筋混凝土管，直径 10～15cm。

（3）伸缩缝

为适应温度变化和车辆荷载引起的纵向位移，须设伸缩缝，其位置在两梁端之间、梁端与桥台之间或桥梁的铰接处。

在伸缩缝处，栏杆与桥面铺装都要断开，伸缩缝与桥面连接必须牢固，以防受车辆冲击而破坏。常用的伸缩缝材料为锌铁皮与橡皮。

锌铁皮伸缩缝，锌铁皮弯成 U 形长条，以适应伸缩缝变形。在行车道部分为两层，上锌铁皮弯曲部分开有 Φ6mm、孔距 30mm 的梅花眼，上置石棉纤维过滤器，使渗入上锌铁皮的雨水渗到下锌铁皮 U 形槽排出桥外。在人行道上 U 形锌铁皮采用单层。

锌铁皮伸缩缝易损坏，车辆行驶常有突跳感觉。所以近来多改用橡胶伸缩缝，橡胶带用氯丁橡胶制成，具有两个或三个圆孔。在梁端预埋件上焊上角钢，涂上胶后，将橡胶带嵌入即可。

（4）人行道

人行道的宽度一般为 0.75m 或 1m，大于 1m 按 0.5m 倍数递增，高出行车道 0.25～0.35m，行人稀少地区可不设人行道，改用安全带，安全带宽度不小于 0.25m，高为 0.25～0.35m。

（5）栏杆与灯柱

栏杆既要坚固又要美观，高度一般为 0.8～1.2m，间距 1.6～2.7m，标准设计为 2.5m。多用钢筋混凝土、钢、铸铁或钢与混凝土组合而成。在城市及城郊行人和车辆较多的桥梁上，须设灯柱在桥面上照明，灯柱可利用栏杆，也可设在人行道内侧，高度应高出行车道 5.0m 左右。

4. 桥梁支座

为了把作用在上部结构的荷载传递到墩台上，并使上部结构能适应活载、温度变化、混凝土收缩与徐变等所产生的位移，在上部结构与墩台之间须设支座。

支座有固定支座和活动支座两种。固定支座允许桥梁自由转动而不能位移，活动支座在绕曲和伸缩时能转动和位移。

（1）垫层支座

用油毛毡或水泥砂浆做成。压实厚度不小于 10mm。用在跨径在 10m 以内的公路桥。

（2）铸钢支座

由优质钢或碳素钢铸造加工而成，常用的有固定支座和滚动支座两种。

（3）新型钢球支座

其中滚动支座与铸钢滚动支座相似。球面支座能全向转动，用于要求能多方向转动的曲线桥梁。

（4）钢筋混凝土支座

钢筋混凝土支座有摆柱支座和混凝土铰支座两种。摆柱支座上锚固筋插入梁体，下锚固筋插入墩台。用于跨径大于 20m 的梁式桥。混凝土铰支座是最简单的中心可转动的支座，用于大跨径的桥梁中。缺点是不能抵抗拉力，不能调整高度，转动量小，不便更换与修理。

（5）橡胶支座

板式橡胶支座由整层薄橡胶片与刚性加劲薄钢板黏结而成。每层橡胶片厚 5mm，薄钢板厚 2mm，支承反力 2940kN 左右，用于中等跨径桥梁，是一种比较理想的桥梁支座。

此外，还有一种盆式橡胶支座。橡胶置于扁平的钢盆内，盆顶用钢盖盖住。支座能承受相当大的压力，承载力 1000 ～ 2000kN。在均匀承载力的情况下，可微量转动。

5. 桥梁墩（台）

桥梁墩（台）主要由墩（台）帽、墩（台）身和基础三部分组成，根据墩（台）身构造不同，墩（台）大体分重力式墩（台）和轻型墩（台）两大类。

（1）重力式墩（台）

依据自身重量来平衡外力而保持稳定。用石料或片石混凝土砌筑。最常用的重力式桥台为重力式 U 形桥台。台身支承承载结构，并承受台后土压力，翼墙连接路堤。适用于填土高度 8 ～ 10m 的中等以上跨径的桥梁。台背宜用渗水性较好的土料填筑，并做好台背排水。

墩帽直接支承承载结构，厚度不小于 0.3 ～ 0.4m（大跨径桥梁取最大值），并设有 0.05 ～ 0.10m 的搭口。用 200# 混凝土浇筑并加构造筋。

（2）轻型墩（台）

轻型墩（台）为钢筋混凝土结构，有薄壁式、双柱式等。薄壁式桥台适用于软弱地基，有悬臂式、撑墙式等。悬臂式桥台的混凝土和钢材用量较高。撑墙式桥台的模板用量较多。

双柱式桥台所受土压力较小，适用于地基承载力较低、台身较高、填土高度小于 5m，跨度较大的桥梁。

轻型桥墩有钢筋混凝土薄壁墩、柱式墩等。薄壁墩的截面形式有一字形、工字形、箱形、圆形薄壁空心，薄壁墩的高度一般不大于 7m。一字形的薄壁墩构造简单，适用于地基承载力较弱地基。柱式桥墩是公路桥梁中广为应用的桥墩形式。柱式桥墩由基础以上的承台、柱式墩身和盖梁组成。墩身沿桥横向由 1～4 根立柱组成，柱身为 0.6～1.5m 直径的圆柱或方形、六角形等形式。当墩高大于 6～7m 时，可设横系梁加强柱身横向联系。

6. 桥梁基础

桥梁基础埋深在 5m 以内为浅基础，大于 5m 为深基础。浅基础为刚性扩大基础，平面形状为矩形，剖面上均为台阶形，用于地基承载力高、冲刷深度小的情况下。当浅层地基松软，承载力不足，则须采用深基础，如桩基础、沉井基础。

（1）桩基础

由桩和承台组成。桩在平面上为一排或几排，桩顶由承台连成整体，承台上修筑桥墩、桥台。按作用不同，桩分为支承桩与摩擦桩。桩端处地基坚硬，依靠桩底土层支承垂直荷载的桩称为支承桩（或柱），主要依靠桩侧与土的摩阻力支承垂直荷载的桩称为摩擦桩。桩基础的施工方法有下列几类：

①打入

将预制好的钢筋混凝土管桩或实心桩、钢桩用打桩机打入地基到设计深度。这种施工方法是用于桩径在 0.6m 以下，地基为细砂性土、黏土、塑性土及松散碎卵石层。含大卵石、漂石的地基，这种方法难以施工。

②钻孔灌注

用钻机钻孔（在地基较好时，也可用人工挖孔），在孔内放入钢筋骨架，灌注混凝土成桩。这种施工方法是用于砂性土、黏土、碎卵石类土层中。在流砂、淤泥或有承压水地层中，这种施工方法则不适用。

③管柱

用振动桩锤将直径 1～5m 的预制钢筋混凝土或预应力混凝土管柱垂直下沉到基岩（一般以高压水和吸泥机配合）。然后用凿岩机在管柱内凿岩造孔，下放钢筋骨架笼，灌注混凝土，将管柱与基岩连接。管柱每节长度 4m、8m、10m，接头用法兰盘和螺栓连接。

（2）沉井基础

沉井是用混凝土、钢筋混凝土或砖石做成井筒状的结构物。施工时将沉井定位于桥梁基础位置的地表，在井内挖土依靠沉井自身重量克服井外壁的摩阻力下沉直至设计标高，然后用混凝土封底并填塞井孔，构成沉井基础。沉井基础整体性强，稳定性好，承受荷载能力大，水下施工不须围堰，施工简易。但在有流砂和大卵石地层中施工困难。沉井的平面形状有圆形、矩形等，最常用的是矩形两端加半圆的圆端沉井。圆端能使河水顺畅，井内挖土也较容易。

7. 护坡、护岸、导流工程

桥梁工程除了基本结构外，还须修建护坡、护岸。跨沟、河的桥梁，还须修建导流工程。

（1）护坡

多采用砌石锥形护坡（可用砌石，也可用混凝土），也有八字墙。

（2）护岸

跨河桥梁，易受水流冲刷的河岸，在桥的上、下游河岸则须做护岸工程。护岸工程多采用砌石或预制混凝土砌筑。

（3）导流工程

为使水流能顺直从桥孔通过，有时须沿桥墩方向修筑导流堤。导流堤通常用浆砌石或混凝土。在流冰的河道上为防止流冰冲击桥墩，在桥墩上可修建破冰棱体。

（三）拱桥

1. 拱桥的基本组成及特点

拱桥在我国公路桥梁中使用很广泛。按使用的建筑材料不同有圬工（主要是浆砌石，也有砖、混凝土）拱桥、钢筋混凝土拱桥和钢拱桥。

拱桥同其他桥梁一样，也是由上部结构（桥跨结构）和下部结构组成。

拱桥的桥跨结构（上部结构）由拱券和其上的建筑所组成，在竖向荷载作用下，桥的支座处不仅产生竖向反力，而且产生水平推力。由于拱是主要承受压力的结构，所以常用承压性能好的圬工材料构造，能就地取材，构造简单，承载潜力大，跨越能力大，养护费用小。但圬工自身重量大，水平推力大，对地基要求较高。为了减轻拱重，采用钢筋混凝土拱桥，不仅使桥跨结构，而且使墩台、基础的工程量都相应减少，提高了拱桥的经济性，并扩大了拱桥的使用范围。

2. 拱券及拱铰

（1）拱券（主拱券）

它是主要承重结构。拱轴线的形式有圆弧形、双曲线形和悬链线形。依拱券截面形式分，拱桥有板拱、肋拱、双曲拱、箱形拱。双曲拱桥是我国 20 世纪 60 年代创造出的一种新颖拱桥，省料、易施工，跨径达 90 ～ 150m。

（2）拱铰

为了减小由于基础位移、温度变化、混凝土收缩及徐变等在拱券内引起的附加应力，在地基不甚良好的情况下，可在拱券的拱脚及拱顶设置拱铰，则成三铰拱桥，仅在两拱脚设置拱铰的是二铰拱桥。

较常采用的拱铰有弧形铰、铅垫铰、平铰、不完全铰、钢铰。弧形铰由一个曲率半径 R1 凸面和一个曲率半径 R2 的凹面两弧形构成。R2 与 R1 的比值在 1.2～1.5 之间。弧形铰可用钢筋混凝土、混凝土或石料做成。铅垫铰用厚度 15～20mm 的铅垫板外包锌、铜（10～20mm）薄片做成。垫板宽度为拱券高度的 1/4～1/3。平铰可用油毛毡、低标号砂浆或直接干砌接头，用于跨度较小的拱桥或空腹拱。不完全铰用于腹拱券或人行桥中。钢铰用于大跨径拱桥。

3. 拱上建筑

拱券以上到桥面系统称拱上建筑。拱上建筑形式有实腹式与空腹式两种。

（1）实腹式拱上建筑

由拱上侧墙、填料和桥面构成实腹。拱腹填料用砾卵石、粗砂、黏土或其他混合料夯实，透水性好、成本低。当散料不易取得时，可用砌石砌筑。

（2）空腹式拱上建筑

大、中跨径的拱桥，特别是矢高较大时，用空腹式拱上建筑，减少了填料用量和重量，为拱券减轻负荷。空腹式拱上建筑有拱式腹孔和梁式腹孔两种，拱式腹孔多用圬工拱桥，外观显得笨重，对地基要求也高。腹拱的跨径一股为 2.5～5.5m。腹拱的拱券可用板拱、双曲拱、微弯拱和扁壳等形式。大跨径的钢筋混凝土拱桥多采用梁式腹孔，桥的构造轻巧，减轻拱上重量和地基承载力。梁式腹孔的梁可采用简支梁、连续梁、连续刚架等。

4. 拱上建筑的细部构造

（1）伸缩缝与变形缝

在荷载作用、材料收缩及温度变化的影响下，拱券与拱上建筑顶部因变形产生开裂，应用伸缩缝将拱上建筑与墩（台）分开。跨径较小的实腹式拱桥，可仅在两脚的上方设伸缩缝。空腹式拱桥的拱式腹孔，一般将紧靠墩（台）的第一个腹拱券做成三铰拱，并在靠墩（台）的拱铰上方侧墙设置伸缩缝，另两个铰上方的侧墙设变形缝。伸缩缝宽 2～3cm，通常夹油毡，变形缝只是断开，没有缝宽。

（2）排水及防水层

拱桥排水包括桥面排水与渗水排出。桥面做成 1.5%～3% 的横坡，在桥栏下边设斜泄水管将水排到墙侧以外。也可靠桥栏设垂直泄水管排出渗水。防水层常用二毡三油或三毡四油做成。雨水较少地区，也可涂沥青。要求较低的桥梁也可用石灰三合土、石灰黏土砂浆或黏土胶泥做的防水层。

（3）桥面及人行道

桥面铺装多用碎石、沥青混凝土或混凝土，依公路等级和路面使用的材料而定。在拱顶与桥面铺装间的填料，在行车道边缘的厚度不少于80mm。拱顶部分的混凝土桥面内可设小直径钢筋网。混凝土桥面应有横向伸缩。行车道两侧的人行道及栏杆的构造与梁桥相似。

5. 桥台与桥墩

（1）桥台

桥台的形式有重力式U形、齿槛式、空腹式、轻型和组合式。重力式U形桥台与梁桥的U形桥台相似。轻型桥台是相对重力式桥台而言，减小了桥台尺寸，依靠台后的弹性抗力来平衡拱桥的推力，用于小跨径拱桥。组合式桥台是在台身后加后座，以抵抗拱的推力。前者用于软基、河床冲刷不大的小跨径拱桥，后者用于地基较软、冲刷较小的大、中跨径拱桥。

（2）桥墩

拱桥桥墩有重力式、柱式和单向推力桥墩。前两者与梁桥桥墩相似。单向推力墩是为防止多孔拱桥中一孔破坏危及全桥，或在采用无支架或早脱架施工时，承受裸拱或全桥对桥墩的单向推力。每隔3～5孔设置一个单向推力墩。

6. 拱桥基础及其他建筑

拱桥台基可用扩大基础、桩基、沉井、管柱等形式，与梁桥相似。齿槛式或空腹式则做成底板。

（四）混凝土斜拉桥

斜拉桥由主梁、拉索及索塔几部分组成。

1. 主梁

混凝土斜拉桥主梁常用断面形式有板式和箱梁式。板式梁用在索距较密且桥宽不大的情况。分离式箱梁整体抗扭刚度较差。封闭式箱梁抗扭能力很大，缺点是节段重量大、风动荷载大。半封闭箱梁有良好的风动力性能，特别适合索距较高的宽桥。

2. 拉索

用得较多的有平行钢丝束、钢绞索和封闭式钢索。钢绞索由平行钢丝扭绕而成。我国多用平行钢丝束。

拉索的布置形式有辐射式、平行式、扇式和星式四种。辐射式拉索的斜拉力较小，但拉索汇集塔顶，锚头拥挤，构造处理较困难，且塔身从顶到底受到最大压力，要求较大刚度保证压曲稳定。平行式各索倾角相同，各索的锚固设备构造相同，塔中压力逐段向下加大，有利塔的稳定，但用钢量大，由于各对索拉力的差别，塔身产生较大弯矩。扇形介于以上两种之间，拉索在塔上和梁上分别按等间距布置，兼顾以上两种形式的优点而减少缺点，因此采用得较多。星式将拉索集中在梁上一点，未能减小跨径且构造复杂，在斜拉桥边跨不大时，可将星式用于边跨部分，中跨采用扇式，可以增大桥梁整体刚度。

3. 索塔

从桥梁纵向看，索塔的形式有单柱式、A 式和倒 Y 式。单柱式构造简单，应用较多。后两种能更好承受弯矩，加强抗震能力。从桥梁横向看，索塔的形式有门式、A 式、双柱式和单柱式。门式塔用于横向荷载较大情况。双柱式用于横向荷载不大情况，A 形的横向刚度特别好，单柱式用于单平面索的斜拉桥。索塔的横截面有实心、工形或箱形几种。

索塔的柱脚联结方式有索塔与桥墩固结，索塔与主梁固结，塔脚与桥墩铰接几种方法。索塔与桥墩固结，整体结构刚度大，混凝土斜拉桥多采用这种方式。采用单柱式索塔时或在不均匀沉陷地基上的桥梁用门式塔时，可采用索塔与主梁固结。塔脚与桥墩铰接，能消除塔脚弯矩，对软基上的桥梁有利，但使结构总刚度降低。

二、桥梁的总体规划设计

（一）桥梁设计的基本要求

桥梁设计必须满足安全、适用、经济和美观的要求。

1. 安全

桥梁各部分结构的强度、刚度和稳定性必须满足要求，也必须有抗地震、飓风的能力，确保安全。

2. 适用

桥面行车道与人行道的宽度必须满足交通畅通，桥下净空应满足泄洪与通航或通车要求。

3. 经济

优化设计，合理选择跨径、结构形式和建筑材料，使上、下部结构总造价最低。

4. 美观

造型优美，与环境相协调。

此外，采用的结构形式应便于施工，易于保证工程质量和安全施工。

（二）桥位选择

桥位正确与否影响到桥的工程量、造价和运行中桥的安全和运行费用，应慎重对待。桥位选择应重点考虑以下几点：①大、中桥位应服从路线的总方向，路与桥综合考虑，小桥应服从路线定向。②跨河桥梁应选在河流通顺、河面较窄、水位稳定的河段，桥的中线尽可能与洪水主流方向正交。③桥位处地质坚硬、覆盖层较浅。特别注意避免通过断层、溶洞、软弱夹层地带。④桥位应保证桥头引道线路平顺。⑤施工场地布置、材料运输以及便道设置等施工要求也应考虑。

（三）桥梁的纵断面设计

桥梁的纵断面设计包括：确定总跨径、分孔、桥面标高、桥下净空、桥面纵坡。

1. 桥梁总跨径

取决于桥位处河（沟）自然宽度和通过洪水时河床冲刷允许范围。

2. 桥梁分孔

最经济的跨径是上部结构与下部结构的总造价最低。但还需要考虑地基（如两岸坚实、河槽软弱，则可用大跨度）、通航宽度等。

3. 桥面高度

根据路线纵断面设计、设计洪水位及桥下通航净空来确定。

4. 桥下净空

非通航河道，梁底应高出设计洪水位（包括壅水和浪高）不小于 0.5m，高出最高洪水水位 0.75m，支座底面高出设计洪水位不小于 0.5m；无铰拱桥允许设计洪水位高出拱脚，但不得超过拱券矢高的 2/3，拱顶底高出设计洪水位不小于 1.0m。

5. 桥面纵坡

大、中、小桥面纵坡不宜大于 4%，桥上引道纵坡不宜大于 5%，市镇桥面纵坡不得大于 3%。

（四）桥梁横断面设计

桥梁横断面设计包括：行车道宽度、桥上净空高度、桥面横坡与人行道和自行车道宽度。

1. 行车道宽度

各级公路桥面行车道净宽标准见表 1-1。

表 1-1 桥面行车道净宽标准

公路等级	桥面行车道净宽（m）	车道数
高速公路一	2×净（桥上净空高度）- 7.5	4
高速公路二	净 - 9	2
高速公路三	净 - 7	2
高速公路四	净 - 7	2 或 1

2.桥上净空高度

高速，一、二级公路为 5.00m；三、四级公路为 4.5m。

3.桥面横坡

为利于桥面排水，从桥面中央向两侧设 1.5% ～ 3.0% 的坡度。在弯道桥梁上，应按路线要求予以加宽和设置超高。

4.人行道及自行车道的宽度

应根据实际需求确立，人行道的宽度为 0.75m 或 1.0m；大于 1.0m 时按 0.5m 倍数增加。

（五）桥的平面布置

桥梁线型及桥头引道要适宜车辆平稳通过。大、中桥梁一般为直线，受地形限制需要修曲线桥时，曲线的各项指标要符合路线要求。建斜交桥时，非通航河道斜度不大于 45°，通航河道桥墩沿水流方向的轴线与通航水位的主流方向交角不宜大于 5°。

三、桥梁施工

桥梁施工单位应根据工程规模、技术要求、水文、地质、劳力、机械设备能力等条件，选择最优的施工方案，按切实可行的施工进度计划，做出合理的施工场地布置，在监理工程师的监督下按施工规范进行施工，保证施工质量。

（一）钢筋混凝土简支梁施工

钢筋混凝土简支梁有普通钢筋混凝土和预应力混凝土两种，施工方法有现场浇筑和预制安装。

1.现场浇筑

混凝土施工工艺包括模板工、钢筋工、混凝土浇筑、养护与拆模。

（1）模板工

模板是混凝土成型质量的前提，模板必须有足够的强度、刚度和稳定性，保证施工中不走模、变形，接缝严密不漏浆，制作与安装方便。模板通常用的有木模、钢模、钢木组合模板等。具有一系列的标准尺寸的标准钢模，能根据混凝土结构尺寸拼装成要求的尺寸，装拆方便，周转次数多，应用普遍。按装拆方法分类，模板有零拼式、分片装拆式与整体装拆式。

模板有底模、侧模、端模。预制 T 形梁的模板，为分片装拆式木模板，两侧模用顶部横木和穿通模板外肋木的螺栓拉杆固定。柱底的木楔用于装模时调整和拆模时卸架方便。

现场浇筑混凝土梁，须在梁模下搭设支架。

近年来，应用工具式钢管立柱，效果良好。在顺桥方向，立柱间距为 3 ～ 5m。靠桥台（墩）

处立柱设在台基的襟边上，在横桥方向，立柱设置在梁肋下。

模板安装应与架立钢筋配合进行。先安装底模并整平，再架立钢筋，最后安装侧模与端模。在模与钢筋之间要注意留够保护层的厚度。模板安装后要进行验收，精度合格，方能进行混凝土浇筑。

（2）钢筋工

钢筋应按钢筋型号、直径分别堆放。进场后依次抽样检验，合格品方能使用。钢筋工包括钢筋加工与安装。

钢筋加工包括整直、除锈去污、按照设计图下料弯曲成型。下料应用优化法以减少废料，接头以对焊为宜。

钢筋安装有现场绑扎和骨架吊装两种方法。现场绑扎应按一定顺序，一般梁肋钢筋，先放箍筋，再装下排力筋，后装上排钢筋。柱的钢筋先立主筋，后扎箍筋。钢筋的交结点用铅丝绑扎，也可用点焊。骨架吊装是先将钢筋骨架焊接成型，用起重设备吊入模板，安装简单。钢筋安装必须按设计图纸进行，安装后经检验合格方能浇筑混凝土。

（3）混凝土浇筑

混凝土浇筑包括拌制、运输、浇筑、振捣几个工序。混凝拌制多用混凝土搅拌机。工程量很少时，也可用人工，要求搅拌均匀。须掺的附加剂，如减水剂、早强剂、促凝剂、缓凝剂、加气剂、膨胀剂，应将其溶液加入水中，与其他材料拌匀。

混凝土运输为避免离析，转载次数宜少，从高处落距不应超出 2m，否则应用溜管、溜槽或串管。运输延续时间应尽可能短，避免在浇筑过程中发生初凝，当混凝土温度为 20℃～30℃时，运输延续时间不超过 1 小时，10℃～19℃时不超过 1.5 小时，5℃～9℃时不超过 2 小时。

混凝土浇筑应分层浇筑，每层浇筑厚度不应超过 0.3m，浇筑过程中应连续进行。且在前层混凝土初凝之前，此层混凝土拌和物应浇筑振捣完毕。因故间歇，间歇时间一般控制在 1.5～3.0 小时之内。间歇时间过长，前层混凝土已凝结，则需要前层混凝土强度达到 $1.18N/mm^2$（结合缝要求为强度较高时为 $2.45N/mm^2$），才能浇筑次层混凝土。中断后浇筑次层混凝土时，前层混凝土表面必须凿毛，用水冲洗干净，表面涂洗 10～20mm 与混凝土相同水灰比略小的水泥砂浆。

为保证混凝土具有应有的密实度，浇筑混凝土每层必须振捣。大面积面板用平板式振捣器，钢筋密布的梁、柱用插入式振捣器和附着式振捣器。安装在侧模、高低模上的附着式振捣器，频率必须一致，位置均匀交错排列，间距 1.0～2.0m。插入式振捣器，插入点直线排列时，插入间距不得超过振捣起作用半径的 1.5 倍。交错排列时不超过 1.75 倍。插入时不要碰及模板钢筋，插入下层 5cm，使两层结合为一体。插入要快，拔出要慢，边振边拔。振捣时间以混凝土不再产生气泡，不再下沉，砂浆开始上浮，混凝土表面平整即可。不可过度振捣，以免混凝土分离。

（4）养护及拆模

在常温下养护主要使用湿润的草垫、麻袋、稻草覆盖，并经常洒水。硅酸盐水泥不少于 14 昼夜，矾土水泥不少于 8 昼夜，矿渣水泥、火山灰水泥或加塑化剂时不少于 21 昼夜。每日洒水次数以保证湿润为准。冬季施工多加促凝剂或早强剂，养护可用蓄热法、蒸气法等。

当混凝土达到设计要求强度的 2.5MPa 时，即可拆除侧模，达到设计强度 100% 即可拆除底模。拆模应仔细进行，不可硬拆猛打，以免损伤混凝土表面。

2. 预制装配施工

预制装配施工是将预制的梁运用到桥位处，用起重设备进行吊装和完成横向连接成桥。预制梁运输通常用大型平板车。长距离运输时，车辆转弯时要保证梁在车上自由转动，梁上应设置整体式斜撑，并用绳索将梁、斜撑与车架绑成整体，以防梁倾斜。

预制梁安装方法很多，依跨径、梁座及所有起吊设备而定。在陆地上建桥较低，可用履带式或轮胎式起重机，直接起吊。在深水河道上可用浮吊法。用配有起吊设备的船装载预制梁，船行至桥跨中，将梁吊装就位。浮船应逆流而上，先远后近安装。架设时，浮船应牢固锚定。注意施工安全，此法用于大跨、多孔桥时很有效。

小桥或跨径较小的中桥可用扒杆吊装。在桥跨两墩上各设一套扒杆，预制梁的两端分别系在两组扒杆的起吊索上，由两起吊索的拉动使梁平稳进入安装位置。梁的后端应系制动索以控制梁移动的速度。

在多跨长桥和，中、小跨径桥梁上，可用龙门架－导梁法。在两个墩上各设置一台龙门架，用长度两倍于桥跨的导梁架在桥墩上，其上敷设轨道。预制梁用平车系在导梁上运至桥孔，用龙门架吊起预制梁横移就位。此跨吊装完毕，用托架托起龙门架到下一个桥墩，继续吊装。

（二）拱桥施工

拱桥施工方法分为有支架施工和无支架施工两大类。前者用于圬工拱桥，后者用于肋拱、箱形拱、桁架拱等。

1. 有支架施工

有支架施工是先支立拱架，在拱架上砌筑石拱或浇筑混凝土拱的方法。

（1）拱架

拱架多用木制，其形式有立柱式、撑架式和桁架式。

立柱式拱架上部为拱形桁架（拱盔），下部为支架。上、下部之间放置卸架装置（木楔或砂筒等）。这种拱架构造制作简单，但立柱多，木料用量大，适合于跨径和高度均不大的拱桥。撑架式拱架的下部为框架式支架，材料用量少，且支架空间大，有利通航和通过洪水。桁架式拱架适用于墩高、水深、流急或通航的河道。跨径很大时，可用钢桁架拱架。

（2）拱券砌筑或浇筑

在拱架上砌（浇）筑拱券时，拱架因受荷载而变形。为使拱架变形最小，应使其受力均匀。因而，必须采用适当的砌（浇）筑次序与方法。跨径 10m 以下，可按全宽全厚由两拱脚同时对称向拱顶砌（浇）筑，要快速施工，在拱脚处的砂浆或混凝土尚未凝结前在拱顶合拢。跨径在 10～15m，可在拱脚留空缝，待拱券达到设计强度 70% 后，再填塞空缝，为防止拱架顶部上翘，在自拱脚向上砌（浇）到 1/3 矢高时，在拱顶 1/3 范围内预压拱券总重 20% 的压重。大、中型拱桥则应分段分环施工。

2. 无支架施工

无支架施工有悬臂法、缆机施工法等。

悬臂施工法也有几种不同的方法。在拱脚处设定塔架用斜拉索拉住钢支架。拱脚段的混凝土在钢支架上浇筑，其余拱券为分段预制构件，用转臂起重机拼装，每拼装一节即用辅助钢索拉住，直到拱顶。

深谷的多跨长桥的双曲拱、拱肋、箱拱的安装可用缆机吊装。在河岸设立缆机塔架横跨河谷架设缆索。拱分为三段预制，用缆机先吊装两个边拱，用扣索吊住，再吊中拱合拢。

（三）混凝土斜拉桥施工

可以采用有支架施工，在支架上拼装或现浇，施工简便。但只有当桥不高，桥下容许搭支架时方可采用。由于斜拉桥梁体尺寸较小，各节段间有拉索，塔架可以用以架设辅助钢索。因此采用无支架施工更为有利，无支架施工以用悬臂法最为普遍。

悬臂法施工有单悬臂法与双悬臂法两种方法。单悬臂法是在支架或支墩上建造边跨，然后用悬臂法拼装中跨。双悬臂法是对称平衡拼装主梁节段。

第二章 公路规划设计

第一节 公路网规划

一、公路网的特征及我国公路网发展概况

（一）公路网的特征

公路网一般特指某一区域内的公路网络系统，它有别于城镇市区内的道路网。区域内的城市或集镇及某些运输集散点（大型工矿、农牧业基地、车站、港口等）视为结点，称为运输点。这些运输点之间的连线称为公路路线。公路网是指由规划区域内的运输点，以及连接诸运输点的所有公路，按一定的规律组合而成，并具有特定功能的有机集合。

合理的公路网一般应具备以下条件：①具有必要的通达深度和公路里程长度；②要有与交通量适应的技术标准和使用质量；③具有经济合理的平面网络。

对公路网的基本要求应该是：四通八达、干支结合、布局合理、效益最佳。四通八达是要求区域内有一定数量的公路，以满足公路运输适应"面"的要求，充分体现公路运输深入门户的优越性；干支结合是要求各条公路具有相应的技术等级，并在整体上达到技术标准配套，干线公路与一般地方道路组合协调；布局合理是要求公路网络性能要好，公路走向与技术标准的选定必须局部服从整体，并且在宏观方面根据实际需要和可能，做出路网最佳方案的选择；效益最佳是指路网方案的最终效益，需要对路网方案进行科学评价和定量分析，并加以优化决策，从而使得公路网在使用中获得较好的经济效益和社会效益。以上四点要求相互联系，彼此制约，并且与区域内的实际条件密切相关。

公路网作为一个系统，具有以下四个特征：

1. 集合性

区域公路网由许多元素（运输点和公路路线等）按一定方式组合而成。区域范围内运输点的规模和重要性不同，公路网的组合结构与级别也应有所差别。我国目前的公路网可以分为三个级别，即国道网、省道网和地方道路网（县乡公路网）。前两者是全国和省（市）

公路网的骨架，是公路运输的主动脉，而众多的地方道路则作为分支，直接深达区域内的各有关用户，三者共同组成一个有机整体。三级公路网的建设及维护管理，可分别由全国、省（市）和县的有关交通部门承担。三级公路网的区域范围、运输点组成和作用，实际工作中还可根据区域划分的需要做必要的调整，如经济区、特定开发区等，但所属管辖级别与范围应相应划定。

2. 关联性

构成公路网的全部运输点和公路是相互联系、相互制约且具有一定规律的整体。正如机械加工车间由各种机床与设备按一定工艺流程及要求组成，而若干机床和设备的总和并不等于一个车间，公路网并不等于若干条公路的简单相加，它是在布局和结构组成方面具有与地区的自然条件、社会经济条件及功能等相适应的，符合一定规律性的和具有高效益的有机整体。路网中每新建或改建任意一条线路，均要受到全局因素的制约，又由于区域经济和运输需求随着时间的推移不断地变化和发展，因此公路网的建设是一个动态过程。公路网的关联性，包含着时间与空间两方面的特征。

3. 目的性

公路网具有特定的功能，也带有一定的目的性，众多的公路正是按此目的组合而成公路网的。各条公路也只有在特定的路网系统中，才能充分发挥汽车运输的优势，给区域的整体交通运输创造良好条件。一般情况下，区域公路网的主要目的（功能）是：满足区域内外的交通需求，承担区域内外的运输联系；维持区域内交通的通畅及保证交通运输的快速和高效益；确保交通安全和提供优质运输服务；维护生态平衡，防止水土流失，注意环境保护，方便人民生活；满足国防建设和防灾、抗灾需要；等等。

4. 适应性

任何一个系统总是存在和活动于特定的环境之中，且必须与之相适应。公路网是区域公路运输的基本组成部分，而公路运输是区域综合运输的子系统，综合运输则是为区域的社会、经济、政治、文化等服务。也就是说，公路网必须适应于区域国土开发利用和经济发展规划，适应于区域综合运输系统发展规划，适应于公路运输的发展需要。

（二）我国公路网规划发展概况及趋势

新中国成立初期，我国的公路网规划主要侧重于边远地区和省、市、县行政中心的线路打通问题，这使得我国早期的公路建设得以正常发展。20世纪末期，交通部委托交通部公路规划设计院总结国内公路网规划研究方面已经取得的成果和经验，拟定了《公路网规划编制办法》。

21世纪，国家发展改革委员会同交通运输部编制的《国家公路网规划（2013—2030年）》获得国务院的批准。调整后的国家高速公路由7条首都放射线、11条北南纵线、18条东西横线，以及地区环线、并行线、联络线等组成，约11.8万km；另规划远期展望线1.8

万 km，远期展望线主要位于西部地广人稀的地区。

经过多年的研究，逐步明确了公路网规划研究的指导思想：其一，从经济角度出发研究交通，同时要以交通建设发展促进经济发展；其二，认为经济产生的交通流是一种可分析和分配的交通流。同时，在研究方法上也有了很大的改进，由过去的以经验为主的决策法发展到现在的以经验为导向、以数学模型为依据的定性和定量相结合的科学决策法。但在规划实践中应注意，数学模型有其先进性，但也有其局限性，不能过分依赖它，须结合专家的经验判断，才能使决策更符合实际。

从我国公路网规划研究的发展来看，除了引入运输规划理论、方法与模型以外，我国学者也结合国情在公路网规划技术的各个环节和各个层次上进行了积极的探索研究。多年来，先后进行了全国性的交通系统仿真网络规划、运输通道理论与方法研究，开展了省域和市、县域的公路网规划理论方法探索。在网络规划技术方面，发展了公路网规划的动态规划法，提出了交通区位原理；在交通预测技术方面，提出利用已知部分经验信息和现状路段交通量推算公路交通量 OD 分布（时空分布），以及 OD 分布的一区多中心模型等；在公路网发展规模方面，运用多目标规划方法进行公路网技术等级结构优化，提出公路网合理密度的概念。此外，在公路网规划的评价方法、投资决策模型等方面都进行了较深入的研究。我国具有代表性的公路网规划理论与方法主要有四阶段法、结点法及总量控制法三类。

我国公路网规划的发展趋势是紧随公路网规划理念、理论发展的国际潮流，同时结合我国国情、公路建设和公路交通的实际情况，研究适合我国公路建设和公路交通特点的规划理念、理论与方法，包括可持续发展的公路网规划理念、综合运输系统影响下的公路网规划理论、BOT 公路建设和管理模式下的公路建设投资优化和实施方案设计等。

二、公路网规划的基本原则、程序和基本内容

（一）基本原则

1. 综合运输，协调发展

现代化交通运输方式有公路、铁路、水路、航空和管道运输五种，它们各自适应于一定条件。因此在进行区域公路网规划时，首先要考虑各种运输方式的现状与发展规模，特别要注意规划区的铁路和水路的宏观总体协调规划，并以此作为公路网规划的基本依据之一。

为充分发挥公路运输直达门户的优势并实现"面"上运输的需要，一般情况下，规划区域内的公路宜自成体系并形成网络，因此公路网规划需要以综合运输为依据。

2. 结合实际，量力而行

改革开放以来，特别是 20 世纪 90 年代后，我国的经济和公路交通建设都取得了显著的成就，经济发展水平和公路网的规模与质量不断提高。然而，我国幅员辽阔，人口众多，经济相对落后，属发展中家，搞公路建设必须从实际出发。公路网建设面广量大，耗资

巨大，不宜多占耕地。各地经济和自然条件及公路网现状等也有较大差别，区域公路网的规划，无论是在宏观上还是微观上，均涉及许多复杂的因素和条件，同时区域公路网的规划处于一个变化发展的动态过程之中。因此，公路网规划必须遵循从实际条件出发的原则，"一次规划，分期实现"，既要保证公路建设适应区域交通运输的需要，又要切实可行。

在我国，混合交通是公路网规划过程中必须重视的重要因素之一。根据统计资料，目前我国交通组成中，干线公路上机动车辆的比例高于地方公路，城镇近郊的公路上非机动车辆比例高于远郊公路。随着交通运输业的发展，公路交通组成将会发生变化，不少地区混合交通中的机动车辆数所占比例将增高。

3. 讲究效益，保护环境

公路网络是区域社会经济发展的重要基础设施之一。公路运输的目标是满足区域社会经济发展的需要，完成客货运输任务，促进区域社会经济可持续发展，同时实现其自身的经济效益。公路建设项目，尤其是高等级公路建设项目都是重大的基本建设项目，投资巨大，影响广泛而深远，因此必须讲究经济效益、社会效益和环境效益的高度统一。公路网规划是对区域公路网建设发展的总体安排和部署，必须做好公路建设项目的优化布局和优化排序。优化的准则在于所做的布局规划方案和建设计划方案能否合理利用资源和资金；能否兼顾建设者、使用者及全社会成员的利益，体现社会利益公平分配原则；能否促进整个区域社会经济的平衡协调发展；能否保护环境和资源，发扬区域的人文生态特色等，保证规划路网达到最佳综合效益，实现社会的可持续发展。

4. 系统分析，整体优化

现代公路网可视为一个系统，公路网规划必须以系统分析原理为其理论基础。

系统工程是近年来形成和发展起来的一门新学科，被广泛应用于各个领域，其中包括区域综合交通规划和城市交通规划领域。有关系统工程的定义迄今尚未统一。20世纪80年代钱学森在《论系统工程》一书中提出：系统工程是组织管理系统的规划、研究、设计、制造、试验和使用的科学方法。纵观诸家的说法，有以下几点是公认的，即系统工程是一门应用技术，是一门软科学，用于定量分析系统诸元素间的相互关系，目标是整体优化，它具有全局性、综合性和科学性。全局性也就是整体性，一个事物之所以成为系统，不是指各组成因素的简单总和，而是在于它具有总体的、系统的功能，即俗话说的"见木要见林，办事要有全局观点"。综合性是要求依靠良性循环，注重综合效益，注重综合运用各种技术。科学性指系统工程的概念和原则是本质的，数学分析方法则是手段，为了准确地运用系统工程的概念和原则，应尽可能地运用现代数学工具，建立数学模型并进行优化分析。

5. 近期与远期相结合

公路网建设是一个长期发展的过程，一个合理的公路交通系统建设规划应包括近期项目建设计划、中期项目建设规划、远期发展战略规划三个层次，并满足"近期宜细，中期有准备，远期可粗、有设想"的要求。公路网建设的长期性决定了公路网规划必须具有"规划滚动"的可操作性，规划的滚动以规划的近远期相结合为前提。

6.理论与实践相结合

公路网规划是一个相当复杂的系统工程，必须运用系统工程的理论和方法，从系统的相互协调关系上对公路交通系统进行分析、预测、规划及评价。只有这样，才能获得总体效益最佳的公路网规划布局及建设方案。但公路网规划若脱离了工程实际，就会变成纸上谈兵，失去实际意义。

除以上所述的基本原则外，区域公路网的规划还必须注意：①规划工作要分级进行，省道网应以国道网为基础，地方道路网应以国道网和省道网为基础，三者协调发展，逐步完善。②公路网以区域内公路运输为主，但针对目前各地现有公路存在跨区的断头线多、不利于发展横向经济联系的特点，规划新网时要切实加强区域之间的公路建设。③合理的公路网规划，应是政策、经验和技术三者有机结合的结果。规划设计和计算过程中某些具体政策和经验不可能全部如实地概括成数学模型，因此任何精确计算只能是相对而言，非确定性因素更是如此。因此，公路网规划的最终方案，必须在理论计算的基础上，联系实际条件加以必要的修正和补充。④规划方案应定期进行调整和完善。

（二）公路网规划的程序和基本内容

公路网规划是区域综合交通规划的一个重要组成部分。区域国土规划和区域综合交通规划是公路网规划的前提，这是由公路网的适应性所决定的。土地的开发利用（包括地下资源和旅游资源等）和区域经济发展对交通产生需求，交通设施的相应发展又反过来刺激和促进土地使用和经济活动。公路网是综合运输网的子系统，其轮廓和组成方案取决于所服务的运输点及其分布情况，也受各运输点之间的运输量及其性质的约束。因此，公路网规划的目标分析与确定，以及与之直接相关的远景交通量的预测，更直接依赖于规划区内的国土规划和综合交通规划。

远景交通量的预测，包括区域内交通量的产生、分布和分配模型的建立，是公路网规划的主要内容，也是公路网规划方案优化的直接根据，它同资料收集与问题诊断同属规划工作的前提和基础。

公路网规划方案优化是规划工作中的另一项重要内容，其直接成果就是公路网规划方案的建立和决策，在工作内容和方法上涉及设计、优化和决策等模型的建立与运用过程。公路网规划方案优化是以公路网交通量预测为基础，以公路网评价为依据，以交通工程学和最优化技术为手段，据此完成公路网规划的任务和目标。事实上，公路网规划方案优化工作涉及公路网规划所应用的战略和战术，以及公路运输等整个体系中的全部问题。从更高层次的决策水平要求来看，公路网规划方案优化，在很大程度上将决定规划区远景公路建设的水平和公路运输的效果。

公路网评价作为规划工作的一个过程，在公路网规划中起着承上启下的主导作用。作为规划工作的起点，通过对原有公路网的评价和定量分析，可为规划的目标分析和确定提供具体依据；作为规划工作的终点，通过对规划方案的评价，可为规划成果（公路网方案与实施计划）的论证、优化和决策提供各个方面的量化指标。

公路网规划的基本内容，总的概括是：预测、评价、网化和优选。比较具体的内容是：①区域技术经济调查分析；②公路网的远景交通量预测；③公路线路（包括新建线路和原有线路改建）平面布局和等级结构方案的设计；④公路网评价系统模型的建立与运用；⑤公路网目标优化模型的建立与运用；⑥公路网方案决策模型的建立与运用；⑦公路网实施计划和投资优化决策模型的拟定和运用。

三、公路网规划的方法

目前应用较广泛的公路网规划理论与方法主要有三类：四阶段法、结点法和总量控制法。

（一）四阶段法

四阶段法实质上是一种交通需求预测方法。该法以微观经济学理论为基础，通过现状 OD 调查、交通数据采集和历史资料分析，研究区域经济在时间和空间上的发展对交通需求的影响，建立需求预测模型。四阶段法将交通需求分析分解为发生量和吸引量预测、OD 分布预测、运输方式分担预测和路网交通量分配四个步骤，把公路网规划同经济发展有机地联系起来。这种方法通过对未来交通需求增长条件下各规划路网方案交通运行指标的分析（如流量、车速、饱和度等技术指标），对规划方案进行评价和比选。四阶段法的有效性较多依赖于 OD 交通流量资料，分析结果强调以改善交通运行状况为目的进行网络和线路规划。

从单纯的技术角度而言，四阶段法提供了到目前为止最为成熟的路段交通量预测分析技术，并较为具体地反映了土地利用与交通状态的关系。但作为公路网规划中交通需求预测的一种理论方法，基于现状的交通需求预测本身并不能成为规划的目标，只能作为一种辅助决策或政策分析的基本手段，只有与公路网络分析相结合，才能更好地发挥其在公路网规划中的作用。

（二）结点法

结点法主要用于路网布局。这种方法是将路网规划问题分解成路网结点的选择和路网线路的选择两部分进行。不同地区、规模和不同层次的路网规划对结点的选择可以有不同的依据，其核心是通过对交通、经济要素的综合考虑建立结点重要度模型和结点间连线重要度模型，以此作为网络布局的依据。由于城镇体系的发展、土地的开发和交通网络之间存在的必然联系，这类方法能够较好地解释土地利用、交通需求与交通设施之间的关系，可以体现网络的整体服务要求而不仅仅是交通需求。

结点法在应用中定性成分相对较多，如在计算结点重要度时，各经济指标的权重需要人为确定，不同的人考虑的因素不同，得到的结点重要度也不同，这使得应用该法得到的规划布局方案存在不确定性。

（三）总量控制法

总量控制法属于宏观规划方法，该法的基本思想是从宏观整体出发来把握规划区域内与公路交通运输密切相关的一些总量变化趋势，在充分调查分析区域内现有路网的道路和交通特征的基础上，根据社会经济发展状况和交通量、运输量的变化特征，以区域内道路交通总需求来控制公路网建设总规模，以区域内社会经济发展和生产力分布特点来确定路网的总格局和分期实施方案。此方法不依赖 OD 调查，具有思路清晰、理论新颖，节省人力、物力、财力和时间等优点。

总量控制法注重运输的宏观成因，研究区域的综合经济规模分布与运输网络形态之间的关系，从宏观系统角度整体上把握公路网的发展方向，是一种定量和定性分析相结合的规划方法，是公路网规划的一种较好的思路。它与中国国情紧密结合，最大限度地利用了中国现有的统计资料，既操作方便，又便于决策者对规划思想的理解。总量控制法在路段分配交通量方面存在不足，这影响了各路段规划等级确定的可信度。

这三种方法在实践中均有成功的应用。尤其是采用四阶段法进行交通需求分析及预测，在公路网规划、城市道路网规划、建设项目可行性研究等方面均得到了广泛的应用。除此之外，目前的许多交通分析及规划的商业软件也多以四阶段法作为理论支持进行交通需求分析和预测系统的研制开发。

这三种理论与方法各有其优点和不足，因此寻求三种方法的结合点，特别是通过简便有效的公路交通 OD 分布推算方法的研究，使三种规划理论与方法有机结合相互取长补短，已经成为目前理论研究和实践的重点。

例如，可将四阶段法与总量控制法相结合进行公路网交通量预测，这是目前广泛应用的一种方法，称为综合预测法。其基本思想是：首先，进行一次 OD 调查（规模可根据具体情况确定），同时实测路段交通量，研究和改进公路网交通分配方法，应用和完善由部分路段交通量推算 OD 量的方法，采用 OD 调查及路段交通量实测资料对这些方法进行检验；其次，利用 n 年（一般 n≥8）部分路段交通量观测资料，分别推算几年 OD 量，根据几年 OD 量和社会经济发展指标（按小区分别进行统计分析）标定计量经济模型，依此模型预测未来规划年 OD 量；最后，依据未来 OD 量预测结果采用交通分配方法计算出未来规划年的路段交通量。又如，可以将三种方法相结合，即应用结点法进行路网结点的选择，应用四阶段法进行路网的微观交通分析、评价和预测，应用总量控制法进行路网的布局规划和建设实施方案设计等。

第二节　公路勘测设计

道路设计控制是指对道路几何设计起控制作用的因素。道路几何设计必须符合技术标准的规定，必须与地形、地质等自然条件相适应，必须满足交通流特性要求，也必须符合道路网规划，这些都是控制道路设计的因素。

道路勘测设计主要的技术依据有《公路工程技术标准》《公路路线设计规范》《城市道路工程设计规范》等。道路勘测设计相关的依据有《公路勘测规范》《公路摄影测量规范》《公路全球定位系统（GPS）测量规范》等。道路勘测设计其他的技术依据有《公路工程基本建设项目设计文件编制方法》《城市道路交通规划设计规范》《厂矿道路设计规范》《公路环境保护设计规范》等。

影响道路的自然因素主要有地形、气候、水文、地质、土壤及植被等，这些自然因素主要影响道路等级和设计速度的选用、路线方案的确定、路线平面和纵横断面的几何形状、桥隧等构造物的位置和规模、工程数量和造价等。

一、基本设计依据

路线设计是按勘测设计程序、已批准的计划任务书和《公路工程技术标准》等进行的。无论是新建公路还是改扩建公路，都应有充分的技术经济依据，其中最基本的设计依据是设计车辆、设计速度和交通量。

（一）设计车辆

行驶在公路上的车辆主要有机动车和非机动车两类。机动车有摩托车、小客车、公共汽车、载货汽车、拖拉机和大型集装箱车等；非机动车有自行车、电动自行车（目前我国电动自行车因其快速、省力、环保而发展迅速，城市中电动自行车的保有量已超过人力自行车，但对电动自行车的管理仍然按照非机动车管理）、三轮车、板车和兽力车等（板车和兽力车在城市中已基本被淘汰）。根据公路的使用任务和性质，高速公路、一级公路为机动车服务；二、三、四级公路为混合车型（含非机动车）服务。

车辆的外廓尺寸是公路几何设计的重要依据，如路幅组成、弯道加宽、纵坡、视距、交叉口设计等都与车辆的外廓尺寸密切相关。《公路工程技术标准》对各种车辆进行归类，将其尺寸标准化称为设计车辆，并将设计车辆分为小客车、大型客车、铰接客车、载重汽车和铰接列车五类。

（二）设计速度

设计速度是指在气候和交通量正常的情况下，汽车运行只受公路自身条件（几何要素、路面附属设施等）影响时，具有中等驾驶技术的人员能够安全、舒适驾驶车辆的速度。设计速度决定了公路几何线形的基本要素。曲线半径、超高、视距、合成坡度、路幅宽度和竖曲线设计等都直接或间接与设计速度有关，所以它是体现公路等级的一项重要指标。设计速度与运行速度有密切的关系，但它们是不同的两个概念。运行速度是指汽车在公路上的实际行驶速度，它受气候、地形、交通密度及公路本身条件的影响，同时与车辆驾驶人的技术也有很大的关系。在设计速度低的路段上，当行车条件（交通密度、气候、地形等）比较好时，行车速度常接近或超过设计速度。设计速度越低，出现这种现象的概率越大。考虑到这一特点，同一等级的公路按不同的条件采用不同的设计速度是合适的。同时，超过设计速度的情况是危险的，所以在地形良好、线形顺适、视野开阔、容易产生超速行驶（超过设计速度）的路段，要特别注意曲线半径、超高、纵坡等方面的合理配置。

《公路工程技术标准》规定，设计速度的选用应根据公路的功能与技术等级，结合地形、工程经济、预期的运行速度和沿线土地利用性质等因素综合论证确定。高速公路、一级公路由于在设计施工、运营管理上与一般公路不同，其设计速度不与地形条件直接挂钩，而将设计速度分别定为 120km/h、100km/h、80km/h 和 100km/h、80km/h、60km/h 三级，供设计时结合交通需求的变化，考虑技术经济的合理性，更好地与地形、景观相配合，做出合理的设计。

（三）交通量

交通量是确定公路等级的主要依据。公路的交通量是指单位时间内（每小时或每昼夜）通过公路上某一横断面处的往返车辆总数。交通量与社会经济发展速度、气候、物产、文化生活水平等因素有关，且随着时间、地点的不同而随机变化。其具体数值通过交通调查和交通预测确定。

1. 设计交通量预测

《公路工程技术标准》规定，新建和改扩建公路项目的设计交通量预测，应符合下列规定：①高速公路和一级公路设计交通量预测年限为 20 年；二、三级公路设计交通量预测年限为 15 年；四级公路可根据实际情况确定。②设计交通量预测年限的起算年为该项目可行性研究报告中的计划通车年。

2. 交通量换算

在确定设计交通量时，应将在公路上行驶的各种车辆，按规定折算为标准车型。我国公路设计时是以小客车为标准车型。设计时应将公路行驶的各种车辆（含非机动车辆）按规定折合成小客车的年平均日交通量。各种汽车的折算是为了有统一尺度才能比较交通量的大小。《公路工程技术标准》规定，交通量换算采用小客车为标准车型。

拖拉机和非机动车等交通量换算应符合下列规定：①畜力车、人力车、自行车等非机动车按路侧干扰因素计算。②公路上行驶的拖拉机每辆折算为 4 辆小客车。③公路通行能力分析要求的车辆折算系数，应针对路段、交叉口等形式按不同的地形条件和交通需求，采用相应的折算系数。

3.交通量计算

（1）年平均日交通量

公路交通量的普遍计量单位是年平均日交通量（简称 AADT），即一年 365 天交通量观测结果的平均值，其表达式为：

$$N = \frac{1}{365}\sum_{i=1}^{365}Q_i$$

（公式 2-1）

式中：N——平均日交通量，辆 /d；

   Q_i——一年内的日交通量，辆 /d。

（2）设计交通量

设计交通量是指达到预测年限时的年平均日交通量，它是确定公路等级的主要依据。设计交通量根据公路使用的功能、任务和性质，目前一般按年平均增长率计算确定

$$N_\mathrm{d} = N_0(1-\gamma)^{t-1}$$

（公式 2-2）

式中：N_d——达到预测年限时的年平均日交通量，辆 /d；

N_0——起始年平均日交通量，辆 /d；

γ——年平均增长率，%；

t——预测年限。

（3）设计小时交通量

设计小时交通量是以小时为时段的交通量（简称 DDHV），用于确定公路等级、车道数和车道宽度或评价公路运行状态和服务水平的重要参数。一年中的每月、每日、每小时交通量的变化是相当大的，如果用一年中最大的高峰小时交通量作为设计依据，必然造成浪费，但如果采用日平均小时交通量则不能满足实际需要，甚至造成交通阻塞。因此，必须选择适当的小时交通量作为设计小时交通量。取一年中的排序第 30 位最大小时交通量为设计小时交通量最合适，即采用第 30 位小时交通量作为设计依据，每年只有 29 个小时的交通量超过设计小时交通量，保证率达 96.7%。许多国家包括我国均采用第 30 位小时交通量作为设计依据，按下式计算：

$$N_b = N_d KD$$

（公式 2-3）

式中： N_b ——设计小时交通量，辆 /h；

N_d ——达到预测年限时的年平均日交通量，辆 /d；

K ——设计小时交通量系数，即第 30 位小时交通量与年平均日交通量的比，一般平原区取 13%，山区取 15%；

D ——方向不均匀系数，一般可取 D =0.5 ～ 0.6。

《公路工程技术标准》规定，公路设计小时交通量宜采用年第 30 位小时交通量，也可根据项目特点与需求，在当地年第 20 ～ 40 位小时交通量之间取值。

（4）通行能力

通行能力是道路规划、设计及交通管理的基本依据，其具体数值随道路等级、线形、路况、交通管理与交通状况的不同而有显著的变化。此外，道路通行能力还受交叉路口通行能力的制约。

第一，通行能力的基本概念。

道路通行能力是指在一定的道路路况和交通条件下，道路上某一路段单位时间内通过某一断面的最大车辆数或行人数量。车辆中有混合交通时，则采用等效通行能力的当量汽车单位，英文缩写为 PCU，故交通相关规范中通行能力的单位为 PCU/h 或 PCU/d。

道路通行能力与交通量概念不同，交通量是指某时段内实际通过的车辆数。一般交通量均小于道路的通行能力。在交通量小得多的情况下，驾驶人可以自由行驶，可以变更车速、转移车道，还可以超车；交通量等于或接近于道路通行能力时，车辆行驶的自由度就明显降低，一般只能以同一速度列队循序行进；当交通量稍微超过通行能力时，车辆就会出现拥挤，甚至堵塞。所以，道路通行能力是一定条件下通过车辆的极限值。不同的道路条件和交通条件有不同的通行能力。通常在交通拥挤、经常受阻的路段上，应力求改善道路或交通条件，以期提高通行能力。

第二，机动车通行能力的类别。

①基本通行能力，是指在道路、交通、环境和气候均处于理想条件下，由技术性能相同的一种标准车辆，以最小的车头间隔连续行驶，在单位时间内通过一条车道或道路路段某一断面的最大车辆数。这是一种理想状态下的通行能力，也称理论通行能力。②可能通行能力，是在通常道路交通条件下，单位时间内通过道路一条车道或某一断面的最大可能车辆数。国外计算可能通行能力是以基本通行能力为基础，考虑到实际的道路交通状况，确定修正系数求得。我国目前计算通行能力的方法是在可能通行能力基础上进行修正。③设计通行能力，是指道路交通的运行状态保持在某一设计的服务水平时，道路上某一路段的通行能力。

（5）服务水平

所谓服务水平，主要以道路上的运行速度和交通量与可能通行能力之比来综合反映道路的服务质量。

①一级服务水平

一级服务水平即交通流处于完全自由流状态。交通量小，速度高，行车密度小，驾驶人能自由地按照自己的意愿选择所需速度，行驶车辆不受或基本不受交通流中其他车辆的影响。在交通流内驾驶的自由度很大，为驾驶人、乘客或行人提供的舒适度和方便性非常优越。较小的交通事故或行车障碍的影响容易消除，在事故路段不会产生停滞排队现象，很快就能恢复到一级服务水平。

②二级服务水平

二级服务水平即交通流状态处于相对自由流状态，驾驶人基本上可按照自己的意愿选择行驶速度，但是要注意到交通流内有其他使用者，驾驶人身心舒适水平很高，较小的交通事故或行车障碍的影响容易消除，在事故路段的运行服务情况比一级服务水平差些。

③三级服务水平

三级服务水平即交通流状态处于稳定流的上半段，车辆间的相互影响变大，选择速度受到其他车辆的影响，变换车道时驾驶人要格外小心，较小的交通事故仍能消除，但事故发生路段的服务质量大大降低，严重阻塞时后续车辆形成排队车流，驾驶人心情紧张。

④四级服务水平

四级服务水平即交通流状态处于稳定流范围下限，但是车辆运行明显受到交通流内其他车辆的相互影响，速度驾驶的自由度明显受到交通量限制，稍有增加就会导致服务水平的显著降低，驾驶人身心舒适水平降低，较小的交通事故也很难消除，会形成很长的排队车流。

⑤五级服务水平

五级服务水平即交通流拥堵流的上半段，其下是达到最大通行能力时的运行状态。交通流的任何干扰，如车流从匝道驶入或车辆变换车道，都会在交通流中产生干扰波，交通流不能消除它，任何交通事故都会形成长长的排队车流，车流行驶灵活性极度受限，驾驶人身心舒适水平很差。

⑥六级服务水平

六级服务水平即拥堵流的下半段，是通常意义上的强制流或阻塞流，这一服务水平下，交通设施的交通需求超过其允许的通过量，车流排队行驶，队列中的车辆出现停停走走现象，运行状态极不稳定，可能在不同交通流状态间发生突变。

（6）公路建筑限界

公路建筑限界为保证车辆行人通行的安全，公路上一定宽度和一定高度范围内不允许有任何障碍物。这个空间限界称为道路建筑限界。

公路建筑限界是一个空间概念，不同等级公路的建筑限界的大小不同。在道路建筑限界内不允许设置公路标志牌、护栏、照明等各种设施，甚至粗树枝及矮林也不得伸入限界内，以确保行车空间的通畅。

道路建筑限界由净高和净宽两部分组成。

①净高

净高即净空高度，是指道路在横断面范围内保证安全通行必须满足的竖向高度。净高应综合汽车装载高度、安全高度及路面铺装等因素确定。我国载重汽车的装载高度限制为4.0m，外加0.5m的安全高度，一般采用4.5m的净高。考虑到大型设备运输的发展、路面积雪和路面铺装在养护中的加厚等因素，规定高速公路和一级、二级公路的净高为5.0m，三、四级公路的净高为4.5m，四级公路的路面类型若为砂石路面时，考虑今后路面面层需要改造提高，净空高度可预留20cm。一条公路应采用相同的净高，当构造物位于凹形竖曲线上方时，长大车辆通过会形成悬空而降低构造物下有效净高，设计时应保证有效净高的要求；公路下穿时应保证公路距构造物底部任意点均应满足净高的需要。城市道路最小净高：各种汽车4.5m，无轨电车5.0m，有轨电车5.5m，自行车和行人2.5m，其他非机动车3.5m。

②净宽

净宽是指道路在横断面范围内保证安全通行必须满足的横向宽度。净宽包括行车带、路肩、中间带、绿带等宽度。路肩是在净空范围内，因此道路上各种设施（标志、护栏等）均应设置在右路肩以外的保护性路肩上，而且必须保证其伸入部分在净高以上。设于中间带和路肩上的桥墩或门式支柱不应紧靠建筑限界设置，应留有设置防护栏位置（不小于0.5m）的余地。

桥梁、隧道及高架道路的净空一般应与路段相同，有时为了降低造价须压缩净空时，其压缩部分主要体现在侧向宽度上。但在桥梁、隧道中须设人行道，且当人行道宽度大于侧向宽度时，其增加的宽度应包括在净宽之内。人行道、自行车道、检修道与行车道分开设置时，其净高一般为2.5m。

二、公路勘测设计程序

基本建设程序是指基本建设项目从决策、设计、施工到竣工验收全过程中，各项工作必须遵循的先后次序。科学的基本建设程序，不是主观意志决定的，而是建设客观规律的反映。公路工程作为国民经济基本建设项目，其建设全过程包括公路网规划、公路勘测设计、公路施工、公路维修与养护四个环节。具体内容如下：①根据长远规划或项目建议书，进行可行性研究。②根据可行性研究，编制计划任务书。③根据批准的计划任务书，进行现场勘测，编制初步设计文件和概算。④根据批准的初步设计文件，编制施工图和施工图预算。⑤列入年度经济基本建设计划。⑥编制实施性施工组织设计及开工报告，报上级主管部门审批。⑦严格执行施工的有关规程和规定，坚持正常施工秩序，做好施工记录，建立技术档案。⑧编制竣工图表和工程决算，办理竣工验收。

（一）项目可行性研究阶段

建设项目可行性研究是指在投资决策前，对与拟建项目有关的社会、经济与技术等各个方面进行调查研究，对各种可能采用的建设方案进行技术经济分析与比较论证，对项目建成后的经济效益进行预测与评价，由此得出该项目是否应该投资和如何投资等结论性意见，为项目投资决策提供可靠的依据。

一项好的可行性研究，应向投资者推荐技术经济最优的方案，使投资者明确项目具有多大的财务获利能力和财务风险，是否值得投资建设，使主管部门明确从国家角度看项目是否值得支持与批准；使银行和其他资金供应者明确该项目能否按期甚至提前偿还他们提供的资金。

1.可行性研究的阶段

可行性研究工作主要包括四个阶段：机会研究阶段、初步可行性研究阶段、详细可行性研究阶段、评价和决策阶段。

（1）机会研究阶段

该阶段的主要任务是提出建设项目投资方向建议，即在一个确定的地区和部门内，根据自然资源、市场需求、国家政策与国际贸易情况，通过调查研究、预测分析，选择建设项目，寻找投资机会。

（2）初步可行性研究阶段

该阶段是详细可行性研究前的预备性研究阶段。经过初步可行性研究，认为该项目具有一定的可行性，便可转入详细可行性研究阶段，否则就终止该项目。

（3）详细可行性研究（技术经济可行性研究）阶段

该阶段是可行性研究的主要阶段，是建设项目投资决策的基础。这一阶段内容较详尽，所花费的时间和精力都较多。

（4）评价和决策阶段

该阶段是由投资决策部门组织和授权有关咨询公司或专家，代表项目业主和出资人对建设项目可行性研究报告进行全面审核与再评价，最终决策该项目投资是否可行，并确定最佳投资方案。

2.可行性研究的内容

公路建设项目可行性研究报告的主要内容应该包括以下方面：①项目总论，包括建设任务的依据、历史背景、研究范围、主要内容及研究的主要结论等。②现有公路技术状况评价，包括区域运输网现状和存在的问题、拟建公路在区域运输网中的作用、现有公路技术状况及适应程度等。③经济与交通量发展预测，包括项目所在区域经济特征，经济发展与公路运量、交通量的关系，交通量的发展预测。④建设规模与标准，包括项目建设规模和采用的等级及其主要技术指标。⑤建设条件和方案比选，包括调查沿线自然条件和社会条件、进行方案比选、提出推荐方案走向及主要控制点和工程概况，对环境影响做出分析并编制环境影响评价报告等。⑥投资估算与资金筹措，包括主要工程数量、公路建设与拆迁、投资估算与资金筹措等。⑦工程建设实施计划，包括勘测设计和工程施工的计划与要求、工程管理和技术人员的培训等。⑧项目的经济评价，包括运输成本等经济参数的确定、建设项目的直接经济效益和费用的估算、经济评价敏感性分析、建设项目的间接经济效益分析。贷款项目应进行项目的财务评价。⑨综合评价与结论、建议。

建设项目可行性研究报告可概括为三大部分：一是市场研究，包括产品的市场调查和预测研究，这是项目可行性研究的基础和前提，主要任务是要解决项目的"必要性"；二是技术研究，即技术方案与建设条件研究，这是项目可行性研究的技术基础，主要解决项目技术上的"可行性"；三是效益研究，即经济效益的分析与评价，这是项目可行性研究的核心部分，主要解决项目经济上的"合理性"。市场研究、技术研究与效益研究共同构成了项目可行性研究的三大支柱。

（二）设计任务书

公路勘测与设计工作是根据批准的设计任务书进行的。设计任务书由提出计划的主管部门下达或由下级单位编制后按规定上报审批。设计任务书包括以下基本内容：①建设依据和意义。②公路的建设规模和修建性质。③路线基本走向和主要控制点。④工程技术标准和主要技术指标。⑤按几个阶段设计，各阶段完成的时间。⑥建设期限和投资估算，分期修建的应提出每期的建设规模和投资估算。⑦施工力量的原则安排。⑧路线示意图、工程数量、"三材"数量及投资估算表等。

设计任务书批准后，对建设规模、工程技术标准、路线基本走向等主要内容有变更时，应经原批准机关同意。

（三）勘测设计阶段

工程设计是指在工程开始施工之前，设计者根据已批准的设计任务书，为具体实现拟建项目的技术及经济要求，拟定建筑、安装及设备制造等所需的规划、图纸与数据等技术文件的工作。设计文件是建筑安装施工的依据。拟建工程在建设过程中能否保证进度、保证质量和节约投资，在很大程度上取决于设计质量的优劣。工程建成后，能否获得满意的经济效果，除了项目决策之外，设计工作起着决定性的作用。

公路工程的设计程序一般包括设计前准备工作、初步设计、技术设计、施工图设计、设计交底与配合施工等阶段。

1. 初步设计阶段

该阶段是设计过程中的一个关键性阶段，也是整个设计构思基本形成的阶段。通过初步设计可以进一步明确拟建工程在指定地点和规定期限内进行建设的技术可行性和经济合理性；规定主要技术方案、工程总造价和主要技术经济指标，提出施工方案，以利于在项目建设和使用过程中最有效地利用人力、物力和财力。一般应选择两个或两个以上的技术方案，进行同深度、同精度的测设工作和方案比选，提出推荐方案。

2. 技术设计阶段

该阶段是初步设计的具体化，也是各种技术问题的定案阶段。技术设计的详细程度应能满足设计方案中重大技术问题的要求，应保证能根据它进行施工图设计和提出设备订货明细表。

3. 施工图设计阶段

该阶段主要是通过设计图把设计者的意图和全部设计结果表达出来，作为工程施工的依据。具体包括建设项目各部分工程的详图，零、部件及结构构件明细表，验收标准与方法等。施工图设计的深度应能满足设备材料的选择与确定、非标准设备的设计与加工制作、建筑工程施工和安装的要求。

公路勘测设计应根据项目的性质和要求分阶段进行，公路工程基本建设项目可以采用一阶段设计、两阶段设计或三阶段设计。技术简单、方案明确的小型建设项目可采用一阶段设计，即根据批准的设计任务书的要求，一次详细测量并编制施工图设计文件。一般公路工程基本建设项目可按初步设计和施工图设计两个阶段进行。技术复杂又缺乏设计经验的项目或建设项目中的个别路段、特殊大桥、互通式立交及隧道等，必要时可按初步设计、技术设计和施工图设计三个阶段进行。

第三节　道路几何设计

一、道路平面线形设计

道路是由路基、路面、桥梁、涵洞、隧道和沿线设施组成的线状构造物，是三维的空间实体。我们平时所说的路线是指道路中线的空间位置。在工程设计中，一般将三维空间实体分解表达为平面、纵断面和横断面。

路线在水平面的投影称作路线的平面；沿中线竖直剖切再行展开在立面上的投影则是路线的纵断面；中线上任意点的法向切面是道路在该点的横断面。因此路线设计是指确定路线在平、纵、横三维体上各部位尺寸的工作。

无论是公路还是城市道路设计，都要受到社会经济、自然地理和技术条件等因素的制约，设计者必须掌握大量的实际资料，进行深入的调查研究才能设计出一条符合一定技术标准、满足行车要求、工程造价最合理的路线来。在设计的顺序上，一般是在尽量满足纵横断面平衡及横断面稳定的前提下先确定平面线形。

公路在受地形地物等障碍的制约时，必须设置转折避让障碍，也就是在转折处设置曲线或是曲线的组合。另外，为使线形美观和保证汽车行驶的顺畅，在直线和圆曲线或不同半径的圆曲线之间插入曲率不断变化的过渡曲线（又称缓和曲线）。由此可见，直线、圆曲线、缓和曲线是平面线形的组成要素。在平原区，直线作为主要线形是适宜的，它具有汽车在行驶中视觉最好、距离最短、运营经济、行车舒适、线形容易选定等特点，但过长的直线又容易引起驾驶人单调疲劳、超速行驶、对跟车距离估计不足导致交通事故。圆曲线是平面线形主要元素之一，采用平缓而适当的圆曲线既可引起驾驶人的注意又可美化线形。在直线和圆曲线之间或在不同半径的圆曲线之间，为缓和汽车的行驶，符合汽车行驶轨迹，采用曲率不断变化的缓和曲线是较为合理的。

在平面线形中，基本线形是和汽车的行驶方向相对应的，具有如下的集中性质：①直线。曲率为零，汽车车身轴向与汽车行驶方向的夹角为零。②圆曲线。曲率为不为零的常数，汽车车身轴向与汽车行驶方向的夹角为固定值。③缓和曲线。曲率为变数，汽车车身轴向与汽车行驶方向的夹角为变数。

现代道路的平面线形正是由上述三种线形——直线、圆曲线和缓和曲线构成的，称为"平面线形三要素"。

二、直线

作为平面线形要素之一的直线，在公路和城市道路中使用很广泛，两点之间的直线最短。一般在定线时，只要地势平坦，无大的地物障碍，定线人员首先考虑使用直线通过。但过长的直线并不好，直线线形又大多难以和地形协调，若长度运用不当，不仅破坏了线形的连续性，也不便达到线形自身的协调。另外，过长的直线也容易使驾驶人感到疲倦，难以目测车间距离，于是产生尽快驶出直线的急躁情绪，甚至超速行驶，从而导致交通事故的发生。

（一）直线的运用

直线在道路设计中的应用是比较广泛的，一般在下列情况下可以使用直线：①不受地形、地物限制的平坦地段或山间的开阔谷地。②市镇及其近郊或是规划方正的农耕区以直线线形为主的地区。③含有较长的桥梁、隧道等构筑物的路段。④路线交叉点及前后的路段。⑤双车道公路提供超车的路段。

在直线的使用中，值得注意的是有关直线长度的问题，一般来说对直线的长度应该有所限制。当不得已采用过长直线时，为弥补景观单调的缺陷，应结合沿线具体情况采取相应的技术措施予以处理。但还要注意以下几个问题：①在长直线上纵坡不宜过大。因为长直线再加上下陡坡行驶，更容易导致超速行驶，造成交通事故。②长直线适合与大半径凹形竖曲线组合。③含有较长的桥梁、隧道等构筑物的路段。④路线交叉口及其前后的路段。⑤双车道公路提供超车的路段。

我国地域广阔，地形条件、气候条件都有很大的差异，因此做出统一的规定有很大的难度。但通过对道路现状和交通事故的调查，以及对驾驶人员和乘客的心理反应的调查，也得出带有普遍意义的结果：①位于城市附近的道路，由于有建筑物和城市风光的映衬，一般来说对直线长度没有太多的限制。②对于乡间的公路，由于道路周围的环境过于单调，如果直线过长，就会使人的情绪受到影响，驾驶人就会希望快速驶离直线，这时极易导致驾驶人超速行驶造成交通事故，且事故危害程度随直线的增长而增大。③对于大戈壁、大草原等地域开阔的地区，有时直线长度会达数十公里。在这样的地区行车，驾驶人极易疲劳，也容易超速行驶，但除了选择直线以外别无选择，如果人为地设置曲线往往不能改善景观的单调，反而会增加路线长度和驾驶操作的难度。

对于直线的使用一定要因地制宜，不能片面地追求长直线，也不能人为地设置过多的弯曲，应该做到宜直则直、宜曲则曲。

（二）直线的最小长度

为保证线形的连续性和行车舒适，在两相邻曲线之间应有一定的直线长度。或将相邻同向曲线做成一个大曲线或把相邻曲线相连做成复曲线。当两个圆曲线直线相连时为二圆复曲线，三个以上圆曲线直线相连时为多圆复曲线。

1.同向曲线间的直线最小长度

同向曲线是指转向相同的相邻两曲线。同向曲线间插入短直线，这种线形组合工程上称为断背曲线，这种曲线容易让驾驶人产生错觉，即容易将直线和两端的曲线看成反向曲线，甚至看成一个曲线，破坏了线形的连续性，极易造成驾驶人判断和操作的失误，设计中应尽量避免。《公路路线设计规范》明确规定：同向曲线之间的最短直线长度以不小于6V（V 以 km/h 计）为宜。较高等级的公路（V ≤ 40km/h）可以参照实际情况放宽此要求。如果条件允许，也可以插入大半径的曲线或组成复曲线。

2.反向曲线间直线的最小长度

在反向曲线之间，为满足设置超高、加宽的需要，应有一定长度的直线。《公路路线设计规范》明确提出，反向曲线之间直线的最小长度以不小于 2V（V 以 km/h 计）为宜。当受到地形、地物等各方面的限制时，可将反向缓和曲线首尾相连，但此时要注意路面排水的问题。

直线的长度主要是根据驾驶人的视觉和心理上的承受能力来确定的，但有时由于受各种自然环境的限制，很难满足上述要求，这时就要求设计人员根据地物、自然景观以及设计经验来进行判断。

三、圆曲线

各级公路和城市道路不论转角大小均应设置平曲线，而圆曲线是平曲线的重要组成部分。路线平面线形中常用的单曲线、复曲线、双交点或多交点曲线、虚交点曲线、回头曲线等，一般均应包含圆曲线。圆曲线具有易与地形适应、可循环性好、线形美观、易于测设等优点，使用十分普遍。

行驶在曲线上的汽车由于受离心力作用其稳定性受到影响，而离心力的大小又与曲线半径密切相关，半径越小越不利，所以选择平曲线半径时应尽可能采用较大的值，只有在地形或其他相关条件受到限制时才可使用较小的曲线半径。

（一）圆曲线半径的计算与影响因素

为保证汽车在圆曲线上的行驶稳定性，可采用下式计算圆曲线半径 R：

$$R = \frac{V^2}{(\mu \pm i_l)}$$

（公式2-4）

$$R = \frac{V^2}{(\mu \pm i_b)}$$

（公式2-5）

式中：V——行车速度，km/h；

μ——横向力系数；

i_b, i_l——超高横坡度、路面横坡度，%。

在设计车速 V 下，最小 R_{min} 取决于允许的最大横向力系数 μ_{max} 和该曲线的最大超高 i_{bmax}。

横向力对行车有很多不利影响，且越大越不利，表现在以下方面：危及行车安全；增加驾驶操作的困难；增加燃料消耗和轮胎磨损；行车不舒适。

在车速较大的情况下，为了平衡离心力要用较大的超高，但道路行驶车辆的速度并不一致，特别是混合交通的道路上，不仅要照顾快车，还要考虑慢车的安全。对于慢车及因故暂停在弯道上的车辆，其离心力接近于 0 或者等于 0。如超高率过大，超出轮胎与路面间的横向摩阻系数，车辆有沿着路面最大合成坡度下滑的危险，因此最大超高必须满足下式要求：

$$i_{bmax} \leqslant f_w$$

（公式 2-6）

式中：f_w——一年中气候恶劣季节路面的横向摩阻系数。

《公路工程技术标准》和《公路路线设计规范》指出，超高的横坡度应根据设计速度、圆曲线半径、路面类型、自然条件和车辆组成等情况确定，必要时应按运行速度予以验算。

各级公路圆曲线部分的最小超高值应与该公路直线部分的正常路拱坡度值一致。二级公路、三级公路、四级公路接近城镇且混合交通量较大的路段，车速受到限制时，其最大超高值的规定见表 2-1。

表 2-1　车速受到限制时最大超高值

设计速度/（km/h）	80	60	40	30	20
超高率	6	4	2		

（二）最小半径确定

1. 极限最小半径

极限最小半径是各级公路按设计速度行驶的车辆能保证安全行车的最小允许半径。根据最大横向力系数 μ_{max} 和最大超高值 i_{bmax}，即可计算出极限最小半径。极限最小半径是路线设计中的极限值，是在特别困难的条件下不得已才使用的，一般不轻易采用。

2. 一般最小半径

一般最小半径是指各级公路按设计速度行驶的车辆能保证安全舒适行车而建议采用的最小允许半径。

3. 不设超高的最小半径

路面上不设超高，对于行驶在曲线外侧车道上的车辆来说是"反超高"，其 i_b 值应为负，大小与路拱坡度相同。从舒适和安全的角度考虑，也应取尽可能小的值，以使乘客在曲线上有与行驶在直线上大致相同的感觉。《公路工程技术标准》制定的"不设超高的最小半径"是取 $\mu = 0.035$，$i_{bmax} = -0.015$，按式 $R = \dfrac{V^2}{(\mu \pm i_b)}$ 计算取整得来的。

选取圆曲线半径时，在与地形等条件相适应的前提下应尽量采用大半径，但半径大到一定程度时，其几何性质和行车条件与直线无太大区别，容易给驾驶人员造成判断上的错误，反而带来不良后果，同时也会增加计算和测量上的麻烦。所以《公路路线设计规范》规定，圆曲线的最大半径不宜超过 10 000m。

四、缓和曲线

缓和曲线是设置在直线和曲线之间的或半径相差较大的两个同向圆曲线之间的一种曲率逐渐变化的曲线。《公路工程技术标准》中规定除四级公路，其余各级公路都应设置缓和曲线。在道路设计中，无论是公路还是城市道路，都广泛应用了缓和曲线，增加了汽车行驶的舒适性和安全性，又美化了线形。

（一）缓和曲线的作用和性质

1．缓和曲线的作用

缓和曲线通过其曲率逐渐变化，可更好地适应汽车转向的行驶轨迹。汽车在转弯过程中，其行驶轨迹是一条曲率连续变化的轨迹线。它的形式和长短随行车速度、曲率半径和驾驶人转动方向盘的快慢而定。从安全角度出发，缓和曲线的合理设计有利于车辆在行驶过程中不致偏离车道，从而保证交通安全。

汽车从一曲线过渡到另一曲线的行驶过程中，离心加速度逐渐变化，汽车行驶在曲线上会产生离心力，离心力的大小与曲线的曲率成正比。从直线驶入圆曲线，如果不设置缓和曲线，其曲率会产生突变。在一定的车速情况下，乘客就会有不舒适的感觉。设置了缓和曲线，其曲率是直线到圆曲线逐渐过渡的，离心加速度的过渡也是逐步的，乘客就不会有不舒服的感觉。

缓和曲线可以作为超高和加宽变化的过渡段。路线在弯道上要设置超高和加宽，从双面横坡过渡到单面横坡和由直线上的正常宽度过渡到圆曲线上的加宽宽度，这一过程变化一般是在缓和曲线长度内完成的。

缓和曲线的设置可使线形美观连续。在曲率变化处用缓和曲线进行过渡，消除了视觉上的不连续感，使线形平顺、圆滑、顺适，增加了线形的美学效应，同时也增加了行车安全。

2．缓和曲线的性质

汽车行驶轨迹是圆滑的，最大宽度由前外轮后内轮决定。轨迹的几何特征具有三个特性：一是轨迹曲线是连续的；二是轨迹曲线的曲率是连续的；三是轨迹曲率的变化是连续的。

（二）缓和曲线的长度及参数

汽车在缓和曲线上要完成不同曲率的过渡行驶，因此要使缓和曲线有足够的长度，以使驾驶人有足够的时间来操作方向盘，缓和曲线的长度可以从以下方面来确定：

1. 控制离心加速度变化率 p

$$p = \frac{a}{t} = v^3 / lR$$

（公式 2-7）

式中：v——汽车行驶速度，m/s；

R——圆曲线半径，m；

p——离心加速度变化率，m/s^3；

t——汽车在缓和曲线上的行驶时间，s；

l——缓和曲线的曲线长，m。

公路设计中一般取 $p \leqslant 0.6 m/s^3$，代入上式，则缓和曲线的最小长度为：

$$L_n = 0.036 V^3 / R$$

（公式 2-8）

式中：V——设计速度，km/h。

设计中可根据实际情况选用不同的 P 值，一般快速路要小些，慢速路可大些。

2. 保证驾驶人操作反应时间

$$L_s = vt = \frac{Vt}{3.6}$$

（公式 2-9）

缓和曲线长度应使驾驶人在行驶时操作从容，不能过于匆忙，一般情况下以 3s 行程控制，代入上式则有：

$$L_s = \frac{3V}{3.6} = \frac{V}{1.2}$$

（公式 2-10）

3. 行车道外侧因超高产生的附加坡度不过大

曲线外侧由于设置超高而抬高，造成路线纵坡变化，纵坡变化过大对路容及行车舒适产生不利影响，所以对因超高产生的附加坡度宜加以控制：

绕边线旋转：

$$L_s = \frac{B i_h}{p}$$

（公式 2-11）

绕中轴旋转：

$$L_s = \frac{B}{2p}(i_h + i_G)$$

（公式 2-12）

式中：B——路面宽度，m；

i_h——超高率，%；

i_G——路拱坡度，%；

p—超高附加坡度渐变率。

（三）缓和曲线参数 A 的确定

缓和曲线参数 A 是圆曲线半径 R 与缓和曲线全长 L 的几何平均值，单位为 m。对于一条缓和曲线而言，缓和曲线参数 A 是一个常数。A 越大，说明曲率变化越慢，曲线拐弯越缓；A 越小，说明曲率变化越快，曲线拐弯越急。

由汽车在缓和曲线缓和行驶确定参数 A，由 $p = v^3 / LR$ 得 $A^2 = v^2 / p$，则

$$A = \sqrt{\frac{0.0214}{p}} \cdot \sqrt{V^3}$$

（公式 2-13）

可以根据 p 确定缓和曲线的参数 A。

由行驶时间确定缓和曲线的参数 A。从安全和心理的角度出发，要求汽车在缓和曲线上行驶的最小时间为 $r(s)$，汽车的速度保持匀速 $v(m / s)$，则有 $L = vt$，所以：

$$A = \sqrt{RL} = \sqrt{Rvt} = \sqrt{R \frac{1}{3.6} Vt} = \sqrt{\frac{RVt}{3.6}}$$

（公式 2-14）

取 $t = 3s$，则：

$$A = \sqrt{\frac{RV}{1.2}}$$

（公式 2-15）

依据视觉条件确定缓和曲线的参数 A，确定合理的缓和曲线参数 A，可以使线形达到顺适与美观的要求。根据跟踪驾驶人的视觉发现，当缓和曲线角小于 3° 时，曲线极不明显，在视觉上容易被忽略。当缓和曲线角大于 29° 时，曲线过于弯曲，很难与相接的圆曲线顺接。保持缓和曲线角 β 在 3° ~ 29°，就可以确定合适的 A 值。

由 $\beta_0 = \frac{L_s}{2R}$，得 $L_s = 2R\beta_0$，所以：

$$A = \sqrt{RL_s} = \sqrt{R \cdot 2R\beta_0} = R\sqrt{2\beta_0}$$

（公式 2-16）

将 $\beta_0 = 3°$ 和 $\beta_0 = 29°$ 代入上式，可得到下面的关系：

$$\frac{R}{3} \leqslant A \leqslant R$$

（公式 2-17）

上述关系只适用于 R 在某一范围内。当超过此范围，如 $R \geqslant 3000$ m，即使 $A < \frac{R}{3}$，在视觉上也是没有问题的。

五、行车视距

为了行车安全，驾驶人需要能及时看到前方相当一段距离，以便发现前方障碍物或来车，及时采取措施，保证交通安全，这一距离称为行车视距。行车视距是道路使用质量的重要指标之一，行车视距是否充分将直接关系行车的安全和迅速。

根据驾驶人采取的措施不同，行车视距分为如下几种：①停车视距。汽车行驶时，从驾驶人发现前方障碍物时起，到至障碍物前能安全制动停车所需的最短距离。②会车视距。在同一车道上，两对向行驶的汽车在发现对方后，采取刹车措施安全停车，防止碰撞所需的最短距离。③错车视距。在无明确分道线的双车道道路上，两对向行驶的汽车在发现对方后，采取措施避让安全错车所需的最短距离。④超车视距。在双向行驶的双车道道路上，后面的快车超越慢车时，从开始驶离原车道到完成超车回到自己的车道所需的距离。

《公路工程技术标准》规定：高速公路、一级公路应满足停车视距的要求；其他各级公路一般应满足会车视距的要求。根据计算分析得知，会车视距约是停车视距的两倍，也就是只要计算出停车视距就可以了。

（一）停车视距

停车视距是指在汽车行驶时，当视线高为 1.2m、障碍物高 0.1m 时，驾驶人发现前方障碍物，经判断决定采取制动措施到汽车在障碍物前安全停住所需的最短距离。

停车视距由驾驶人在反应时间内行驶的距离、开始制动到刹车停止行驶的距离组成。另应增加安全距离 5 ～ 10m，以保证汽车在障碍物前安全地停下来而不至于冲到障碍物上。停车视距 S_T 按下式计算：

$$S_T = S_1 + S_2$$

（公式 2-18）

式中：S_1——反应距离，m；

S_2——制动距离，m。

1. 反应时间

驾驶人的反应时间是指驾驶人发现障碍物后，进行判断直至采取的制动措施生效的时间。反应时间与驾驶人有直接的关系，根据测定的资料，设计上采用反应时间 1.5s、制动生效时间 1.0s 是比较合适的，也就是总的反应时间是 2.5s。在这个时间内汽车行驶的距离为：

$$S_1 = vt = \frac{V}{3.6}t$$

（公式 2-19）

2. 制动距离

制动距离是指汽车从制动生效到汽车完全停止，在这段时间内汽车行驶的距离。根据汽车的制动性或功能守恒原理得：

$$S_2 = V^2 / 254(\psi \pm r)$$

（公式 2-20）

式中：V——汽车的行驶速度，km/h；

ψ——路面与轮胎之间的纵向摩阻系数；

r——道路阻力系数。

$\psi = f + i$，f 为道路滚动阻力系数；i 为道路坡度，上坡为"+"，下坡为"-"。一般情况下，$\psi = f + i$ 对视距计算值的影响在 5% 左右，计算中要略去其对视距的影响。综上所述，停车视距的计算公式应为：

$$S_T = S_1 + S_2 = \frac{V}{3 \cdot 6}t + V^2/254r$$

（公式 2-21）

（二）超车视距

在对向行驶的双车道公路上，当视高为 1.2m、物高为 1.2m 时，后面的快车超越前面的慢车的过程中，从开始驶离原车道之处起，至可见逆向来车并能超越慢车后安全驶回原车道所需的最短距离即为超车视距。为了超车的安全，驾驶人必须看到前面足够长度的车流空隙，以便保证超车时的交通安全。

超车视距可分为四个部分，如下式：

$$S_c = S_1 + S_2 + S_3 + S_4$$

（公式 2-22）

式中：S_c——全超车视距；

S_1——超车汽车加速行驶的距离；

S_2——超车汽车在对向车道上行驶的距离；

S_3——超车汽车完成超车时，与对向车之间的安全距离；

S_4——在整个超车过程中，对向汽车的行驶距离。

1. 超车汽车加速行驶的距离

当欲超车的快车认为有超车可能时，于是加速行驶移向对向车道，在进入对向车道前所行驶的距离就是超车汽车加速行驶的距离：

$$S_1 = \frac{V_0}{3.6}t_1 + \frac{1}{2}at_1^2$$

（公式 2-23）

式中：V_0——被超车的行驶速度，km/h，可认为较设计速度低 5～20km/h；

t_1——加速时间，s，一般为 2.7～4.5s；

a——平均加速度，m/s²，一般为 0.60～0.66m/s²。

2. 超车汽车在对向车道上行驶的距离

$$S_2 = \frac{V}{3.6}t_2$$

（公式 2-24）

式中：V ——超车汽车加速后的速度，km/h，可认为是设计车速；

t_2 ——在对向车道上行驶的时间，s，一般在 $7.5 \sim 11.4$s。

3. 超车完成时，超车汽车与对向汽车之间的安全距离

这个安全距离根据不同等级公路上的计算行车速度的不同而采用不同的值。一般取用 $20 \sim 100$m。

4. 超车汽车从开始超车到完成超车的过程中，对向汽车行驶的距离

$$S_4 = \frac{V}{3.6}\left(t_1 + t_2\right)$$

（公式 2-25）

在实际的超车过程中，不需要这样理想化的全超车距离，并且在地形较为复杂的地段实现这一目标也较为困难。实际上在超车汽车加速追上被超汽车后，一旦发现有对向来车而距离不足时，还可以回到原来的车道。这个时间一般可以取 $\frac{2}{3}t_2$，行驶的距离为 $\frac{2}{3}S_2 = \frac{2V}{10.8}t_2$；对向来车的行驶距离只考虑超车汽车进入对向车道后的时间就能够保证交通安全了。所以保证超车安全的最小超车视距为 $\frac{2}{3}S_2 + S_3 + S_4$。在《公路工程技术标准》的制定过程中，充分考虑了超车时的各种因素，确定了各级公路的最小超车视距。

对向行驶的双车道公路，应根据需要并结合地形，在适当的距离内设置具有超车视距的路段。

六、平面线形的一般设计原则

（一）平面线形应直捷、连续、顺适，并与地形、地物相适应

与周围环境相协调，在地势平坦开阔的平原微丘区，路线直截舒顺，在平面线形三要素中直线所占比例较大。而在地势有很大起伏的山岭和重丘区，路线弯曲多变，曲线所占比例较大。在没有任何障碍物的开阔地区（如戈壁、草原等）故意设置一些不必要的弯道，或者在高低起伏的山区硬拉长直线都会令人产生不协调的感觉。路线要与地形相适应，这是集美学、经济和保护生态环境于一体的问题。直线、圆曲线、缓和曲线的选用与合理组合取决于地形、地物等具体条件，片面强调路线要以直线为主或以曲线为主，或人为规定三者的比例都是不合理的。

（二）应满足驾驶人和乘客视觉和心理上的要求

高速公路、一级公路及设计速度大于 60km/h 的公路，应注重立体线形设计，尽量做到线形连续、指标均衡、视觉良好、景观协调、安全舒适。计算行车速度越高，线形设计要考虑的因素就应更周全。对于设计速度小于 40km/h 的公路，首先应在保证行车安全的前提下，使用平面线形要素最小值，但应在条件允许也不过多增加工程量的情况下力求做

到各种线形要素的合理组合，并避免和减少不利的组合，以期充分发挥投资效益。

（三）保持平面线形的均衡与连贯

为使一条公路上的车辆尽量以均匀的速度行驶，以下几点在设计时应充分注意：

1. 长直线尽头不能接小半径曲线

长的直线和长的大半径曲线会导致较高的车速，若突然出现小半径的曲线，会因减速不及而造成事故。特别是长下坡方向的尽头更要注意，若受到地形限制小半径曲线很难避免时，中间应插入过渡性曲线，并使纵坡不致过大。

2. 高、低标准之间要有过渡

同一等级的公路由于地形的变化在指标的采用上也会有变化，或同一条公路按不同计算行车速度的各设计路段之间也会形成技术标准的变化。遇有这种高、低标准变化的路段，除满足有关设计路段在长度和梯度上的要求外，还应结合地形的变化，使路线的平面线形指标逐渐过渡，避免出现突变，不同标准路段衔接点应选在交通量发生变化处，或者驾驶者能够明显判断前方需要改变行车速度的地方。

（四）应避免连续急弯的线形

这种线形会给驾驶者带来不便，给乘客的舒适性也带来不良影响。设计时可在曲线间插入足够长的直线或缓和曲线。

（五）平曲线应有足够的长度

如平曲线太短，汽车在曲线上行驶时间过短会使驾驶人的操作来不及调整，一般应控制平曲线（包括圆曲线及其两端的缓和曲线）的最小长度。

道路弯道在一般情况下是由两段缓和曲线（或超高、加宽缓和段）和一段圆曲线组成，缓和曲线的长度不能小于该级公路对其最小长度的规定，中间圆曲线的长度宜有大于 3s 的行程。当条件受限时，可将缓和曲线在曲率相等处对接，此时的圆曲线长度为零。道路平曲路线偏角的大小反映了路线的舒顺程度。但如果转角过小，即使设置了较大的半径也容易把长曲线看成比实际的短，造成急转弯的错觉，偏角越小这种倾向越显著，容易导致驾驶人枉做减速转弯的操作。

七、道路平面设计成果

完成道路平面设计即完成了各种图表的计算填写与绘制。平面设计包括的主要设计图有路线平面设计图、路线交叉设计图、平面布置图等，主要表格有直线、曲线及转角表、路线交点坐标表、逐桩坐标表、路线固定点表、总里程及断链桩号表等。图的绘制和图表的填写都应符合交通部颁发的《设计文件图表示例》中的要求。

（一）路线平面设计图

1.公路路线平面设计图

路线平面设计图是道路设计文件的重要组成部分。该图全面、清晰地反映了道路平面位置和经过地区的地形、地物等，它是设计人员设计意图的重要体现。

（1）平面图的比例尺

公路路线平面图是指包括道路中线在内的有一定宽度的带状地形图。若用于工程可行性研究、初步设计阶段的方案研究与比选，可采用1∶5000或1∶10 000的比例尺测绘（或向国家测绘部门和其他工程单位搜集）。但作为初步设计、施工图设计的设计文件组成部分应采用更大的比例尺，一般常用的是1∶2000，在平原微丘区可用1∶5000。在地形特别复杂地段的路线初步设计、施工图设计可用1∶1000。若为纸上移线，则比例尺将更大。

（2）路线平面图的内容及绘制方法

①导线及道路中线的展绘

在展绘导线或中线之前，须按图幅的合理布局绘出坐标方格网。坐标方格网尺寸采用5cm或10cm，要求图廓网格的对角线长度和导线点长度误差不大于0.05m，然后按导线／点（或交点，下同）坐标x、y精确点绘在相应的位置上。每张导线图展绘完毕后，用三棱尺逐点复核各点间距，再用半圆仪校核每个角度是否与计算相符，复核无误后，按"逐桩坐标表"提供的数据展绘曲线，并注明各曲线主要点及公里桩、百米桩、断链柱位置。对导线点、交点逐个编号，注明路线在本张图中的起点和终点里程等。

②控制点的展绘

各种比例尺的地形图均应展绘和测出等级三角点、导线点、图根点、水准点等，按规定的符号表示。

③各种构造物的测绘

各类建筑物、构造物及主要附属设施应按《工程测量规范》的规定测绘和表示。各种线状物，如管线、高低压线等应实测其支架或电杆的位置。道路及其附属物应按实际形状测绘，公路交叉口应注明每条公路的走向。铁路应注明轨面高程，公路应标记路面类型，涵洞应注明洞底标高。

④水系及其附属物的测绘

包括海洋的海岸线位置，水渠顶边及底边高程，堤坝顶部及坡脚的高程，水井井台高程，水塘塘顶边及塘底的高程，河流、水沟等应注明水流流向。

⑤注明符号及数字

地形、地貌、植被、不良地质、地带等均应详细测绘并用等高线和国家制定的"地形图图式"符号及数字注明。

2. 城市路线平面设计图

（1）绘图比例尺和测绘范围

与公路相比，城市道路长度较短而宽度较宽，在绘图比例尺的选用上一般比公路大。在进行技术设计时，可采用1：500～1：1000的比例尺绘制。绘图的范围视道路等级而定，等级高的范围应大一些，等级低的可小些。通常在道路两侧红线以外各20～50m，或中线两侧各50～150m，特殊情况除外。

（2）城市道路平面设计图的内容及绘制方法

城市道路的导线、中线及路线两侧的地形、植物、水系、植被等的绘制方法与公路相同，不再重复，城市道路中线各种设施的绘制方法如下：

①道路红线

道路红线是道路用地与城市其他用地的分界线，红线之间的宽度也就是城市道路的总宽度，所以当道路的中心线画出后，应按城市道路的规划宽度画出道路红线。如果有远期规划和近期规划，都应画出并注明。

②坡口、坡脚线

新建道路由于原地面高低起伏必然有填有挖。填方路段在平面图中应画出路基的坡脚线；挖方路段画出路基的坡口线。路基的坡口线与坡脚线在一般公路平面图中由于比例尺较小不易表达，但在高速公路和一级公路中有时也要求绘制。

③车道线

城市道路的车道线是城市道路平面设计图的重要内容。在路幅宽度内，有机动车道、非机动车道，在机动车道中还分快车道、慢车道等。各种车道线的位置、宽度可在横断面布置图中查得。车道的曲线部分应按设计的圆曲线半径、缓和曲线长度绘制。各车道之间的分隔带、路缘带等也应绘出。

④人行道、人行横道线、交通岛

按设计绘出人行道、人行横道线和交通岛的位置及尺寸。

⑤管线及排水设施

按设计绘制地上、地下管线的走向和位置，雨水进水口，窨井、排水沟等都应在图中有标出。必要时，须分别另外绘出排水管线平面图。

⑥交叉口

平面交叉口、立体交叉口虽然有专门的交叉口设计图，但在平面设计图中也应该按平面图的比例尺画出并详细注明交叉口的各路去向、交叉角度、曲线元素及路缘石转弯半径。

一张完整的平面设计图，除了清楚正确地表达上述设计内容外，还可以对某些细部设施或构件画出大样图。最后在图中的空白处做一些简要的工程说明，如工程范围、采用坐标系、引用的水准点位置等。

（二）逐桩坐标表

高等级公路的线形指标一般较高，具体反映就是圆曲线半径较大，缓和曲线较长，在测设和放线过程中要求使用坐标法，以便保证测量精度。因此，在设计文件中提供逐桩坐标表是十分必要的。逐桩坐标即每个中桩的坐标，一般按如下步骤进行计算：

1. 计算导线点坐标

采用两阶段勘测设计的公路或一阶段设计但遇地形困难的路段，一般都要先进行平面控制测量，而路线的平面控制测量多采用导线测量的方法，在有条件时可优先采用全球定位系统（简称 GPS）测量的方法。导线测量的方法有经纬仪导线法、光电测距仪法和全站型电子速测仪法。其中全站仪可以直接读取导线点的坐标，其他方法可以在测得各边边长及其夹角后，用坐标增量法逐点推算其坐标。用 GPS 定位技术观测，则可在测站之间不通视的情况下，高精度、高效率地获得测点的三维坐标。

2. 计算交点坐标

当导线点的精度满足要求并经平差后，即可展绘在图纸上，用以测绘地形图（纸上定线），或以导线点为依据在现场直接测得路线各交点的坐标（直接定线）。纸上定线的交点坐标可以在图纸上量取，而直接定线的交点坐标若是用全站仪测量也可以很方便地获得。

3. 计算各中桩坐标

可先计算直线和曲线主要点坐标，然后计算缓和曲线、圆曲线上每一个中桩的坐标。

八、道路纵断面设计

（一）概述

通过公路中线的竖向剖面展开图称为路线纵断面图。由于地形、地物、地质、水文等自然因素的影响及满足经济性（工程量）的要求，公路路线在纵断面上不可能从起点至终点是一条水平线，而是一条有起伏的空间线。纵断面设计的主要任务就是根据汽车的动力性能、公路等级和性质、当地的自然地理条件及工程经济等，研究这条空间线形的纵坡大小及其长度，它是公路设计的重要内容之一，而且将直接影响行车的安全和快捷、工程造价、运营费用和乘客的舒适程度。

公路纵断面设计线由直线和竖曲线两种线形要素组成。它是根据汽车的动力性能、地形条件、路基临界高度、运输与工程经济等方面的要求，通过技术、经济及视觉效果等多个方面的比较后确定出来的，反映了公路路线的起伏变化情况。直线有上坡和下坡，是用高差、水平长度及纵坡度表示的。纵坡度 i 表示匀坡路段坡度的大小，用高差 h 与水平长度 l 之比量度，即 $i = h / l$。在直线的纵坡转折处为了平顺过渡，须设置一定长度的竖曲线来进行缓和。

（二）汽车行驶对纵坡设计的要求

公路平、纵、横设计是以满足汽车行驶要求为前提的。因此，在公路纵坡设计时，首先要研究汽车的动力性能及汽车对公路的具体要求，综合考虑人、车、路和环境等方面的各种因素，通过合理设计来达到汽车行驶的安全、快捷、经济、舒适和美观的要求。

1. 汽车的动力性能与公路纵坡的关系

不同类型的车辆具有不同的动力性能和制动特性，上坡时的爬坡能力和下坡时的制动效能也各不相同。按照公路上行驶的车辆类型及其具有的动力性能来确定汽车在规定速度下的爬坡能力和下坡的安全性，是确定公路最大纵坡的常用方法。

汽车在上坡行驶中受到的阻力有空气阻力、滚动阻力、坡度阻力、惯性阻力。若公路纵坡较缓，汽车的行驶阻力的代数和小于或等于汽车所用挡位的牵引力，汽车就能用该挡位以等速或加速走完该段纵坡的全长；汽车所用的挡位越高，行驶速度越快，爬坡能力就越差。因此，公路纵坡设计总是力求纵坡较缓，特别是等级较高的公路更是如此。

当公路的纵坡较陡，汽车上坡时的行驶阻力的代数和大于汽车所用挡位的牵引力时，在坡段较短的情况下，只要在上坡之前加大汽车油门，提高汽车的初速度，利用动力冲坡的惯性原理，在车速降到临界速度之前即使不换挡也能冲过此段纵坡，但如果道路纵坡既陡又长，汽车利用动力冲坡无法冲过坡顶，此时就必须在车速下降到某一程度（如临界车速）时，换到较低的挡位来获得较大的动力因数，从而增大牵引力，汽车才能继续走完全程。但挡位越低，汽车的行驶速度越慢。

汽车使用低挡的行程时间越长或换挡次数频繁，会增长行程时间，增加汽车燃料消耗和机件磨损。此外，从汽车的动力特性可知，道路纵坡对车速的影响极大，因为纵坡越陡，需要的动力因素越大，导致采用的挡位越低，行驶速度越慢。为了使汽车保持较高的车速行驶，少用低挡和减少换挡次数，对道路纵坡提出如下要求：纵坡度力求平缓；陡坡宜短，长陡坡的纵坡度应加以严格限制；纵坡度变化不宜太多，尤其应避免急剧的起伏变化，力求纵坡均匀。

2. 纵坡设计的一般规定与要求

（1）纵坡设计的一般要求

为使纵坡设计达到经济合理的目的，在设计之前必须全面掌握勘测资料，并结合选（定）线时的纵坡考虑意图，经综合分析、比较后定出设计纵坡。纵坡设计应满足以下要求：①纵坡设计必须满足《公路工程技术标准》中的各项规定。②为保证汽车能以一定的车速安全顺畅地行驶，纵坡应具有一定的平顺性，起伏不宜过大及过于频繁。平原地形的纵坡应均匀、平缓；丘陵地形的纵坡应避免过分迁就地形而起伏过大；山区的沿河线，应采用平缓的纵坡，坡长不宜超过规定的限值，纵坡不宜大于6%；山区的越岭线尽量避免采用极限纵坡值，缓和坡段应自然地配合地形设置，在连续采用极限长度的陡坡之间，不宜插入最短的缓和坡段，以争取较均匀的纵坡。垭口附近的纵坡应尽量放缓一些。连续上坡或下坡路段，应避免设置反坡。③纵坡设计时，应综合考虑沿线的地形、地质、水文、气候等自然条件，根据不同的具体情况妥善处理，以保证公路的畅通和稳定。④地下水位较高的平原微丘区和潮湿地带的路段，应满足最小填土高度的要求，以保证路基稳定。⑤一般情况下纵坡设计应考虑填挖平衡，并尽量利用挖方作为就近路段填方，减少借方和废方，以降低工程造价。⑥纵坡设计时，应照顾当地民间运输工具、农业机械、农田水利等方面的特殊要求。

（2）最大纵坡与最小纵坡

第一，最大纵坡是指各级公路允许采用的最大坡度值，它是公路纵断面设计的重要控制指标。在山岭地区，纵坡的大小将直接影响路线的长度、使用质量、运输成本和工程造价。因此，纵坡大小的取值必须通过全面分析，综合考虑后合理确定。

第二，确定最大纵坡应考虑的因素：①汽车的动力特性。要根据公路上主要行驶车辆的牵引性能，在一定的行驶速度条件下确定。②设计速度。设计速度越高，要求的行车速度越快，但从汽车的动力特性可知其爬坡能力越低，因此不同设计速度的公路有不同的最大纵坡值。③自然因素。公路所经地区的地形、气候、海拔高度等自然因素对汽车的行驶条件和爬坡能力也有很大的影响。

第三，最大纵坡的确定。最大纵坡的确定主要取决于汽车的动力性能、设计速度和自然因素，但必须保证行车安全。从实际调查中可知，汽车在陡坡路段下坡时，由于频繁制动，易使制动器发热而失效，导致事故频发。因此，确定最大纵坡不能只考虑汽车的爬坡性能，还要从行驶的快速、安全及经济等方面综合分析，同时兼顾汽车拖挂车、民间运输工具的特殊要求等。实践证明，四级公路为了达到相应的行车速度，一般情况下最大纵坡不宜超过8%，只有在工程特殊困难的山岭地区，经技术论证合理时，最大纵坡可增加1%；但在海拔2000m以上或积雪冰冻地区，出于安全考虑，最大纵坡不应大于8%。

①设计速度为120km/h、100km/h、80km/h的高速公路受地形条件或其他特殊情况限制时，经技术经济论证，最大纵坡可增加1%。②公路改扩建中，设计速度为40km/h、30km/h、20km/h的利用原有公路的路段，经技术经济论证，最大纵坡可增加1%。③二级及二级以下公路的越岭路线连续上坡（或下坡）路段，相对高差为200～500m时，平均纵坡不应大于5.5%；相对高差大于500m时，平均纵坡不应大于5%。任意连续3km路段的平均纵坡不应大于5.5%。④高速公路、一级公路应论证采用合理的平均纵坡，对存在连续长、陡纵坡的路段应进行安全性评价。⑤位于市镇附近非机动车交通量比例较大的路段，纵坡可根据具体情况适当放缓；平原、微丘区一般为2%～3%；山岭、重丘区一般4%～5%。⑥大、中桥上的纵坡不宜大于4%，桥头引道纵坡不大于5%，引道紧接

桥头部分的线形应与桥上线形匹配，其长度不宜小于 3s 的设计速度行程长度；位于市镇附近非机动车交通量较大的路段，桥上及纵坡均不得大于 3%。⑦隧道内的纵坡不应大于 3%，并不小于 0.3%；独立的明洞和长度小于 100m 的隧道，其纵坡不受此限；紧接隧道洞口的路线，纵坡应与隧道内纵坡相同。

第四，高原地区纵坡折减。在海拔 300m 以上的高原地区，空气密度下降使汽车发动机的功率和汽车的牵引力降低，导致汽车爬坡能力下降；此外，在高原地区，汽车水箱中的水容易开锅而破坏冷却系统。

第五，最小纵坡。一般来说，为使公路上汽车行驶快速和安全，纵坡设计得小一些总是有利的。但在挖方路段，设置边沟的低填路段和横向排水不畅路段，为保证排水的要求，防止积水渗入路基而影响其稳定性，一般在这些路段应避免采用水平纵坡，以免因为排水而将边沟挖得过深。故《公路工程技术标准》规定，在各级公路的长路堑路段，以及其他横向排水不畅的路段，应采用不小于 0.3% 的纵坡。当必须设计平坡或 < 0.3% 纵坡时，其边沟应做纵向排水设计。干旱地区及横向排水良好的路段，其最小纵坡可不受上述限制。

3. 坡长限制与缓和坡段

（1）坡长限制

坡长限制包括最小坡长和最大坡长两个方面的内容。

第一，最小坡长限制。最小坡长的限制是从汽车行驶平顺性、乘客的舒适性、纵面视距和相邻两竖曲线的布置等方面考虑的。如果坡长过短，转坡过多，使纵坡线形呈锯齿形，路容也不美观。此外，当相邻坡段的纵坡相差较大，而坡长又较短时，汽车运行中换挡频繁也增加了驾驶人的操作强度。因此，纵坡的坡长应有一个最短长度。

第二，最大坡长限制。最大坡长限制是指比较大的纵坡对正常行车的影响。根据汽车的动力性能可知，公路纵坡的大小及其坡长对汽车的行驶影响很大，特别是长距离的陡坡对汽车行驶非常不利。实际调查资料表明，当纵坡的坡段太长，汽车因克服行驶阻力而使行驶速度显著降低，在提高汽车功率时又易使水箱开锅，导致汽车爬坡无力，甚至熄火；下坡时长时间连续制动易使制动器发热而失效，造成交通事故。

在实际纵坡设计中，当某一坡度的坡长还未达到规定的限制坡长时，可变化坡度（应为连续上坡或连续下坡），但其长度应按坡长限制的规定进行折算。

（2）缓和坡段

缓和坡段的作用主要是为了改善汽车在连续陡坡上行驶的紧张状况，避免汽车长时间低速行驶或汽车下坡产生不安全因素。因此，当陡坡的长度达到限制坡长时，应安排一段缓坡，用以恢复在陡坡上行驶降低的速度。汽车在缓坡上行驶的长度，从理论上应满足汽车加速或减速行驶过程的需要。

4. 平均纵坡

平均纵坡是指一定长度路段的高差与水平距离之比，以百分率（%）表示。它是衡量纵断面线形设计质量的一个重要限制性指标。在山区越岭线纵坡设计中，有时公路纵坡的设计虽然完全符合最大纵坡、坡长限制和缓和坡段的规定，但也不一定能保证使用质量。当极限长度的陡纵坡与缓和坡段交替频繁使用，同样会使汽车在这样的坡段上长时间地低速行驶，引起不良后果，甚至造成事故。这说明汽车短时间内在陡坡路段上坡或下坡，问题尚不严重，但如果长时间地连续在陡坡夹缓和坡段的路段上行驶就相当危险。因此有必要从行车顺利和安全考虑来控制设计纵坡的平均值。

5. 爬坡车道

爬坡车道是指在陡坡路段正线行车道右侧设置的专供载货汽车行驶的专用车道。

在确定高速公路和一级公路的最大纵坡时，一般是以小客车行驶速度为标准的。当公路纵坡较大时，载货汽车因爬坡时须克服较大的坡度阻力，只有降低车速才能通过。当载货汽车所占比例较大时，小客车的行驶速度受到影响，超车频率增加导致爬坡路段的通行能力下降，甚至产生堵塞交通的现象。为了不使爬坡速度低的载货汽车影响爬坡速度高的小客车行驶，就需要在陡坡路段的上坡方向增设爬坡车道，把载货汽车从正线车流中分离出去，来保证道路的通行能力。

《公路工程技术标准》规定，高速公路、一级公路及二级公路的连续上坡路段，当通行能力、运行安全受到影响时，应设置爬坡车道。爬坡车道宽度不应小于 3.5m。六车道以上的高速公路，可不设爬坡车道。

对于六车道以下的高速公路、一级公路，当纵坡对载货汽车上坡运行速度影响较大时，在纵坡大于 4%、纵坡长度受限制的路段，应对载货汽车上坡行驶速度的降低值和设计通行能力进行验算；符合下列情况之一者，宜在上坡方向行车道的右侧设置爬坡车道，其宽度一般为 3.5m。

①上坡路段的设计通行能力小于设计小时交通量时，宜设置爬坡车道。②纵坡设计中，对需设置爬坡车道的路段，应与减小主线纵坡不设爬坡车道的方案进行比较；对隧道、大桥、高架构造物及深挖方路段等特殊工程，当因设置爬坡车道使工程费用增加很大时，爬坡车道可暂不设置，视交通量增长对行车速度的影响程度在改建公路时再考虑是否设置爬坡车道；对双向六车道以上的高速公路，行车影响干扰的程度已不大，可不另行设置；对小客车较多的旅游公路或交通量很大、重载汽车比率较大的其他等级公路；也可参照上述条件；从工程建设目的、服务水平、工程投资规模综合分析后确定是否设置爬坡车道。

6. 紧急停车带

高速公路和作为干线的一级公路右侧硬路肩宽度小于 2.5m 时，应设置紧急停车带。紧急停车带宽度应为 3.5m，有效长度不应小于 40m，间距不宜大于 500m。当高速公路和作为干线的一级公路右侧硬路肩宽度达到 2.5m 以上时，应作为应急车道来设计，此时便无须再设置紧急停车带。

7. 加（减）速车道

《公路工程技术标准》规定，互通式立交服务区、停车区、客运汽车停靠站、管理设施等的出入口处，高速公路、一级公路应设置加（减）速车道，二级公路应设置过渡段。

8. 避险车道

《公路工程技术标准》规定，连续长、陡下坡路段，应结合交通安全评价论证设置避险车道。

（三）竖曲线

纵断面上相邻两条纵坡线相交的转折处，为了行车平顺，要用一段曲线来缓和，称为竖曲线。

竖曲线的形状，可采用圆曲线或二次抛物线，但在设计和计算上抛物线更为方便，故一般采用二次抛物线的形式。

在纵坡设计时，由于纵断面上只反映水平距离和竖直高度，因此竖曲线的切线长与弧长是其在水平面上的投影，切线支距是竖直的高程差，相邻两条纵坡线相交角用转坡角（或变坡角）表示。当竖曲线转坡点在曲线上方时为凸形竖曲线，反之为凹形竖曲线。

竖曲线半径选择主要考虑以下因素：①同向竖曲线间，特别是同向凹形竖曲线之间，当竖曲线半径小于 1000m 时，如果直线坡段不长，应合并为单曲线或复曲线，以避免出现断背曲线。②反向竖曲线之间，为使汽车的增重与减重之间有一过渡段，应尽量在中间设置一段直线坡段，以利汽车行驶的过渡。直线坡段的长度一般以不小于 3.0s 的行程时间为宜。当插入直线段有困难时，也可直接连接。③在不过分增加土石方数量情况下，为使行车舒适，应尽量采用较大半径。④根据竖曲线范围内的纵断面地面线起伏情况和高程控制要求，尽量考虑土石方填挖平衡，确定合适的外距值，按外距控制选择半径。⑤夜间行车交通量较大的路段，选择半径时应适当加大，使汽车前照灯有较长的照射距离。

（四）平面和纵断面线形组合设计

公路平面和纵断面线形组合设计是指在满足汽车运动学和力学要求的前提下，结合地形地物景观、视觉和经济性等，研究如何满足驾驶人在视觉和心理方面的连续性、舒适性及与周围环境相协调，以保证汽车行驶的安全、舒适与经济。

1. 平面和纵断面线形组合原则

①应在视觉上能自然地诱导驾驶人的视线，并保持视觉的连续性。②平面、纵断面线形的技术指标应大小均衡，避免出现平面高标准，纵断面低标准，或与此相反的情况，使线形在视觉上、心理上保持协调。③选择组合得当的合成坡度，以利于路面排水和行车安

全。④平面、纵断面线形组合应注意与周围环境相配合，充分利用公路周围的地貌、地形、天然树林建筑物等，尽量保持自然景观的连续，以消除景观单调感，使公路与大自然融为一体。

2. 平曲线与竖曲线组合

平曲线与竖曲线相互重合，使平曲线稍长于竖曲线，并将竖曲线的起、终点分别放在平曲线的两个缓和曲线的中间，这是平、纵面最好的组合。

第四节　道路测设新技术

一、地理信息系统

随着信息产业的形成和发展并日益受到人们的重视，计算机技术和系统分析方法的广泛应用为现代科学技术的发展展现了广阔的前景。信息时代是以信息源的科学管理和充分利用为特性的。进入信息时代的地学，对地学信息的采集、管理、分析提出了更高的要求。可以说，信息时代地学的发展水平取决于地学信息以及与之有关各类信息的采集获取和分析技术水平。

（一）地理信息系统的基本概念

地理信息系统（GIS）可简单定义为用于采集、模拟，处理检索、分析和表达地理空间数据的计算机信息系统，是有关空间数据管理和空间信息分析并以多种形式输出数据或图形产品的计算机系统，它具有信息系统的各种特点。地理信息系统与其他信息的主要区别在于其存储和处理的信息是经过地理编码的，地理位置及与该位置有关的地物属性信息成为信息检索的重要部分。在地理信息系统中，现实世界被表达成一系列的地理要素和地理现象，这些地理特征至少由空间位置参考信息和非位置信息两个部分组成。

地理信息系统具有以下三个方面的特征：

第一，具有采集、管理、分析和输出多种地理信息的能力，具有空间性和动态性。

第二，计算机系统支持进行空间地理数据管理，并由计算机程序模拟常规的或专门的地理分析方法，作用于空间数据，产生有用信息，完成人类难以完成的任务。

第三，计算机系统的支持是地理信息系统的重要特征，因此使得地理信息系统能快速、精确、综合地对复杂的地理系统进行空间定位和过程动态分析。

（二）地理信息系统的构成与功能

与普通的信息系统类似，一个完整的 GIS 主要由四个部分构成，即计算机硬件系统、计算机软件系统、地理空间数据和系统管理操作人员。其核心部分是计算机系统（软件和硬件），空间数据反映 GIS 的地理内容，而管理人员和用户决定系统的工作方式和信息表示方式。

1. 计算机硬件系统

计算机硬件系统是计算机系统中的实际物理装置的总称，是 GIS 的物理外壳。系统的规模、精度、速度、功能、形式、使用方法甚至软件都与硬件有极大的关系，并受硬件指标的支持或制约。GIS 由于其任务的复杂性和特殊性，必须由计算机设备支持。构成计算机硬件系统的基本组件包括输入 / 输出设备、中央处理单元、存储器等，这些硬件组件协同工作，向计算机系统提供必要的信息，使其完成任务；保存数据以备现在或将来使用；将处理得到的结果或信息提供给用户。

2. 计算机软件系统

计算机软件系统是指各种必需的程序。对于 GIS 而言，通常包括计算机系统软件、地理信息系统软件和其他支持软件、应用分析程序。

3. 地理空间数据

地理空间数据是指以地球表面空间位置为参照的自然、社会和人文经济景观数据，可以是图形、图像、文字、表格和数字等。它是由系统的建立者通过数字化仪、扫描仪、键盘、磁带机或其他系统通信输入 GIS，是系统程序作用的对象，是 GIS 表达的现实世界经过模型抽象的实质性内容。在 GIS 中，空间数据主要包括某个已知坐标系中的位置、实体间的空间关系、与几何位置无关的属性。

4. 系统管理操作人员

人是 GIS 中的重要构成因素，GIS 不同于一幅地图，是一个动态的地理模型。仅有系统硬软件和数据还不能构成完整的地理信息系统，需要人进行系统组织、管理、维护和数据更新、系统扩充完善、应用程序开发，并灵活采用地理分析模型提取多种信息，为研究和决策服务。对于合格的系统设计、运行和使用来说，地理信息系统专业人员是地理信息系统应用的关键，而强有力的组织是系统运行的保障。一个周密规划的地理信息系统项目应包括负责系统设计和执行的项目经理、信息管理的技术人员、系统用户化的应用工程师及最终运行系统的用户。

（三）地理信息系统的功能

地理信息系统的核心问题是位置、条件、变化趋势、模式和模型五个方面。

1. 位置

位置即在某个特定位置有什么的问题。首先，必须定义某个物体或地区信息的具体位置，常用的定义方法有：通过某种交互手段确定位置，或者直接输入一个点坐标；其次，制定了目标或区域的位置以后，可以获得预期的结果及其所有或部分特性。

2.条件

条件即符合某些条件的实体在哪里的问题。首先，可以用下列方式指定一组条件，如从预定义的可选项中选取，填写逻辑表达式，在终端上交互地填写表格；其次，指定条件后，可以获得满足指定条件的所有对象的列表，如在某个地区寻找面积不小于 $100m^2$ 的不被植被覆盖，且地下条件符合大型建筑的区域。

3.变化趋势

该类问题需要综合现有数据，以识别某个地方已经发生的或正在发生的地理现象。首先，确定趋势。当然趋势的确定并不能保证每次都正确，一旦掌握了一个特定的数据集，要确定趋势可能要依赖假设条件、个人推测、观测现象或证据报道等。其次，通过对数据的分析对该趋势加以确认或否定。地理信息系统可使用户快速获得定量数据及说明该趋势的附图等。

4.模式

该类问题是分析与已经发生或正在发生时间有关的因素。地理信息系统将现有数据组合在一起，能更好地说明正在发生什么，找出发生事件与哪些数据有关。首先，确定模式。模式的确定通常需要长期的观察、熟悉现有数据、了解数据间的潜在关系。其次，模式确定后，可获得一份报告说明该事件发生在何时何地，显示事件发生的系列图件。

5.模型

该类问题的解决需要建立新的数据关系以产生解决方案。首先，建立模型，如选择标准、检验方法等。其次，建立了一个或多个模型后，能产生满足特定的所有特征的列表，并着重显示被选择特征的地图，同时提供一个对所选择的特征详细描述的报表。

由于地理信息系统发展的多源性，其功能具有可扩充性及应用的广泛性。有人按照地理信息系统中数据流程，将地理信息系统的功能分为以下 5 类 10 种：①采集、检验与编辑；②格式化、转换、概化；③存储与组织；④分析；⑤显示。在分析功能中，把空间分析和模型分析功能称为地理信息系统的高级功能。

（四）GIS 在路线设计及道路管理中的应用

近年来，GIS 在交通方面的应用受到了广泛的重视，并形成了专门的交通地理信息系统 CIS-T，以满足道路交通管理方面的要求。

1.GIS 应用于公路选线

辅助公路选线的 GIS 所需的数据主要包括：与路线方案有关的规划、计划，统计资料及地质、水文、气象资料和各种比例尺的地形图、地质图。根据这些信息，GIS 可以生成数字地形模型（DTM），帮助设计者宏观地认识整个沿线地区的地质、地貌，综合分析评价各个因素对路线选择的影响程度，根据公路设计技术标准的要求分析出控制点，以人机交互的方式选择合适的路线，并显示在DTM上。

以下对某试验区进行了GIS支持下的公路选线试验。该试验区地处丘陵地带，拟修建二级专用公路。路线选线的要求是既要符合公路工程技术标准，又尽可能减少耕地占用量和工程量。试验中采用的主要图形资料是地形图、地质图和土地利用现状图，扫描后通过屏幕跟踪数字化输入，文本资料通过键盘输入，建立起公路选线数据库。在此基础上生成DTM并应用ARC/INFO GIS对试验区进行了综合分析（地形分析、缓冲分析、叠置分析、网络分析等），初步确定了7个控制点。然后在DTM上人机交互完成控制点内插工作，经实地调查验证后，确定了合理的路线布局。

2.GIS用于公路路线平面设计

对于传统设计方法，平面设计计算工作时间是很长的。采用GIS技术，在计算机支持下，各曲线要素能够迅速计算出来，并通过计算机显示在屏幕上，供人们观察。此外，还可提供所定的平面方案对应的纵、横断面信息，并可输出纵、横断面地面线略图，还能够将多组参数下的图案同时显示或输出，供设计人员比较分析，以选定最佳状态。

3.GIS用于公路路线纵断面设计

路线纵断面设计是在路线纵断面图上决定坡度、坡长、竖曲线半径等数值以及进行有关的计算等工作。用GIS辅助纵断面设计时，根据公路平曲线各点的坐标，可以内插出各点的高程，从而获得现状纵断面。设计人员可应用人机交互设备，在屏幕上进行拉坡处理。计算机根据变坡点信息和设计要求，计算出竖曲线要素，并显示出来。设计人员据此进行修改，直至满意为止。同时，计算机能计算出当前纵断面方案对应的土石方累积曲线，供设计人员参考。

4.GIS用于公路路线横断面设计

横断面设计主要是绘出横向地面线后，根据纵断面设计确定的路基填挖高度、路基宽度、边坡坡度、边沟尺寸绘出路基的外廓线。横断面设计的工作量在整个公路设计量中占很大比例且重复工作量大。采用GIS辅助设计后，可以大大提高工作效率。其基本工作方式为将横断面地面线数据通过数字化输入，或根据平、纵设计结果由GIS自动产生，设计人员根据设计要求和各路段的具体情况定义各段的标准设计断面，由计算机据此自动设计；在自动设计完成后，横断面显示在屏幕上，设计人员逐个进行检查，对不合理的设计进行修改。

5.GIS在公路路线设计其他方面的应用

GIS在公路路线初步设计中作用十分明显，GIS在公路路线设计的其他方面也能发挥作用。GIS可以实现地理坐标与里程桩号的相互转换，这就解决了传统表达方式与精确定位的矛盾，既保证了计算的精确，又符合工程管理人员的习惯。用GIS来计算路线长度、确定里程桩位置、处理断链等问题也是十分简便的。GIS 还可应用于工程量的估算，土石方数量是选择路线的一大因素，应用 GIS 辅助路线设计时，土石方数量的计算精确而快捷。土石方数量可使用平均断面法来求出，计算公式为：

$$V = \frac{(A_1 + A_2)}{2} L$$

（公式 2-26）

式中：A_1, A_2 ——相邻两桩号的断面面积，m^2；

L —— $A_1 \sim A_2$ 间的距离，m；

V ——土石方体积，m^3。

当 A_1, A_2 相差很大时，采用以下公式计算：

$$V = \frac{1}{3} \times (A_1 + A_2) \times L \times \left(1 + \frac{\sqrt{m}}{1+m}\right)$$

（公式 2-27）

式中，$m = A_1 / A_2$。

断面面积就是横断面图上原地面线与路基设计线包围的面积，可先由 GIS 算出设计线与原地面线的交点坐标及高程，然后算出所围多边形的面积。

二、道路设计 CAD 技术

CAD 软件是迅速发展中的计算数学和相关的工程科学、工程管理学与计算机技术相结合而形成的一种综合性、知识密集型信息产品。它将计算机迅速、准确地处理信息的特点与人类的创造性思维能力及推理判断能力巧妙地结合起来，为现代工程设计提供了理想的手段。CAD 技术作为 20 世纪世界公认的重大技术成就之一，深刻地影响着当今工业和各个工程领域，已成为工程设计及科学研究中不可缺少的组成部分。工程设计领域是 CAD 技术应用最活跃，也是 CAD 技术发展最快的领域之一。到目前为止，已基本实现了勘察设计的技术手段从传统的手工方法向现代化 CAD 技术转变的目标。

（一）CAD 的概念

CAD 是利用计算机辅助设计人员完成设计任务的理论、方法和技术。它可以帮助设计人员在计算机上完成设计模型的构造、分析、优化和输出等工作。在设计过程中，人们可以把大量的计算、绘图、整理、修改等工作交给计算机去完成，而自己可多做些创造性的构思工作。CAD 可大大提高设计的自动化程度和质量，缩短设计周期。更重要的是，人们借助计算机的高速运算能力，能够完成一些常人难以完成的设计任务。设计人员借助 CAD 技术以人机交互的方式和图形显示方法，在计算机上方便、灵活地构造出满足设计要求的设计模型，然后调用系统中的工程分析程序在屏幕上对模型进行分析、评价和优化，直至得到最佳设计结果。

一个完整的 CAD 系统的硬件部分应包括主机、图形输入设备、图形显示器及自动绘图仪。它与一般事务处理计算机系统的区别主要在于 CAD 系统具有较强的图形处理能力。

CAD 须采用的主要技术有计算机图形学、人机交互技术、工程数据库。计算机图形学主要用于工程产品几何形状的建立、表达及图形显示等；人机交互技术为 CAD 提供图示化用户界面和交互式数据输入机制；工程数据库为 CAD 提供能满足工程应用环境要求的数据管理技术。

道路 CAD 系统应具有科学计算功能、图形处理功能、数据处理功能、分析功能和编制文件功能。科学计算功能能进行各种复杂的工程分析与计算；图形处理功能能进行二维和三维图形的设计及图形显示和自动绘图；数据处理功能有完善的数据库系统，能对设计、绘图使用的大量信息进行存取、查找、比较、组合和处理；分析功能能对设计的产品做各种性能分析；编制文件功能能输出各种技术文件。

必须指出，上述各项功能是一个完备的 CAD 系统具有的基本功能。在规划 CAD 系统时，可根据实际的需要和技术、经济可能性，使所建 CAD 系统仅具有其中某几项功能（如计算、数据处理、绘图）或超过上列五项的功能。

在计算机辅助设计工作中，计算机的任务实质上是进行大量的信息加工、管理和交换。也就是在设计人员初步构思、判断、决策的基础上，由计算机对数据库中大量设计资料进行检索，根据设计要求进行计算、分析及优化，将初步设计结果显示在图形显示器上，以人机交互方式反复加以修改。经设计人员确认之后，在自动绘图机及打印机上输出设计结果。

CAD 的方法是建立在计算机（软、硬件）技术基础上的，同时它吸收和运用了与设计技术相关的科学技术和理论，如数学、优化设计、可靠性设计、有限元及边界元分析、价值分析和系统工程等。因此，CAD 完全有别于传统的工程设计方法，它可以从静态分析、近似计算、经验设计的束缚中解放出来，进入动态分析、精确计算和优化设计的新阶段。可以说，CAD 是现代化设计方法的综合与运用。

（二）数字地面模型的概念及应用

地形资料是道路设计的重要基础资料之一。传统设计中，一般用地形图或断面图来表示地形。地形图或断面图的获得需要通过野外实地测量，再经过手工绘制而成，人力、时间消耗很大。利用计算机进行道路设计，就要让计算机能认识和处理地形资料，为此，必须把地形资料变成计算机能接受的信息－数字。数字地面模型就是在这种背景下被引入公路设计领域的。

数字地面模型是指按照某种数学模型表达地形特征的数值描述方式，它由许多规则或无规则排列的地形点三维坐标 (x, y, z) 组成，是将数字化的地形资料存储于计算机的产物。

数字地面模型一般由以下三个部分组成：①用离散的形式将某一区域内一系列采样点的信息按照一定的规则存储在计算机中，形成一个有限项的向量序列（通常用 x，y 表示平面坐标系，用 z 表示高程，各种平面地理信息如建筑物、河流等用编码或分层方式表示）。②给定某种数学方法来拟合地表形态（通过它可求得该区域任一平面位置点的高程，或者推算其他地面特征，如坡度、坡向等）。③实用程序块，主要完成坐标系的转换工作。

数字地面模型可用于道路设计的各个阶段。设计人员利用数字地面模型进行路线方案比选，只须输入少量的设计参数，计算机就可以按照编好的程序自动完成设计和分析比较工作，输出比较结果。设计者可以轻而易举地对方案进行比较，选择较优方案，而不须重测。另外，数字地面模型还广泛地用于道路初步设计和技术设计中。设计者做一些必要的外业调查和实测，就可以直接利用计算机进行路线设计。除此之外，用数字地面模型绘制地形图、路线平面图和地形透视图，可以大大减轻设计人员的工作强度。

（三）路线计算机辅助设计的任务

传统路线设计的一般过程为：①在路线方案确定的情况下，由设计者在地形图上（或实地）根据自己的经验初步定出路线的平面位置，即定出交点位置、平曲线半径和缓和曲线长度。②检查所定路线是否满足规范要求及与地形的适应等情况。③绘制与平面对应的纵断面地面线图，并设计与之适应的纵断面。④参照纵断面图，考虑地面横坡，根据确定的标准断面，进行横断面设计，判断是否修改平面。如须修改，则重复上述过程，直到满意为止。

这实际上是平面与纵断面交替设计的过程，其工作量是十分繁重的，且要求由有经验的设计者来完成。由于工作量大，往往会限制比较方案的个数，采用的方案仅是几个比较方案中相对较好的。

随着计算机及其外围设备的推广应用和计算数学的发展，人们自然会利用计算机快速计算的优点，在数字地面模型的支持下，借助数学方法，由计算机确定路线平面位置，进行优化设计，自动完成路线平面和纵断面设计工作。但是，由于平面线形优化涉及许多复杂因素，用这种方法实现的 CAD 系统，目前在国内外仍处于研究开发和完善阶段。因此，从目前来讲，路线计算机辅助设计的任务就是利用计算机快速计算来取代人工繁重的计算与绘图工作，进而用优化技术来自动进行部分修改工作，另一部分由人机交互修改，把设计人员的精力主要用于分析判断及处理一些难以用数学模型来表达的问题上。这样，可以大大减轻设计人员的劳动，有利于多做方案，对加快设计速度与提高设计质量有重要意义。

（四）道路透视图

随着道路等级的提高，人们对道路线形的审美要求和道路与周围景观的协调性越来越重视。道路透视图是路线计算机辅助设计的重要组成部分，可以使设计者在设计阶段获得形象逼真的道路全貌。它可以检查路线设计的线形质量及道路与周围景观的协调程度，并借此作为修改设计的依据。

道路透视图有线形透视图、全景透视图、复合透视图和动态透视图等。线形透视图只绘出路面线以内的线条，这种透视图主要用来检查驾驶人眼中的立体线形是否合适，或走向是否清楚。全景透视图是在线形透视图的基础上将路线走廊内的景观全面地描绘出来，主要用来检查路线线形同周围景观的协调程度。复合透视图将线形透视图与照相技术相结合，最后以照片形式反映公路与周围景观的配合情况，这种透视图不全是计算机的产物。动态透视图是以移动的画面模拟汽车行驶时驾驶人感受到的道路情况，对一些条件复杂、比选方案困难的地段，可通过大屏幕动态显示路线全景透视图，这对提高设计质量会有很大的帮助。

道路的勘测设计依赖于新技术的发展。计算机技术的发展与应用，使道路 CAD 技术快速发展，给道路设计带来革命性变化。随着计算机技术的不断进步，信息技术和空间技术的飞速发展，必将推动道路设计产生又一次飞跃，其发展趋势就是道路设计的自动化。将卫星遥感技术、全球定位系统、地理信息系统、航测技术及全站仪等先进科学技术应用于道路设计，从而产生道路设计自动化技术。地形数据采集，特别是快速、高精度原始数据采集对现代道路设计自动化至关重要，全数字化测图是在解析法测图基础上发展起来的更为先进的摄影测量技术，通过扫描方式获得地面立体三维坐标，具有测图速度快、无须人工量测、数据点密集等特点，但其中自动化的相关技术还不能代替人眼立体观察，需要进一步研究。如将 RS、GIS、GPS 技术与计算技术结合，形成自动化测量技术，应用于道路自动化技术。

三、"3S" 技术

"3S" 技术是全球定位系统（GPS）、地理信息系统（GIS）、遥感技术（RS）的一种简称。GPS、GIS、RS 三者关系结合日趋紧密，共同构成一个对地观测、处理、分析、制图和工程应用的系统。GPS、GIS、RS 的结合与集成是从整体上解决空间对地测量的理想手段。对于 "3S" 技术的理解必须建立在广义的基础上，包括 GPS 等多种定位、测量手段和平台、多波段、高分辨率的 RS 数据，通过含有专家系统（ES）的 GIS，实现空间数据的自动采集、编辑、管理、分析、制图，进而为一切与地学科学相关的行业服务，实现地学信息的实时、自动、数字、智能化应用。因此，"3S" 技术不是 GPS、GIS、RS 的简单组合，而是将其通过数据接口严格地、紧密地、系统地集成起来，使其成为一个大系统，即 "3S" 集成技术，或 "3S" 技术。

国土信息主要包括基础测绘数据、地矿地质勘查信息及土地测绘方面的信息等。"3S" 及其集成技术如今已成为我国 "数字国土" 建设的重要技术支撑。目前，采集基础信息数据工作已成为近期我国 "数字国土" 建设的重要任务。而测绘工作作为国土资源工作的基础性、先行性工作，依靠 "3S" 技术取得了积极进展。当前随着 "3S" 技术的广泛应用，测绘产业开始向现代信息产业转变，测绘产品的内容和形式均发生重大变化，测绘工作也由过去单纯向用户提供图纸，发展到多方位、多形式提供数字产品和地理信息系统产品。目前，我国数字测图已形成规模生产，完全取代了传统手工测图的作业模式。现在的电子地图已逐步向多媒体方面发展。毫无疑问，"3S"技术在资源与环境调查、监测、评价中，在重大自然灾害监测、预警、评估、防治对策中，在城市及工程建设的规划、设计、开发、管理、评价中，在现代化军事作战指挥系统中有着广阔的应用前景。

（一）"3S"技术的应用

1. 全球卫星定位系统（GPS）

全球卫星定位系统不仅具有全球性、全天候、连续性、实时性等的精密三维导航和定位能力，而且具有良好的抗干扰性和保密性。GPS及RTK（实时动态）技术在公路测设中应用非常广泛，如公路控制测量、公路大比例地形图的绘制、路线中桩实地放样、道路纵断放样和土石方计算。传统方法测图，先要建立控制点，然后进行碎部测量，绘制成图，工作量大，费工费时。用实时GPS动态测量，只须在沿线每个碎部点停留 $1 \sim 2\text{min}$，即可获得每点的坐标。采用实时GPS测量，只须将中桩点坐标输入GPS电子手簿中，系统软件就会自动定出放样点的点位。由于每个点测量都是独立完成的，因此不会产生累计误差。

2. 遥感（RS）

技术随着空间技术的飞速发展，遥感图像宏观、逼真、直观、丰富的信息为公路选线提供了有利条件。应用遥感技术，如把野外现场搬回室内进行研究，不但能提高公路的选线质量，而且能加快测设进度，减少测设成本。RS技术在公路勘测设计中的应用目前主要是利用卫星照片或航片上含有的丰富信息，通过立体观察和相片判释并经过计算机的自动处理，自动识别从而获得与路线设计相关的各种地质、地貌、水文、建材、地质构造等资料。目前许多设计院利用遥感技术在公路工程预可、工可阶段主要做以下方面的工作：①帮助设计人员对路线所经区域地形、地貌、水网、路网及居民地进行概要判读，以了解其对路线的影响，有利于路线方案的优化。②帮助设计人员了解不良工程地质现象对路线的影响程度，以便提早改线，避免损失。③帮助设计人员了解沿线土壤和植被类型，了解农作物和经济作物的分布情况，有利于环保对策的制定。④帮助设计人员了解沿线建筑材料的分布、储量、开挖和运输条件，为施工创造良好条件。

3. GIS技术

GIS是以研究空间信息分布为对象的科学技术，它将具有空间特征的信息可视化，为信息的使用者提供更为直观、清晰的表达形式，并具有很强的空间分析能力。其软件系统以ARC/INFO及MAPINFO为代表，目前我国研发利用多是以这种软件系统为平台。目前开发的公路地理信息系统也多是为公路管理和养护部门进行宏观管理、分析决策提供服务，如图形显示、基本信息、道路桥梁信息、管养机构信息的查询和图标输出等。

（二）RS 与 GIS 的集成

1.RS 为 GIS 提供信息源

RS 利用摄影测量相片或 RS 卫星，经纠正、处理，形成正射影像图，经过进一步目视判读之后，可编制出多种专题用图，这些图件经过扫描或手扶跟踪数字化之后成为数字电子地图，进入 GIS 中，实现多重信息的综合分析，派生出新的图形和图件。

把 RS 作为 GIS 的数据源是比较理想的，它将 RS 的分类图像数据直接顺利地输入 GIS 中，经过矢栅转化形成空间矢量结构数据，满足 GIS 的多种应用和需求。同时 GIS 与 RS 结合起来，GIS 为 RS 中"同物异谱"或"同谱异物"问题提供管理和分析的技术手段。GIS 与 RS 的结合实质是数据转换、传输、配准。

2.GIS 为 RS 提供空间数据管理和分析的技术手段

RS 信息主要来源于地物对太阳辐射的反射作用，识别地物主要依据于 RS 量测地物灰度值的差异，实践中出现"同物异谱"和"同谱异物"是可能的。单纯的 RS 数字图像处理这类问题的难度较大，若将 GIS 与 RS 结合起来，此类问题就容易解决。如 GIS 将地形划分为阳坡、阴坡、半阴半阳坡及高山、中山、低山，配合 RS 进行地表植被分类，就能获得很好的效果。

（三）RS 与 GPS 的集成

从 GIS 的需求来看，GPS 与 RS 都是有效的数据源。GPS 数据精度高、数量少，侧重提供特征点位的几何信息，发挥定位和导航功能，GPS 能够实时明确地物的属性；而 RS 则数据量很大，数据精度低，侧重从宏观上反映图像信息和几何特征。把 GPS 与 RS 有机地结合起来，可以有效地实现定性、定位、定量的对地观测。利用 GPS 可以实现 RS 卫星姿态角测量、摄影测量内定向元素测定、航测控制点定位、RS 几何纠正点定位、数据配准、同步地物光谱值测地定位等。

（四）GPS 与 GIS 的集成

这种集成的基本思路是把 GPS 的实时数据通过串口实时输入 GIS 中，在数字电子地图上实现实时显示、定位、纠正，线长、面积、体积等空间位态参数的实时计算及显示、记录。其基本技术是将 GPS 数据通过 RS-232C 接口按设置的通信参数实时地传入 GIS 中。这已是非常普及的技术，至于显示、计算在 GIS 的二次开发中也很容易实现。

GPS 与 GIS 的集成是最常见、最有发展前景的集成，也是易于实现的。目前 GPS 与 GIS 的结合广泛应用于车辆、船舶、飞机定位、导航和监控，也广泛应用于交通、公安、车船机自动驾驶、科学种田、集约农业、集约林业、森林防火、海上捕捞等多个领域。

（五）"3S" 集成

"3S" 的综合应用是一种充分利用各自的技术特点，快速准确而又经济地为人们提供所需的信息的新技术。基本思想是利用 RS 提供的最新的图像信息，利用 GPS 提供的图像信息中"骨架"位置信息，利用 GIS 为图像处理、分析应用提供技术手段，三者紧密结合为用户提供精确的基础资料（图像和数据）。

1.全球定位系统（GPS）

全球定位系统主要用于实时定位，为遥感实况数据提供空间坐标，用于建立实况数据及在 PDS 的图像上显示载运工具和传感器的位置和观测值，供操作人员观察和进行系统分析。

2.实况采集系统（LCS）

无论是遥感调查还是环境监测和导航都少不了实况数据采集。实况数据采集用的传感器有红外辐射计或红外测温仪、瞬时光谱仪、湿度计、酸碱度测定仪、噪声仪，甚至雷达、声呐等。大多传感器输入的是模拟数据，须经模 / 数转换后，结合 GPS 定位数据，进入 LDB 建库或进入其他系统。模 / 数转换是由插在计算机中的模数变换接口板来完成的。

3.遥感图像处理系统（RPS）

遥感图像处理系统的功能主要有：①根据实况数据（包括星上测定的参数）与原始遥感影像的特点所做的辐射校正。②根据 GPS 定位数据或 PDB 中的地图数据对影像做几何校正及其他各种几何处理。③数据变换和压缩。尤其是为了 GIS 矢量数据叠合分析，须将提取的专题数据进行栅格—矢量数据变换，或将 PDB 及 GIS 中过来的图形数据变换成栅格数据。④图像增强。⑤图像识别和特征提取。向 GIS 和 EAS 提供专题信息，向 PDB 提供导航用图像和显示处理的中间结果和最后成果，向 PDB 存放处理的图像或图形。

4.地理信息系统（GIS）

GIS 是以处理矢量形式的图形数据为主进行制图分析，也可对栅格形式的数据进行叠加分析。GIS 的特点是可以对同一地区，以统一的几何坐标为准，对不同层面上的信息进行查询、编辑、统计和分析。在 3S 系统中 GIS 的作用是将预先存入 PDB 中的背景数据与 LDB 中的实况数据和 RPS 中的遥感分类数据进行多层面的管理和分析。当前 GIS 所用软件主要是 ARC/INFO、GENAMAP 等。为 RPS 与 GIS 集成于一体，可使用 GRASS（地理资源分析支持系统）或 GRAMS（地学与遥感应用管理系统）等软件将遥感和 GBS 的数据置于同一个软件中处理，但这两种软件须将矢量数据转换成栅格数据后进行叠加处理。

5.图像图形显示系统（PDS）

图像图形显示系统是处理和分析人员了解和监视系统工作的窗口，要以实时显示来指导航行和采集数据，故图像图形系统对这两项工作尤为重要。在图像处理、分类、图形编辑、叠加等及数据分析中也随时需要显示中间结果和最终成果。显示屏幕可以用专用屏幕，也可直接在操作终端上显示图像，但须在图像卡支持下工作，要求有漫游、缩放、彩色合成、专题显示、图像与图形、与实况数据叠合、动态变化及其他各项通常的图像图形显示功能。

6. 环境分析系统（EAS）

环境分析系统是在各种专业应用的分析中设置的，这些专业分析已远远超过了 GIS 的分析功能。环境分析系统是按照用户的要求，以一定的模式把有关数据和分析方法像积木一样组织在一起。

第三章　桥梁结构设计

第一节　桥梁系统分析

桥梁的确是一项系统工程，其构思与规划、勘察与设计、施工与管理等无不从整体出发、系统地考虑问题。因此，桥梁建筑设计与构思应该以系统论（还包括控制论、信息论、协同学、突变论与耗散结构论、辩证唯物论等）作为理想的思维方式。了解系统论，相信会对建筑设计产生潜移默化的作用。

一、系统

既可由若干部分（要素）按一定的规律、以特定的结构形式组成有机的整体，并产生不同于各组成部分（要素）功能的特定功能，又可以将有机的整体分解为若干相互联系、相互作用的部分（要素），那么，这个有机的整体被称为系统。

所谓要素，是指系统内若干层次内或若干层次间相互关联、相互作用的部分、单元或成分。它是系统的基础与载体，决定着系统内部的联系、结构与功能等，因而也决定着系统的本质。一个系统的要素，可以成为一个系统，即子系统；同样，一个系统也可看作更大系统的子系统。可见，系统与要素是相对而言的。结构与功能、整体与部分是系统的重要参数。

二、系统应遵循的原理

（一）整体性原理

要素与系统不可分割；各要素间要进行有机的联系，并相互协调，才能发挥整体功能；系统的功能大于各要素功能之和。它是系统论的基本原理，其科学地揭示了要素与要素、要素与整体间的关系问题。

（二）相关性原理

系统内部各要素间具有相关性；系统与外部环境具有相关性。从关联的内容上可分为物质关联、能量关联与信息关联；从关联的确定性上可分为肯定因果关联、统计因果关联与模糊因果关联；从关联的方向上可分为单向因果关联与双向因果关联。另外，从系统内部各要素间相关性的强弱上分，也可分为强关联、中等关联与弱关联等。

（三）层次性原理

层次性原理认为：系统结构是由层次或要素按一定的规律进行排列组合而形成的，不同的排列组合就形成不同的系统结构、产生不同的系统。

（四）有序性原理

系统结构层次与诸要素在协同作用下，其在系统中的位置与排列顺序（空间排列的有序性与时间排列的有序性）总是尽量地适应功能的需要（功能决定结构，结构须满足功能的要求），并使系统功能最大化。

（五）动态适应性原理

系统内部诸要素的相关性及系统与外部环境的相关性都与时间密切相关，都会随时间不断地变化；系统整体具有方向性和目的性，它控制着各要素的功能，协调着各要素之间的比例关系，控制着各要素协同作用的进行；诸要素之间的协同作用是系统整体由无序状态转向有序状态的动力；当诸要素协调适应时，系统处于整体平衡状态；当诸要素不协调时，系统处于不平衡状态。

（六）可调控性原理

系统是可控制的，通过负反馈控制可实现其稳定性，通过正反馈控制可适应外界环境的变化。

（七）最优化原理

总可以在一定的条件下，通过有效地组织系统各要素，使得系统在某个方面（如功能、结构、过程等）实现最优。

桥梁是一个工程结构，它以有效地传递荷载来组织桥梁各构件，并产生可跨越障碍物、使交通便捷等功能。

第二节　桥跨主要承重构件的工作效率

针对单个构件，衡量其优劣的指标便是工作效率。这里，分别研究了受弯构件、主缆、斜拉索及拱的工作效率指标，提出提高其工作效率的途径或措施。

衡量受弯截面形状优劣的重要参数是截面效率指标 ρ，其为截面核域大小与截面高度的比值，即：

$$\rho = k / h$$

（公式 3-1）

截面核域：结构截面中的特殊区域，其边界由具有以下特殊性质的点组成：当集中压力荷载作用在该点上时，总能使该截面某一点（边）的压应力（正应力）为零。截面 ρ 值越大，就越经济。一般希望截面 ρ 值为 $0.45 \sim 0.5$。

受拉的主缆是悬索桥的主要承重构件，其效率系数定义为：

$$\eta = ([\sigma] - \sigma_0) / [\sigma]$$

（公式 3-2）

式中：η ——主缆效率系数；

$[\sigma]$ ——主缆容许应力（kPa）；

σ_0 ——主缆自重产生的应力（kPa）。

主缆的效率系数反映了主缆能够承受除自重之外的荷载大小的能力。

对于悬索桥，有下式：

$$\eta = 1 - k\gamma l \frac{\sqrt{(1/n)^2 + 16}}{8\sigma_1}$$

（公式 3-3）

式中：k ——安全系数，常取 2.5；

γ ——主缆比重（kN/m^3）；

1——主跨跨度（m）；

n——矢跨比，$n = fl$；

σ_1 ——钢丝极限强度（kPa）。

可见，采用大的矢跨比、较小的安全系数、高的主缆材料极限强度及小的比重等，是提高主缆效率的有效措施。

对于斜拉桥来说，斜拉索的功能主要是对梁提供竖向支撑，其效率可定义为斜拉索竖向分力与总索力的比值，即：

$$\eta = T_{\mathrm{v}} / T \approx \sin \alpha$$

（公式 3-4）

式中：η —— 斜拉索效率；

T —— 斜拉索索力；

T_v —— 斜拉索索力的竖向分量；

α —— 斜拉索倾角。

可见，采用较高的桥塔、接近扇形的索形布置等，可提高斜拉索的工作效率。

受压的拱券（肋）是拱桥的主要承重构件，其效率系数可定义为：

$$\eta = ([\sigma] - \sigma_0) / [\sigma]$$

（公式 3-5）

式中：η —— 拱券（肋）效率系数；

$[\sigma]$ —— 拱券（肋）容许应力（kPa）；

σ_0 —— 拱券（肋）自重产生的应力（kPa）。

拱券（肋）的效率系数反映了拱券（肋）能够承受除自重之外的荷载大小的能力。

对于拱桥，有下式：

$$\eta = 1 - k\gamma l \sqrt{n^{-2} + 16(b+1)^2} / 8\Phi\sigma$$

（公式 3-6）

$$n = f / l$$

$$b = 4/3 \frac{\sqrt{(m+1)/2} - 1}{\sqrt{(m+1)/2} + 1}$$

（公式 3-7）

式中：m —— 拱轴系数；

f —— 拱肋矢高；

Φ —— 考虑拱肋面内失稳折减系数；

σ —— 拱肋混凝土极限抗压强度；

k —— 安全系数。

可见，采用高强轻质材料、较小的拱轴系数、较小的安全系数、面内稳定性高的体系（如系杆拱桥）等是提高拱券（肋）的工作效率的有效途径。

第三节　悬索桥主缆最优总体设计

悬索桥孔跨布置受地形、地物、地质、水文、通航等的制约，其总体方案设计主要包括以下内容：①悬吊跨的选取。②主跨矢跨比。③边跨／中跨比。④散索鞍位置及锚固面位置。⑤桥塔及基础形式。⑥加劲梁形式及桥面布置。⑦吊杆布置。

一、主缆的立面设计

主缆的立面设计是最关键的设计项目之一。主缆设计应遵循如下三条准则，方可达到卓越：索力均匀准则、散索稳定准则、高效率准则。

主缆索力均匀包括主跨内索力均匀及桥塔处索力均匀等。

主跨内索力均匀，就是要求桥塔处的索力与跨中索力的差值限制在一定的范围内，一般要求差值不大于 10%。

主跨悬索方程：

$$y = 4fx^2 / l^2$$

$$y' = 8fx / l^2$$

$$\tan \alpha = y'\big|_{x=1/2} = 4f / 1$$

$$T / H = H / \cos \alpha / H$$

$$= \sqrt{1 + (\tan \alpha)^2}$$

$$= \sqrt{1 + (4f / l)^2}$$

$$T / H \leqslant 1.1$$

$$\sqrt{1 + (4f / l)^2} \leqslant 1.1$$

$$f / l \leqslant 1 / 8.7$$

（公式 3-8）

桥塔处索力均匀，就是要求桥塔两侧主缆索力差值不超过一定的范围，最好是相等的。

边跨悬索方程：

$$y = 4f_1 x (x - l_1) / l_1^2 + \Delta H x / l_1$$

$$y' = 8f_1 x / l_1^2 + (\Delta H - 4f_1) / l_1$$

$$\tan \xi = y'|_{x=0} = \Delta H / l_1 - 4f_1 / l_1$$

$$\tan \alpha_1 = y'|_{x=l_1} = 8f_1 / l_1 + (\Delta H - 4f_1) / l_1 = (\Delta H + 4f_1) / l_1$$

$$\Delta H = f + \Delta H'$$

$$\Delta H' = 0$$

$$4fl = (f + 4f_1)l_1$$

$$l_1 / l = 0.25 + f_1 / f$$

（公式 3-9）

式 $l_1 / l = 0.25 + f_1 / f$ 是保证桥塔两侧主缆索力相等的条件式。由此亦可看出，边跨与中跨之比不宜小于 0.25。

当边跨与主跨所受荷载集度相等时：

$$H = q l_1^2 / 8f_1 = q l^2 / 8f$$

$$f_1 / f = l_1^2 / l^2$$

$$l_1^2 / l^2 - l_1 / l + 0.25 = 0$$

$$l_1 / l = 0.5$$

（公式 3-10）

可见，边跨与中跨之比取 0.5 时，可保证桥塔两侧主缆索力相等。

目前，大概是由于受传统简易吊桥（主缆采用单根钢丝绳）设计的影响，往往忽略现代吊桥主缆散索过程中的稳定性要求，盲目、随意地设定散索鞍（发散点）位置及锚固面（锚固点）位置，给结构及施工带来不安全因素。稳定判定准则（形式略有变化）如下。

为保证主缆在散索过程中索股处于完全稳定状态，一般须满足下式：

$$\delta > \xi + \beta / 0.46$$

$$\delta > \xi + \theta$$

（公式3-11）

式中：δ——主缆发散中心线的倾角；

ξ——主缆进入散索鞍处的倾角；

β——发散主缆的横向扩散角；

θ——发散主缆的竖向扩散角。

散索稳定的另一种表达式：

由式 $\delta > \xi + \beta / 0.46$ 得：

$$\tan\delta > \tan(\xi + \beta / 0.46) = \tan\xi + \tan(\beta / 0.46)$$

$$h / l_0 > \Delta H / l_1 - 4f_1 / l_1 + d / l_0$$

$$h / l_0 > f / l_1 + \Delta H' / l_1 - 4f_1 / l_1 + d / l_0$$

$$(h - d) / l_0 - \Delta H' / l_1 > f / l_1 - 4f_1 / l_1$$

令

$$\mu = f / l$$

$$\mu_1 = f_1 / l_1$$

$$m = l_1 / l$$

$$n_0 = (h - d) / l_0$$

$$n = \Delta H' / l_1$$

（公式3-12）

式中：h——主缆发散长度（发散点至锚固点）的垂直距离；

d——主缆水平扩散宽度；

$\Delta H'$——中跨跨中主缆中心至主缆发散点的垂直距离。

那么：

$$n_0 - n > \mu / m - 4\mu_1$$

（公式 3-13）

式 $n_0 - n > \mu / m - 4\mu_1$ 便是满足主缆散索过程完全稳定的条件式。

可见，对于悬索桥来说，主缆线形确与主缆的受力、稳定、工作效率等息息相关：由索力均匀性得出了最大矢跨比、最小边跨与中跨比、理想的边跨与中跨比；由散索稳定性得出了包括主跨矢跨比、边跨矢跨比、边跨/中跨比、散索几何参数、散索鞍幕跨比等在内的几何关系式；由主缆工作效率系数可得出提高主缆效率的有效措施。

二、悬索桥的最优跨度

在悬索桥桥跨体系中，主缆是主要承重构件。研究主缆的承载机理是寻求最优跨度的重要途径（暂不考虑下部结构）。

（一）主缆设计表达式

主缆承担的最大拉力：

$$H_{\max} = 0.125\left(A_a Y_a + q_{梁} + q_{二期恒} + q_{活}\right)|\left(16 + h^{-2}\right)^{1/2}$$

令

$$H_{\max} = A_a \sigma_a$$

则

$$l = 2\pi\sigma_a / \left[\left(q_{梁} + q_{二期恒} + q_{活}\right)/D^2 + \pi\gamma_a/4\right]\left(16 + n^{-2}\right)^{1/2}$$

（公式 3-14）

其中：l——悬索跨径（m）；

f——大缆矢度（m）；

矢跨比 $n = fl$；

A_a——主缆面积。

$A_a = \pi D^2/4$，当主缆为 m 根直径为 d 的缆组成时，则有 $\pi D^2/4 = m\pi d^2/4$，因此，$d = D/m^{1/2}$；

车道荷载集度（按车道宽 3m 计）：

则

$$q_{道} = 10.5 \text{kN} / \text{m}$$

$$q_{道} = B q_{活} / 3$$

（公式 3-15）

式中： σ_a ——主缆的容许应力；

γ_a ——大缆的比重（ kN/m^3 ）。

（二）跨度与主缆直径的关系研究

$$\text{d}l / \text{d}D = 4\pi\gamma_a \left(q_{梁} + q_{二期恒} \right) \sigma_a / \left(q_{梁} + q_{二期恒} + q_{活} + \pi D^2 \gamma_a / 4 \right)^2 \left(16 + n^{-2} \right)^{1/2}$$

$$\text{d}^2 l / \text{d}D^2 = 4\pi\gamma_a \sigma_a \left(q_{梁} + q_{二期恒} + q_{活} - 3 D^2 \gamma_a / 4 \right) /$$

$$\left(q_{梁} + q_{二期恒} + q_{活} + \pi D^2 \gamma_a / 4 \right)^2 \left(16 + n^{-2} \right)^{1/2}$$

令 $\text{d}^2 l / \text{d}D^2 = 0$ ，得

$$D_{最优} = \left[4 \left(q_{梁} + q_{二期恒} + q_{活} \right) / 3\gamma_a \right]^{1/2}$$

（公式 3-16）

（三）最优跨度的评价

悬索桥最优跨度只与主缆材料比强度及主缆矢跨比有关，与其他参数无关。悬索桥最优跨度与主缆材料容许抗拉强度成正比，与主缆比重成反比。

悬索桥最优跨度随矢跨比的增大而增大，随矢跨比的减小而减小。

施工悬索桥加劲梁的方法有刚接法（边吊装梁段边刚接加劲梁）和铰接法（在吊装各梁段过程中不刚接各梁段，而在施工完所有加劲梁段后，才将加劲梁全长范围内各梁段刚接起来）。

铰接法的特点为加劲梁只是作为荷载作用于吊杆上，在施工阶段加劲梁不产生内力。所以采用铰接法施工的悬索桥，在施工阶段分析中可以不建立加劲梁模型，而直接将加劲梁作为荷载施加在吊杆上。

在悬索桥的成桥阶段设计中，一般使悬索桥索塔顶端处于力的平衡状态，所以，成桥阶段索塔不产生自重弯矩。

施工时如果将主缆直接架设在与成桥阶段相同跨长的索塔上，则施工后索塔顶端在水平方向的力处于不平衡状态，主缆将向中间跨滑动或索塔顶端向中间跨方向发生水平位移。因此，为了在成桥阶段使索塔左右端主缆的水平方向力处于平衡状态，一般使索塔顶端的

索鞍安装时向边跨移动一些，成为索鞍顶偏量。

地锚式悬索桥的特点：在施工阶段和初始平衡状态，结构自重作用下加劲梁不发生弯矩，索塔在初始平衡状态因为其顶端左右跨主缆的水平力处于平衡状态，所以不发生弯矩，但在施工阶段产生弯矩。

成桥阶段分析是指在所有工程竣工后，即在成桥状态下分析桥梁的静力和动力反应。成桥阶段分析包括初始平衡状态分析和其他外力作用下的结构效应分析。

悬索桥在成桥状态下处于结构自重平衡状态，又称为悬索桥的初始平衡状态。计算初始平衡状态下主缆的坐标和张力称为初始平衡状态分析。

成桥状态下，主缆及吊杆施加了足够大的张力，当其他荷载（如车辆荷载、风荷载等）作用时，结构效应显示为线性。所以，可以将初始平衡状态下主缆及吊杆的张力转化为几何刚度，以便对其他荷载作用效应采用线性化分析。将初始平衡状态下构件的内力转换为几何刚度后做线性化分析的方法称为线性化有限位移法。

为了确认施工时的安全性以及施工临时设施的设计，需要对各施工阶段进行分析。因为施工阶段结构的位移很大，结构表现出很明显的非线性反应，所以要对各施工阶段使用大位移理论（几何非线性理论），建立针对变形后的平衡方程组。悬索桥的施工阶段分析是从成桥阶段采用逆施工顺序进行的。

第四章　路基施工技术

第一节　路基施工前的准备工作

一、熟悉设计文件

设计文件是组织工程施工的主要依据。熟悉、审核施工图纸是领会设计意图、明确工程内容、分析工程特点的重要环节。在有关施工人员熟悉图纸、充分准备的基础上，由建设单位负责人召集设计、施工、监理科研人员参加图纸会审会议。设计人员向承包人做图纸交底，讲清设计意图和对施工的主要要求。施工人员应对图纸和有关问题提出质询，最终由设计单位吸取图纸会审中提出的合理化建议，按程序进行变更设计或做补充设计。

二、现场踏勘

路基工程施工前，需要对现场进行勘察，确保实际情况与设计图纸保持一致，一旦发现问题，要及时调整。现场踏勘的内容主要包含以下几点：

第一，对施工有影响需要拆迁的各种建筑物、构筑物、公用事业杆线、管道和附属设施以及树木、农作物、坟墓等。

第二，因施工影响沿线建筑物、构筑物、公用事业杆线、管道安全，须加固保护的结构、数量和确切位置。

第三，沿线须重点保护的历史文物、古迹、测量标志及军事设施等。

第四，了解沿线填方、挖方的地段和数量以及可供借土或弃土的地点。

第五，摸清沿线可利用的排水沟渠和下水道及以往暴雨后的积水情况，以便考虑施工期间的排水措施。

第六，了解现场附近供水、供电、通信设施，运输路线、场地及其他设施的情况。

第七，对外露的检查井、消防栓、人防通气孔等应在图上标明，以备核对，避免埋没或堵塞。

第八，了解沿线各单位因施工受到的影响情况及车辆交通影响，以便提出安排方案。

三、编制施工大纲与施工组织

编制施工大纲是指在道路工程施工之前，需要结合设计图纸与现场踏勘的实际情况，编制施工大纲，确定施工顺序、施工方法、施工进度以及工、料计划等。

设计施工组织设计是指导施工现场全过程、规划性、全局性的技术、经济和组织的综合性文件，是施工准备工作的重要组成部分。通过施工组织设计，能为施工企业编制施工计划，为实施施工准备工作计划提供依据，保证拟建工程施工的顺利进行。

四、编制施工图预算和施工预算

在设计交底和图纸会审的基础上，施工组织设计已被批准，预算部门即可着手编制单位工程施工图预算和施工预算，以确定人工、材料和机械费用支出，确定人工数量、材料消耗数量及机械台班使用量等。

施工图预算是由施工单位主持，在拟建工程开工前的施工准备工作期间所编制的确定建筑安装工程造价的经济文件，是施工企业签订工程承包合同，工程结算，银行拨、贷款，进行企业经济核算的依据。

施工预算是根据施工图预算、施工图样、施工组织设计和施工定额等文件，综合企业和工程实际情况所编制的。在工程确定承包关系以后进行，是施工单位内部经济核算和班组承包的依据。

五、物资准备工作

物资准备工作是指施工中必需的劳动手段和施工对象的准备。它是根据各种物资需要量计划，分别落实货源、组织运输和安排储备，以保证连续施工的需要。物资准备是各种材料与机具设备购置、采集、调配、运输和储存，临时便道及工程房屋的修建，供水、供电、必需生活设施等的安装及建设等工作。

在道路施工前，各种生产、生活必需的临时设施，如各种仓库、搅拌站、预制构件厂（站、场）、各种生产作业棚、办公用房、宿舍、食堂、文化设施等均应按施工组织需要的数量、标准、面积、位置等在施工前修建完毕。

修建完成各种生产、生活必需的临时设施后，应及时根据施工组织设计确定的材料、半成品、预制构件的数量、品种、规格以及施工机具设备，编制好物资供应计划，按计划订货和组织进货，按照施工平面图要求在指定地点堆存或入库；对沙子、碎石、钢材等材料应提前做各种试验，确定其是否满足设计要求；对各种标号混凝土提前做好配比；对施工将用的施工机械和机具需用量进行计划，按计划进场安装、检修和试运转。

施工队应提早调整、健全和充实施工组织机构，进行特殊工种、稀缺工种的技术培训，提前预招临时工和合同工，落实专业施工队伍和外包施工队伍。同时，根据地理位置、气候条件，冬、雨期施工也应做些适当准备。

六、测量控制

路基施工前要先做好施工测量工作，包括导线复测、水准点复测与加密、中线放样、横断面检查与补测、增设水准点等。施工测量是整个公路工程施工的基础，是确保线路、高程、尺寸、形状正确的手段，必须认真做好这项工作。施工测量的精度应符合中华人民共和国交通部颁布实施的《公路勘测规范》中的要求。

（一）导线复测

当原测中线的主要控制桩由导线来控制时，施工单位必须根据设计资料认真做好导线复测工作，根据地面上的控制桩做好检查复测工作。

导线复测要求精度较高，应采用现代先进的测量仪器（如红外线测距仪等）进行测量，测量精度应符合有关规程的规定。在进行正式测量前，应对使用的仪器进行认真检验、校正，以确保其测量精度。

当原有导线点不能满足施工要求时，应适当加密，保证在公路施工全过程中相邻导线点间能互相通视。

导线起讫点应与设计单位的测定结果进行比较，测量精度应满足设计要求。当设计未具体规定时，应满足《公路路基施工技术规范》中导线测量技术要求的内容。

复测导线时，必须确保其和相邻施工段的导线闭合。

对妨碍施工的导线点，在施工前应当加以固定，固定方法可采用交点法或其他固定方法。设置的护桩应牢固可靠，桩位应便于架设测量仪器，并设在施工范围以外。其他控制点也可以参照此法进行固定。

（二）水准点复测与加密

水准点精度应符合技术标准的规定；沿路线每 500m 应设一个水准点。在结构物附近、高填深挖路段、工程量集中及地形复杂路段，要增设水准点。临时水准点必须符合相应等级的精度要求，并与相邻水准点闭合；当水准点有可能受到施工影响时，应进行处理。

（三）中线放样

路基开工前，要进行全段中线放样并固定路线主要控制桩，高速公路、一级公路宜采用坐标法进行测量放样；中线放样时，要注意路线中线与结构物中心、相邻施工段的中线闭合，发现问题要及时查明原因，并进行处理；设计图纸和实际放样不符时，必须查明原因后进行处理。

（四）横断面图核对

横断面图是否准确，关系到施工放样、工程量计算、施工标准、场地布置和工程结算等。在路基正式施工前，应详细检查、核对设计单位提供的横断面图，如果发现问题，应进行复测，并及时报告监理工程师和业主。如果设计单位未提供横断面图，应按照有关规定全部进行补测。

（五）路基工程放样

在路基工程正式施工前，应根据恢复的路线中桩、设计图表、施工机械、施工工艺和有关规定，确定路基用地界桩、路堤坡脚桩、路堑堑顶桩、边沟、取土坑、护坡道、弃土堆等的具体位置。在距路中心一定安全距离处，还要设立控制桩，其间距一般不宜大于50m。在桩上应注明桩号、相对路中心的填挖高，通常用"+"表示填方，用"-"表示挖方。

在放完边桩后，应进行边坡的放样。对于深挖高填地段，每挖填5m应复测一次中线桩，测定其标高及宽度，以控制边坡角的大小。

对于施工工期较长的公路工程，在路基工程施工期间，应至少每半年复测一次水准点。在季节冻融地区施工的路基，在冻融后也应对水准点进行复测。

采用机械施工时，应在边桩处设立明显的填挖标志。高速公路和一级公路在施工过程中，宜在不大于200m的路段内，距中心桩一定距离处埋设能够控制标高的控制桩，从而进行准确的施工控制。如果在施工中桩被碰倒或丢失，应当及时按规定将其补上，以免影响工程的正常施工。

取土坑放样时，应在坑的边缘设立明显标志，注明土场供应里程桩号及挖掘深度；对于排水用的取土坑，当挖至距设计坑底0.2～0.3m时，应按照设计修整坑底纵坡。

边沟、截水沟和排水沟放样时，宜先做成样板架检查，也可每隔10～20m在沟内外边缘钉上木桩并注明里程及挖深。

在整个路基工程施工中，应注意保护设置的所有标志，特别注意保护一些原始控制点。

七、试验

路基施工前，按照有关规定和要求，建立工地实验室；要对路基基底土进行相关试验，每千米至少取两个点。土质改变时，视具体情况增加取样点数；要及时对来源不同、性质不同的拟作为路基填料的材料进行复查和取样试验，试验项目包括天然含水量、液限、塑限、标准击实试验、CBR试验等，必要时应进行颗粒分析、比重、有机质含量、易溶盐含量、冻胀和膨胀量等试验；如使用特殊材料作为填料，应按相关标准做相应试验，必要时还应进行环境影响评估，经批准后方可使用。

八、施工场地的准备

（一）搭建临时设施

现场生活和生产用地临时设施，在布置安装时，要遵照当地有关规定进行规划布置，如房屋的间距、标准是否符合卫生和防火要求，污水和垃圾的排放是否符合环境的要求等。

因此，临时建筑平面图及主要房屋结构图都应报请城市规划、市政、消防、交通、环境保护等有关部门审查批准。

各种生产、生活用的临时设施，包括各种仓库、混凝土搅拌站、预制构件场、机修站、各种生产作业棚、办公用房、宿舍、食堂、文化生活设施等，均应按批准的施工组织设计规定的数量、标准、面积、位置等要求组织修建。大、中型公路工程可分批分期修建。

（二）临时交通便道

在工地布设临时交通便道时应遵循下列原则。

临时交通道路以最短距离通往主体工程施工场所，并连接主干道路，使内外交通便利；充分利用原有道路，对不满足使用要求的原有道路，应在充分利用的基础上对其进行改建，节约投资和施工准备时间；在本工程的施工与现有的道路、桥涵发生冲突和干扰之处，承包人都要在本工程施工之前完成改道施工或修建临时道路；利用现有的乡村道路作为临时道路，应将该乡村道路进行修整、加宽、加固及设置必要的交通标志，并经监理工程师验收合格后方可通行；工程施工期间，应配备人员对临时道路进行养护，以保证临时道路的正常通行；尽量避开洼地和河流，不建或少建临时桥梁。

（三）清理场地

清理场地也是路基工程施工前的一项重要准备工作。如场地清理不符合要求，不仅不能保证公路工程的质量，而且会严重影响整个工程的施工进度。清理场地主要包括以下工作：

在进行路基工程施工之前，需要根据设计说明书上的具体要求进行公路用地放样工作，由业主进行土地征用工作及手续的办理。作为施工单位，需要根据实际施工过程中的用地需要，向相关部门提出增加临时用地计划，并且对增加的部分进行测量，将测量的数据汇总，形成平面图，上交给相关部门，以便拆迁及临时用地手续办理等工作的进行。

在路基施工用地的范围内，如果有房屋、道路以及各种通信及电力设施等构筑物，施工之前需要与有关部门进行协商，以便进行拆迁或改造。如果在施工地点附近存在较为危险的建筑物，那么为了保障施工安全和施工质量，需要将存在危险的建筑物加固。若在施工范围内存在文物古迹，应与相关部门进行协商，尽可能保护文物古迹。

在路基工程施工之前，需要将施工范围内的树木进行清理。可以将树木移植到路基工程的施工范围之外，如果需要砍伐树木，那么被砍伐的树木也要转移到路基用地的范围外，并进行妥善处理，避免火灾等安全事故的发生。

对于二级或者二级以上的公路和填方高度在 1m 以内的公路路堤，需要把路基基地范围内的所有树根挖除，把坑穴填平，并使用专用机械将其夯实；对于二级以下或者填方高度大于 1m 的公路路堤，可以不必将树根全部挖除，但需要注意的是，树根绝对不能露出地面。此外，取土坑范围内的树根也需要全部清除。

路幅范围内以及取土坑表面的植被以及腐殖土全部清理干净，同时，清理填方和借方地段的地面。具体清理的深度需要以实际种植土的厚度来确定，清理出的种植土要集中处理，避免影响施工或者出现安全隐患。填方路段在将表面清理干净后，需要进行整平、压实等工序，待其符合标准时才能够进行填方工作。

九、试验路段施工

一般情况下，路基开工前要进行试验路段施工；路段长度不宜少于100m（在试验段起终点增加 10 ～ 20m 的富余工作面）；试验路段应选择在地质条件、断面形式等工程特点具有代表性的地段；调查后，编写试验路段的开工报告并报批（附拟订的施工组织设计方案、施工工艺等）。

路堤试验路段施工包括以下内容：第一，填料试验、检测报告等。第二，压实工艺主要参数：机械组合；压实机械规格、松铺厚度、碾压遍数、碾压速度；最佳含水量及碾压时含水量允许偏差等。第三，过程质量控制方法、指标。第四，质量评价指标、标准。第五，优化后的施工组织方案及工艺。第六，原始记录、过程记录。第七，对施工设计图的修改建议等。

根据试验路段施工所得到的成果，进行具体的编制试验路段的总结报告报批（附路基施工组织设计方案、施工工艺等）。

试验路段总报告审批后再进行全线路基单位工程的开工报告报批，接着编制路基分部工程、分项工程的开工报告报批。路基施工前先做好必要的临时施工便道和社会交通便道工作，保证社会交通车辆及施工车辆顺畅通行。

第二节　填筑路基土石方工程施工技术

路基的几何尺寸是由宽度、高度和边坡坡度组成。根据路基设计标高和原地面的关系，路基可分为填方路基、挖方路基和填挖结合路基。

填方路基称为路堤；低于原地面的挖方路基称为路堑。位于山坡上的路基，设计上常采用道路中心线标高作为原地面标高，这样，可以减少土（石）方工程量，避免高填深挖和保持横向填挖平衡，形成填挖结合（或半填半挖）路基。

一、填方路基施工

（一）路基填料的选择

1.路基填料的一般要求

含草皮、生活垃圾、树根、腐殖质的土严禁作为填料。

泥炭、淤泥、冻土、强膨胀土、有机质土及易溶盐超过允许含量的土，不得直接用于填筑路基。确须使用时，必须采取技术措施进行处理，经检验满足设计要求后方可使用。

液限大于50%、塑性指数大于26、含水率不适宜直接压实的细粒土，不得直接作为路堤填料。需要使用时，必须采取技术措施进行处理，经检验满足设计要求后方可使用。

粉质土不宜直接填筑于路床，不得直接填筑于冰冻地区的路床及浸水部分的路堤。

2.路基填料的工程性质

石质土：石质土由粒径大于2mm的碎（砾）石，其含量由25%～50%及大于50%两部分组成。如碎（砾）石土，空隙度大，透水性强，压缩性低，内摩擦角大，强度高，属于较好的路基填料。

沙土：沙土没有塑性，但透水性好，毛细水上升高度很小，具有较大的摩擦系数。沙土路基强度高，水稳定性好。但沙土黏性小，易于松散，受水流冲刷和风蚀易损坏，在使用时可掺入黏性大的土改善质量。

砂性土：砂性土是良好的路基填料，既有足够的内摩擦力，又有一定的黏聚力。一般遇水干得快、不膨胀，易被压实，易构成实的表面。

粉质土：粉质土不宜直接填筑于路床，必须掺入较好的土体后才能用作路基填料，且在高等级公路中，只能用于路堤下层（距路槽底0.8m以下）。

轻、重黏土：轻、重黏土不是理想的路基填料，规范规定，液限大于50%、塑性指数大于26、含水量不适宜直接压实的细粒土，不得直接作为路基填料，需要使用时，必须采取技术措施进行处理，经检查满足设计要求后方可使用。

黄土、盐渍土、膨胀土：黄土、盐渍土、膨胀土等特殊土体不得已必须用作路基填料时，应严格按其特殊的施工要求进行施工。泥炭、淤泥、冻土、有机质土、强膨胀土、含草皮土、生活垃圾、树根和含有腐殖物质的土不得用作路基填料。

煤渣、高炉矿渣、钢渣、电石渣：满足要求（最小强度CBR、最大粒径、有害物质含量等）或经过处理之后满足要求的煤渣、高炉矿渣、钢渣、电石渣等工业废渣可以用作路基填料，但在使用过程中应注意避免造成环境污染。

（二）路堤填筑

1. 土方路堤填筑

（1）填筑要求

性质不同的填料不能混合在一起，而是根据填料的性质水平分层、分段填筑，最后分层压实。需要注意的是，每种填料的填筑层在完全压实之后的厚度最低为500mm，最后一层的厚度最低为100mm。

路基的最上层应该填筑对潮湿或者冻害敏感度低的材料。越是强度小的材料，越应该填筑在底层。如果路基施工的地带存在地下水或者临水，那么填料应该选择透水性好的材料。

在透水性不好的压实层上填筑透水性较好的填料前，应在其表面设2%～4%的双向横坡，并采取相应的防水措施。不得在由透水性较好的填料所填筑的路堤边坡上覆盖透水性不好的填料。每种填料的松铺厚度应通过试验确定，每一填筑层压实后的宽度不得小于设路堤填筑时，应从最低处起分层填筑，逐层压实；当原地面纵坡大于12%或横坡陡于1：5时，应按设计要求挖台阶，或设置坡度向内并大于4%、宽度大于2m的台阶。

填方分几个作业段施工时，接头部位如不能交替填筑，则先填路段，应按1：1坡度分层留台阶；如能交替填筑，则应分层相互交替搭接，搭接长度不小于2m。

（2）一般填筑方法

①水平分层填筑

填筑时按照横断面全宽分成水平层次，逐层向上填筑。如原地面不平，应由最低处分层填起。每填一层，经压实合格后再填上一层。此法施工操作方便、安全，压实质量易保证。

②纵坡分层填筑

适用于推土机或铲运机从路堑取土填筑运距较短的路堤。依纵坡方向分层、逐层推土填筑。原地面纵坡小于20°的地段可用此法施工。

③横向填筑

从路基一端按各横断面的全部高度，逐步推进填筑，适用于无法自下而上分层填土的陡坡、断岩或泥沼地区。此法不易压实，且还有沉陷不均匀的缺点。为此，应采用必要的技术措施，如选用高效能的压实机械（振动压路机）碾压，采用沉陷量较小的砂性土或废石方做填料等。

④混合填筑

当高等级公路路线穿过深谷陡坡，尤其是要求上部的压实度标准较高时，下层施工应采用横向填筑，上层施工应采用水平分层填筑，此种方法称为混合填筑法。

（3）机械填筑路堤作业方式

①推土机填筑路堤作业方式

推土机作业包含四个环节：切土、推土、堆斜和空返。对推土机的工作效率影响最大的环节为切土与推土，切土环节的速度以及推土过程中对能量的利用程度是决定推土机推土效率的主要因素。推土机的作业方式很多，常见的有坑槽推土、波浪式推土、并列推土、下坡推土和接力推土。

②挖掘机填筑路堤作业方式

填筑路堤这项工作也可以由挖掘机来完成。

挖掘机有两种工作方式：第一，挖掘机直接从路基的一层挖土，然后将这些土卸向另一侧，用来进行路堤填筑。一般情况下，采用这种方式施工时，人们会使用反铲挖掘机。第二，使用运土车辆配合挖掘机进行工作。挖掘机将挖出的土壤装至运土车内，由运土车将土壤运送到须填筑路堤的路段。这是目前使用较为广泛的作业方式，尤其是取土场地比较集中、运送距离相对较长的工作环境，且正铲挖掘机与反铲挖掘机都能够适应这种工作方式。

2. 填石路堤的填筑

（1）基底处理

填方地段的基地需要进行严格处理。如果地面的坡度大于 1∶2.5，那么应挖台阶；如果基底下有淤泥、地下水等，这样的基底需要进行特殊处理，在施工之前需要报请监理工程师，得到批准签字之后，才能进行施工。

填石路堤的填料相对来说较为坚硬，进行压实工作比较困难，填石材料又具有较高的透水性，水非常容易通过路面、边坡等位置进入基底，导致路基潮湿，严重时可能会使路面产生不均匀沉降等问题。

为了防止这一问题，在施工过程中，除了满足土质路堤表面处理的规定之外，还应该满足不同路堤填高对地基承载力的要求。

如果路堤高度在 10m 以内，那么地基的承载力必须大于 150kPa；如果路堤高度在 10m 到 20m 之间，那么地基的承载力必须大于 200kPa；如果路堤高度大于 20m，此时路基需要在岩石地基面上进行填筑。

（2）填筑要求

填石路堤填筑应根据试验路段得出的施工技术参数，按照运输车辆运量测算的尺寸，用白灰画格卸填料（方格不小于 4m×4m），严格进行拉线施工，控制每层的松铺厚度。

在进行填石路堤施工时，每填筑一层，都需要对其宽度进行放样处理，将设计边线清晰地标记出来，以便后期能随时检查，避免填筑的宽度不符合要求。需要注意的是，在用白灰绘制设计边线时，路基碾压应从超填宽度的边缘起，由外向内推进。

用大型推土机按其松铺厚度摊平，个别不平处人工找平。在整修过程中，发现有超粒径的石块应予以剔除，做到粗颗粒分布均匀，避免出现粗颗粒集中现象。

填石路堤应进行边坡码砌，边坡码砌石料强度要求不低于30MPa，码砌石块最小尺寸不小于30cm，石块须规则。

填高小于5m的填石路堤，边坡码砌厚度不小于1m；填高5～12m的填石路堤，边坡码砌厚度不小于1.5m；填高大于12m的填石路堤，边坡码砌厚度不小于2m。

应分层填筑、分层压实。最后一层碎石粒径应小于15cm，其中小于0.05mm的细粒含量不应小于30%，当上层为细粒土时，应设置土工布作为隔离层。

填石路堤的填料如其岩性相差较大，特别是岩石强度相差较大时，应将不同岩性的填料分层或分段填筑。

（3）填筑方法

①竖向填筑法

主要用于铺设二级及二级以下的低级路面公路，在陡峻山坡施工特别困难或大量爆破以挖作填路段，以及无法自下而上分层填筑的陡坡、断岩、泥沼地区和水中作业的填石路堤。

②分层压实法

分层压实法是目前采用最为普遍且作业质量较高的方法之一。分层压实法从下到上分为若干个层次，依次填筑、依次压实。一级公路、高速公路以及某些高级路面的填石路施工都采用分层压实法施工。

填石路堤将填方路段分为四级施工台阶、四个作业区段进行分层施工。

四级施工台阶是：在路基面以下0.5m为第1级台阶，0.5m～1.5m为第2级台阶，1.5m～3.0m为第3级台阶，3.0m以下为第4级台阶。

四个作业区段是：填石区段、平整区段、碾压区段、检验区段。施工中填方和挖方作业面形成台阶状，台阶间距视具体情况和适应机械化作业而定，一般长为100m左右。填石作业自最低处开始，逐层水平填筑，每一分层先是机械摊铺主集料，平整作业铺撒嵌缝料，将填石空隙以小石或石屑填满铺平，采用重型振动压路机碾压，压至填筑层顶面石块稳定。

③冲击压实法

冲击压实机的冲击碾周期性大，振幅低频率地对路基填料进行冲击，压密填方；强力夯实法用起重机吊起夯锤从高处自由落下，利用强大的动力冲击，迫使岩土颗粒位移，提高填筑层的密实度和地基强度。

3．土石路堤施工

（1）填筑要求

采用卵石土、块石土、红砂岩等天然土石混合材料填筑的路堤称为土石混填路堤。在土石混合填料中不得采用倾填法施工，应进行分层填筑，分层压实，分层松铺厚度宜为0.3m（应根据压实机械类型和规格经试验后确定），石料最大粒径不得超过压实厚度的2/3。

当土石混合填料中石料含量小于70%时，应将土、石混合分层铺填、整平压实，避免尺寸较大的石块集中。当石料含量大于70%时，应执行填石路基技术规范和设计要求。

在路床顶面以下0.8m的范围内，应填已有适当级配的土石混合料，最大粒径不超过100mm。

天然土石混合填料中，中硬、硬质石料的最大粒径不得大于压实层厚的2/3；石料为强风化石料或软质石料时，其CBR值应符合相关技术规范，石料最大粒径不得大于压实层厚。

压实后透水性差异大的土石混合材料应分层或分段填筑，不宜纵向分幅填筑；如确须纵向分幅填筑，应将压实后渗水良好的土石混合材料填筑于路堤两侧。

填料由土石混合材料变为其他填料时，土石混合材料最后一层的压实厚度应小于300mm，该层填料最大粒径宜小于150mm，压实后，该层表面应无孔洞。

中硬、硬质石料的土石路堤，边坡的石料强度、尺寸及码砌厚度应符合实际要求。边坡码砌与路基填筑宜基本同步进行。软质石料土石路堤的边坡按土质路堤边坡处理。土石混填压实必须使用18t以上的羊足碾和重型振动压路机、大功率推土机及平地机分层组合压实。

（2）施工方法

土石路堤不允许采用倾填方法，均应分层填筑、分层压实，每层铺填厚度应根据压实机械类型和规格确定，一般不宜超过40cm。施工方法主要包括以下几点：

①按填料渗水性能来确定填筑方法

压实后渗水性较大的土石混合填料应分层分段填筑，如须纵向分幅填筑，则应将压实后渗水性较好的土石混合填料填筑于路堤两侧。

②按土石混合料不同来确定填筑方法

当所有土石混合料岩性或土石混合比相差较大时，应分层分段填筑。如不能分层分段填筑时，应将硬质石块混合料铺筑于填筑层下面，且石块不得过分集中或重叠，上面再铺含软质石料混合料，然后整平碾压。

③按填料中石料含量来确定填筑方法

当石料含量超过70%时，应先铺填大块石料，且大面向下，放置平稳。再铺填小块石料、石渣或石屑嵌缝找平，然后碾压。当石料含量小于70%时，土石可以混合铺筑，且硬质石料（特别是尺寸大的硬质石料）不得集中。

（三）桥涵及其他构造物处的填筑

1. 建筑要求

台背及与路堤间的回填施工应符合以下规定：二级及二级以上公路应按设计做好过渡段，过渡段路堤压实度应不小于96%，并应按设计做好纵向和横向防排水系统；二级以下公路的路堤与回填的连接部，应按设计要求预留台阶；台背回填部分的路床宜与路堤路床同步填筑；桥台背和锥坡的回填施工宜同步进行，一次填足并保证压实整修后能达到设计宽度要求。

涵洞回填施工应符合以下规定：洞身两侧，应对称分层回填压实，填料粒径宜小于150mm；两侧及顶面填土时，应采取措施防止压实过程对涵洞产生不利后果。

2. 施工方法

（1）填料

由于路基压缩沉陷和地基沉降，桥涵端头会产生跳车现象。为了保证台背处路基的稳定，填料除设计文件另行规定外，应尽可能采用砂类土或透水性材料。选用非透水性材料时，应在土中增加外加剂，如石灰、水泥等。应特别注意的是，不要将构造物基层挖出的土混入填料中。

（2）填土范围

台背后填筑不透水材料，应满足一定长度、宽度和高度的要求。

一般情况下，台背填土顺路线方向的长度，顶部距翼墙尾端不小于台高2m，底部距基础内缘不小于2m，拱桥台背填土长度应为台高的3～4倍，涵洞每侧不小于孔径长度的2倍；填筑高度应从路堤顶面起向下计算，在冰冻地区一般不小于2.5m，无冰冻地区填至高水位处。

（3）填筑

桥台背后填土宜与锥形护坡同时进行；涵洞缺口填土应在两侧对称均匀分层回填压实；回填土时对桥涵施工的强度等要求应按照《公路桥涵施工技术规范》有关规定进行处理；分层松铺厚度宜小于20cm；当采用小型夯实设备时，松铺厚度不宜大于15cm；涵洞顶部的填土厚度在50～100cm时，不得允许重型机械设备通过。

挡墙背面填料宜选用砾石或砂类土；墙趾部分的基坑应及时回填压实，并做成向外倾斜的横坡；在填土过程中，应防止水的侵害；回填完成后，顶部应及时封闭。

二、挖方路基施工

（一）土质路堑施工

1. 土质路堑施工注意事项

（1）路堑排水

路堑区域施工时，应保证在施工过程中和竣工后能顺利排水。因此，应先在适当的位置开挖截水沟、设置排水沟，以排出地面水和地下水。

路堑设有纵坡时，下坡的坡段可直接挖到底，上坡的坡段必须先挖成向外的斜坡，最后再挖去剩下的土方；路堑为平坡时，两端都要先挖成向外的斜坡，最后挖去余下的土方。

（2）废方处理

路堑挖出的土方，除利用外，多余的土方应按设计的弃土堆进行废弃，并不得妨碍路基的排水和路堑边坡的稳定。同时，弃土应尽可能用于改地造田，美化环境。

（3）设置支挡工程

为了保证土方路堑边坡的稳定，应及时设置必要的支挡工程。开挖时，应自上而下、逐层进行，以防边坡塌方，尤其在地质不良地段，应分段开挖，分段支护。

2. 路堑开挖的方法

路堑开挖是将路基范围内设计标高之上的天然土体挖除并运到填方地段或其他指定地点的施工活动。深长路堑往往工程量巨大，开挖作业面狭窄，常常是路基施工的控制性工程。因此，应综合考虑工程量大小、路堑深度和长度、开挖作业面大小、地形与地质情况、土石方调配方案、机械设备等因素，确定切实可行的开挖方法。根据路堑深度和纵向长度，开挖时可按下列几种方法进行：

（1）横向挖掘法

①单层横挖法

单层横挖法是从路堑的一端或两端按路堑横断面全高和全宽，逐渐地向前开挖，挖出的土石，一般是向两头运送。这种开挖方法，因工作面小，仅适用于短而浅的路堑，可一次性挖到设计标高。

②多层横挖法

如果路堑较深，可以在不同高度上分成几个台阶同时开挖，每一开挖层都有单独的运土出路和临时排水措施，做到纵向拉开，多层、多线、多头出土，这种开挖方法称为多层横挖法。这样能够增加作业面，容纳更多的施工机械，形成多向出土以加快工程进度。

（2）纵向挖掘法

①分层纵挖法

沿路堑全宽，以深度不大的纵向分层挖掘前进的作业方式称为分层纵挖法。本法适用于较长的路堑开挖。

施工中，路堑长度较短（＜100m），开挖深度不大于 3.0m，地面较陡时，宜采用推土机作业，其适当运距为 20 ～ 70m，最远不宜大于 100m。当地面横坡较平缓时，表面宜横向铲土，下层宜纵向推运。当路堑横向宽度较大时，宜采用两台或多台推土机横向联合作业。当路堑前方为陡峻山坡时，宜采用斜铲推土。

②通道纵挖法

沿路堑纵向挖掘一通道，然后将通道向两侧拓宽，上层通道拓宽至路堑边坡后，再开挖下层通道，按此方向直至开挖到挖方路基顶面标高，称为通道纵挖法。这是一种快速施工的有效方法，通道可作为机械行驶和运输土方车辆的道路，便于挖掘和外运的流水作业。

③分段纵挖法

沿路堑纵向选择一个或几个适宜处，将较薄一侧路堑横向挖穿，将路堑在纵方向上，按桩号分成两段或数段，各段再纵向开挖，称为分段纵挖法。本法适用于路堑较长、弃土运距较远的傍山路堑或一侧的堑壁不厚的路堑开挖。

（3）混合式开挖法

混合式开挖法即将横挖法与通道纵挖法混合使用，这种方法适用于路堑纵向长度和深度都很大时。先将路堑纵向挖通，然后沿横向坡面进行挖掘，以增加开挖坡面。为了加快工程进度，施工中，每一个坡面分别设置一个机械施工班组进行作业。

（二）石质路堑施工

1. 开挖要求

确定开挖程序之后，根据岩石的条件、开挖尺寸、工程量以及施工技术要求，选择合适的开挖方法。石质路堑开挖的基本要求如下：必须保证施工安全与开挖质量；保证开挖强度，并且能够在既定工期内完工；施工方法要有利于维护岩体的完整和边坡的稳定性；减少辅助工程的数量。

2. 开挖方法

（1）爆破法

①光面爆破

在开挖限界的周边，适当排列一定间隔的炮孔，在有侧向临空面的情况下，用控制抵抗线和药量的方法进行爆破，使之形成一个光滑平整的边坡。

②预裂爆破

在开挖限界处按适当间隔排列炮孔，预先炸出一条裂缝，使拟爆体与山体分开，作为隔震减震带，起保护和减弱开挖限界以外山体或建筑物的地震破坏作用。

③微差爆破

两相邻药包或前后排药包以毫秒的时间间隔（一般为 15～75ms）依次起爆，称为微差爆破，亦称毫秒爆破。多发一次爆破最好采用毫秒雷管。多排孔微差爆破是浅孔深孔爆破发展的方向。

④洞室爆破

为使爆破设计断面内的岩体大量抛掷，减少爆破后的清方工作量，保证路基的稳定性，可根据地形和路基断面形式，采用抛掷爆破、定向爆破、松动爆破的方法。

（2）松土法

利用岩体的各种裂缝和结构面可以采用松土法开挖。该方法是先用推土机牵引松土器将岩体翻松，再用推土机、装载机与自卸汽车配合，将翻松的岩块搬运到指定地点。

松土法开挖避免了爆破作业的危险性，有利于挖方边坡的稳定和附近建筑设施的安全。凡能用松土法开挖的石方路堑，应尽量不采用爆破法施工。随着大功率施工机械的产生和使用，松土法越来越多地应用于石质路堑的开挖，而且开挖的效果越来越好，适用的施工范围也越来越广。

采用松土法开挖时，岩体须具有较大的岩体破裂面或风化程度较严重。当岩体已裂成小石块或呈粒状时，松土只能劈成沟槽，效率较低。沉积岩有沉积层面，比较容易松开，沉积层越薄越容易松开。变质岩松开的难易程度和破裂面发育程度有关。对于岩浆岩，由于其不呈层状或带状，松开比较困难，较少采用松土法开挖。

（3）破碎法

破碎法开挖是利用破碎机凿碎岩块，然后进行挖运等作业。这种方法是将凿子安装在推土机或挖土机上，利用活塞的冲击作用使凿子产生冲击力以凿碎岩石，其破碎岩石的能力取决于活塞的大小。

破碎法主要用于岩体裂缝较多、岩块体积小、抗压强度低于 100MPa 的岩石。由于开挖效率不高，只能用于前述两种方法不能使用的局部场合，作为爆破法和松土法的辅助作业方式。

石质路堑开挖前和施工过程中，应随时检查坡顶、坡面的危石、裂缝和其他不稳定情况，并及时处理。

三、路基压实

（一）路基压实的意义与作用机理

1.路基压实的意义

路基施工破坏了土体的天然状态，致使其结构松散，颗粒重新组合。试验研究表明，土基压实后，土体的密实度提高，透水性降低，毛细水上升高度减小，避免了因水分积聚和侵蚀而导致的土基软化，或因冻胀而引起的不均匀变形，提高了路基的强度和水稳定性。

因此，路基的压实工作，既是路基施工过程中的一个重要工序，也是提高路基强度与稳定性的根本技术措施之一。

2.路基压实机理

路基土是由土粒、水分和空气组成的三相体系。三者具有各自的特性，并相互制约共存于一个统一体中，构成土的各种物理特性——渗透性、黏滞性、弹性、塑性和力学强度等。若三者的组成情况发生改变，则土的物理性质也随之不同。因此，要改变土的特性，得从改变其组成着手。

压实路基就是利用机械的方法，来改变土的结构，以达到提高土的强度和稳定性的目的。路基土受压时，土中的空气大部分被排出土外，土粒则不断靠拢，重新排列成密实的新结构。土粒在外力作用下不断靠拢，使土的内摩阻力和黏结力也不断地增加，从而提高土的强度。同时，由于土粒不断靠拢，水分进入土体的通道减少，阻力增加，降低了土的渗透性。

（二）土质路基的压实

1.影响土质路基压实的因素

（1）含水量对压实的影响

土中含水量对压实效果的影响比较显著。当含水量较小时，由于粒间引力使土保持着比较疏松的状态或凝聚结构，土中空隙大都互相连通，水少而气多，在一定的外部压实功能作用下，虽然土空隙中气体易被排出，密度可以增大，但由于水膜润滑作用不明显以及外部功能不足以克服粒间引力，土粒相对移动不容易，因此压实效果比较差。含水量逐渐增大时，水膜变厚，引力缩小，水膜起润滑作用，外部压实功能比较容易使土体相对移动，压实效果渐佳。土中含水量过大时，空隙中出现了自由水，压实功能不可能使水排出，压实功能一部分被自由水所抵消，减小了有效压力，压实效果反而降低。然而，含水量较小时，土粒间引力较大，虽然干密度较小，但其强度可能比最佳含水量时还要高。可此时因密实度较低，空隙多，一经饱水，其强度会急剧下降。这又得出结论：在最佳含水量情况下，压实的土水稳性最好，最佳含水量和最大干密度是两个十分重要的指标，对路基设计和施工很有用处。

（2）土质对压实效果的影响

不同的土质具有不同的最佳含水率及最大干密度，其压实效果也不同。土粒越细，比面积越大，土粒表面的水膜越多。加之黏土中含有亲水性较高的胶体物质，因此，分散性（液限、黏性）较高的土，其最佳含水率较高而最大干密度较低。对于沙土，由于其颗粒粗呈松散状，水分易于散失，故最佳含水率对其没有更多的实际意义。

（3）压实功能对压实效果的影响

压实功能是指压实机具重力、碾压次数、作用时间等，压实功能是影响压实效果的又一重要因素。通常对同一种土，随着压实功能的增大，最佳含水率会随之减小，最大干密度会随之增加。因此，增大压实功能是提高土基密实度的另一方法。由于压实功能增加到一定程度后，土的密度增长就不明显了，因此，这种方法有一定局限性。最经济的办法是严格控制工地现场含水率，使碾压在接近最佳含水率时进行，这样便容易达到规定的压实度。

2. 压实工作的技术要领

以压实原理为依据，以尽可能小的压实功能获得良好的压实效果为目的，压实工作必须很好地组织，并注意以下要点：

填土层在压实前应先整平，可自路中线向路堤两边做 2% ～ 4% 的横坡；压实机具应先轻后重，以适应逐渐增长的土基强度；碾压速度应先慢后快，以免松土被机械推走；压实机具的工作路线，应先两侧后中间，以便形成路拱，再从中间向两边顺次碾；在弯道部分设有超高时，由低的一侧边缘向高的一侧边缘碾压，以便形成单向超高横坡，前后两次轮迹（或夯击）须重叠 15 ～ 20cm；压实时应特别注意均匀，否则可能引起不均匀沉陷；经常检查土的含水量，并视需要采取相应措施。

（三）填石路基的压实

填石路基在压实前，应用大型推土机摊铺平整，个别不平处，应用人工配合以细石屑找平。由于压实施工是将各石块之间的松散接触状态改变为紧密咬合状态，因此，应选择工作质量在 12t 以上的重型振动压路机、工作质量在 2.5t 以上的重锤或 25t 以上的轮胎式压路机压（夯）实。

填石路基在压实时，应先碾压两侧（靠近路肩部分）再碾压中间，压实路线对于轮碾应纵向平行，反复碾压。对夯锤应成弧形，当夯实密实程度达到要求后，再向后移动一夯锤位置。行与行之间应重叠 40 ～ 50cm，前后相邻区段应重叠 100 ～ 150cm。其余注意事项与土质路基相同。

（四）土石路基的压实

土石路基的压实方法与技术要求，应根据混合料中巨粒土含量多少来确定。当巨粒土的含量大于 70% 时，应按填石路基的方法和要求进行压实；当巨粒土的含量小于 50% 时，应按填土路基的方法和要求进行压实。

第三节　特殊路基施工技术

特殊路基指在软土、黄土、膨胀土、盐渍土、多年冻土与季节性冻土及多雨潮湿等地区的土体上修筑的路基。因这些土体的性质与一般路基土体有较大区别，在施工时应单独对待。

一、软土路基施工技术

所谓软土，从广义上讲，就是指强度低，压缩性高的软弱土层。在软土地基上修筑路基，若不加处理，将会发生路基失稳或过量沉陷，导致道路破坏或不能正常使用。习惯上常把淤泥、淤泥质土、软黏性土称为软土。软土的特性主要表现为天然含水率高、孔隙比大，含水量在 34% ~ 72% 之间，孔隙比在 1.0 ~ 1.9 之间，饱和度一般大于 95%，液限一般为 35% ~ 60%，塑性指数为 13 ~ 30。

软土路基由于强度较低，一般不能直接在上面修筑路基，需要经过特殊处理加固后方可修筑。其加固后，可按一般方法进行路基施工，软土路基加固的关键是排水和固结。

（一）换填法施工

换填法即将地基软弱层全部或部分挖出，换填以强度较高、透水性好、性能稳定、无侵蚀性的材料，并压实，以提高地基承载力，减小沉降量。换填的材料有碎（砾）石、沙、灰土、素土或煤渣等。换填方法有挖填、抛石、爆破等。

1. 开挖换填法

将需要处理的软弱层挖出，采用适当换填材料回填并压实。此法适用于软弱土层埋藏较浅，挖换深度不超过 3m 的情况。

2. 抛石挤淤

一般采用块径不小于 30cm 的片石，沿路中线向前抛填，再渐次向两侧扩展，或者从软弱层底面由高向低依次抛填，从而将基底的淤泥或泥炭等软弱土挤出。此法适用于排水困难的洼地，软弱土层较薄且易于流动、表层无硬壳的情况。

3. 爆破排淤

在软弱土层中实施爆破作业，利用爆破冲击力将软弱土层中淤泥或泥炭排走，再用良好的填料置换回填。此法换填深度大，功效高，但注意应避免爆破对周围环境的不良影响。

含水量小、回淤较慢的软土或泥沼，应先爆后填，即爆即填；含水量大而回淤较快的软土或泥沼，可先填后爆，填料随爆下沉，以免回淤。

（二）排水固结法施工

1. 排水固结法概述

排水固结法是在软土地基中设置竖向排水体，然后对软土地基预先施加一个外部荷载，使得软土土体中的孔隙水逐渐被排出加固区外而固结，从而使土的含水量降低，孔隙比减小，抗剪强度提高，以达到提高地基承载力和减少工后沉降的目的。

排水固结法通常由加压系统和排水系统两部分组成。

加压系统是对软土地基施加一个临时起固结作用的荷载，促使土中的孔隙水在压差的作用下向外渗流，从而达到固结的目的。

按加压方式的不同，排水固结法可分为堆载预压法、真空预压法、真空堆载联合预压法、电渗降水法、降低地下水位法等。

排水系统主要是为了改变软土地基原有排水边界条件，增加孔隙水排出的通道，缩短排水路径。

该系统由竖向排水体和水平向排水体组成，竖向排水体能是普通沙井、袋装沙井、塑料排水带；水平向排水体能是沙垫层、软式透水管或盲沟，两者共同组成立体的排水管网。

2. 施工方法

（1）沙井法

用锤击、震动、射水等方式成孔，在孔内灌沙形成沙井。沙井表面铺设 0.5～1.0m 厚的沙垫层或砂沟。排水固结速度与堆载量大小、加载速度、沙井直径、间距、深度等因素有关。

预压加载量大致与设计荷载接近，预压至 80% 的固结度。就路基而言，加载工作往往可以直接用填土取代。填土速度根据施工工期、地基强度增长情况分级填筑，以每昼夜地面沉降量不超过 1.5cm、坡脚侧向位移不超过 0.5cm 来控制。

沙井直径多为 30～40cm，间距 2～4m，平面上呈梅花形或正方形布置，尤以梅花形布置效果为佳；其深度以穿越路基可能的滑动面为宜。沙井用沙为中粗沙，含泥量不宜大于 3%。为了缩短沙井排水距离，往往预先在直径约 7cm 的圆筒状编织袋里装满沙，然后放入成孔中，此法称袋装沙井法。该法能保证沙井的密实性和连续性，成孔时对土层挠动少，具有施工机具简单、成本低等优点。袋装沙井间距一般为 1～1.4m，其他与普通沙井相同。

（2）排水板法

用纸板、纤维、塑料或绳子代替沙井的沙做成排水井。其原理和方法完全与沙井排水法相同。目前，基本上以带沟槽的塑料芯板作为排水板，因此又称塑料板法。

（3）盲沟排水法

在路堤填方前深挖纵向、横向沟，回填碎石，排出地下水，以达到路基固结的目的。此外，排水固结法还包括降水预压和真空预压等新技术。

（三）其他特殊地基处理方法

1. 沙桩挤密法

沙桩挤密法指用振动、冲击或水冲等方式在软弱地基成孔后，再将沙挤压入已成的孔中，形成大直径的沙所构成的密实桩体。

2. 碎石挤密桩法

碎石挤密桩加固软弱地基，主要是利用夯锤的垂直夯击填入孔中的碎石，夯击能量通过碎石向孔底及四周传递，将孔底及桩周围的土挤密，并有一些碎石挤入碎石桩四周的软土中。在形成碎石桩的同时，桩周也形成一个与碎石胶结的挤密带，提高原地基的承载力，碎石桩与桩间地基土形成复合地基，共同承担上部荷载。

3.CFG 桩法

水泥粉煤灰碎石桩简称 CFG 桩，是在碎石桩基础上加进一些石屑、粉煤灰和少量水泥，加水拌和制成的一种具有一定黏结强度的桩，和桩间土、褥垫层一起形成复合地基。CFG 桩法也是近年来新开发的一种地基处理技术。

4. 树根桩法

树根桩是一种用压浆方法成桩的微型桩。树根桩是指桩径在 70 ～ 250mm，长径比大于 30，采用螺旋钻成孔、加强配筋和压力注浆工艺成桩的钢筋混凝土就地灌注桩。

5. 夯实扩底桩与混凝土薄壁管桩法

夯实扩底灌注桩（简称夯实扩底桩），通过击入沉管全部现浇混凝土，利用重锤夯击桩端新灌混凝土，在最大限度扩大桩头的同时，对桩端地基强制夯实挤密。通过桩端截面的增大和对地基土的挤密，显著提高桩头地基承载能力，进而提高桩端竖向承载力。然后现浇混凝土桩身，形成桩侧摩阻力。

二、湿陷性黄土地区路基施工

（一）湿陷性黄土路基病害

在自重湿陷性黄土地区，由于降雨或灌溉在路侧形成积水的持续下渗，湿陷中性黄土层发生湿陷，在地表面形成平面为椭圆形的湿陷坑。一般的陷坑直径为 15 ～ 30cm，中心坑深为 30 ～ 60cm。最大的湿陷坑直径可达 500 ～ 600cm，中心湿陷坑深度可达 90 ～ 100cm。在湿陷坑范围内的路基、路面、桥涵、挡土墙随之发生沉陷、变形、开裂和破坏。

形成湿陷坑要具备两个条件：一是黄土层具有自重湿陷性且具有一定厚度；二是浸水要有一定的范围和足够的时间。

一般情况下，浸水坑或积水洼地的边长或直径应大于 10m，才会形成湿陷或湿陷坑。在浸水直径足够大的情况下，浸水数天即开始发生湿陷，一般经过两周以后，浸透整个湿陷性土层并形成最终的湿陷坑。

（二）湿陷性黄土路基施工

1. 湿陷性黄土填筑路堤

路床填料不得使用老黄土。路堤填料不得含有粒径大于 100mm 的块料；在填筑横跨沟堑的路基土方时，应做好纵横向界面的处理；黄土路堤边坡应拍实，并应及时予以防护，防止路表水冲刷；浸水路堤不得用黄土填筑。

2. 湿陷性黄土路堑施工

路堑施工前，应做好堑顶地表排水导流工程；路堑施工期间，开挖作业面应保持干燥；路堑路床土质符合设计规定时，则应将其挖除，另行取土，分层摊铺、碾压至规定的压实度，挖除厚度根据道路等级对路床的要求而定，高速公路、一级公路宜挖除 50cm，其他公路可挖除 20cm；路堑施工中，如边坡地质产生变形，应采取措施进行边坡的防护加固。

三、膨胀土地区路基施工

（一）膨胀土的工程特性

膨胀土在受潮后体积会扩大，也就是人们所说的膨胀；而在失水后体积会变小，产生收缩开裂的现象。膨胀土中的主要矿物成分以强亲水性矿物蒙脱石和伊利石为主。一般情况下，膨胀土多以硬塑或坚硬状态存在于自然界中，表面存在裂隙，并且裂隙会随着气候的变化扩大或者缩小。膨胀土在二级或者二级以上的阶地、山前丘陵和盆地边缘，地形坡度平缓，无明显自然陡坎的位置较多，主要特征有胀缩性、裂隙性和超固结性。膨胀土地区的路基更易发生剥落、冲蚀、泥流、溜坍、塌滑、滑坡、沉陷、纵裂、坍肩等病害。

（二）膨胀土路基施工

1. 路堤填筑

强膨胀土稳定性差，不应作为路堤填料；中等膨胀土宜经过加工后作为填料，用于二级及二级以上公路路堤填料时，改性处理后胀缩总率应不大于 0.7%；弱膨胀土可根据当地气候、水文情况及道路等级加以应用。

对于直接使用中、弱膨胀土填筑路堤时，应及时对边坡及顶部进行防护，高度不足 1m 的路堤，应按设计要求采取换填或改性处理等措施。表层为过湿土，应按设计要求采取换填或进行固化处理等措施。填土高度小于路面和路床的总厚度，基底为膨胀土时，宜挖除地表 0.30～0.60m 的膨胀土，并将路床换填为非膨胀土或掺灰处理。若为强膨胀土，挖除深度应达到大气影响深度。

2. 路堑开挖

挖方边坡不要一次挖到设计线，沿边坡预留厚度 30～50cm，待路堑挖完时，再削去边坡预留部分，并立即浆砌护坡封闭。膨胀土地区的路堑，高速公路、一级公路的路床应超挖 30～50cm，并立即用粒料或非膨胀土分层回填或用改性土回填，按规定压实，其他各级公路可用膨胀土掺石灰处治。

3. 路基填筑

膨胀土路基填筑松铺厚度不得大于 300mm；土块粒径应小于 37.5mm。路基完成后，当年不能铺筑路面时，应按设计要求做封层，其厚度应不小于 200mm，横坡不小于 2%。

四、盐渍土地区路基施工

（一）盐渍土路基的主要病害

易溶盐在土中的移动（垂直移动、水平移动、灌区的移动），造成盐渍土路基的一些主要病害，通常有溶蚀、盐胀、冻胀、翻浆等。

1. 溶蚀

主要是氯盐渍土，其次是硫酸盐渍土，受水对土中盐分溶解，可形成雨沟、洞穴，甚至湿陷、塌陷等路基病害。

2. 盐胀

路基边坡和路肩表层在昼夜温度变化所引起的盐胀反复作用下，变得疏松、多孔，易遭风蚀，并伴随沉陷。

3. 冻胀

氯盐渍土，当含盐量在一定范围内，由于冰点下降，水分积聚流动时间加长，可加重冻胀。但含盐量更多时，由于冰点降低很多，路基将不冻结或减少冻结，从而不产生冻胀或只产生轻冻胀。硫酸盐渍土具有和氯盐渍土类似的作用，但冰点降低不如氯盐多，因此影响不如氯盐显著。

4. 翻浆

氯盐渍土，当含盐量在一定范围时，不仅可以加剧冻胀，也可以加重翻浆。这是因为氯盐渍土不仅聚冰多，而且液、塑限低，蒸发缓慢。

当含盐量更多时，也因不冻结或冻结而不翻浆或减轻翻浆；硫酸盐渍土，在降低冰点方面，其作用和氯盐渍土类似。因此，可以加重翻浆，但不如氯盐渍土显著。

春融时，结晶硫酸盐脱水可引起加重翻浆的作用；氯盐渍土，由于透水性差，可减轻冻胀和翻浆。

（二）盐渍土路基施工

1. 路基基底的处理

盐渍土地区路堤基底，必须先行处理。

一般含盐量大的土层多分布于地表，所以必须严格清除表层植被、盐壳、腐殖土等；在具有湿陷性地段，必须挖除表层湿土后进行换填，换填厚度不应小于 30cm。换填砂砾石，分层碾压密实，然后分层填筑砂砾料，碾压达到规定压实度。

本工程对路基基底（包括护坡道内）范围内表层的盐霜、盐壳、高含量盐土、腐殖质土等和植被及其根系严格清除，清除表土深度不小于 30cm；清除后的基底做成双向 1.5% 左右的外倾横坡并按规定回填，严格压实。

2. 路基毛细水隔断层的设置

设置毛细水隔断层时，在路基边缘以下 0.4 ～ 0.6m 处（或路基底部）的整个路基宽度上设置。隔断层的材料可用卵石、碎石或其他粒径为 5 ～ 50mm 的沙砾，厚度采用 0.15 ～ 0.3m，并在上、下面各铺设一层 5 ～ 10cm 厚粗沙或石屑作为反滤层，以防止隔断层失效。

3. 路基高度

根据有关地区的经验，碱土地段路基填土高度可比非盐渍土地段适当降低；在过干地区深度饱和的地下盐水地段，路基填土高度可比低矿化度或淡水的地下水情况适当降低。

第四节　路基工程质量通病及防治措施

公路在长时间使用之后，有时会出现裂缝、沉降、滑坡等病害，对公路的正常使用产生了一定的影响，严重时还会阻碍交通。路基工程施工如果没有按照标准，就可能会导致上述问题的产生。因此，在路基阶段的施工过程中，需要严格按照规范施工，延长公路的使用寿命。

一、路基压实质量问题的防治

（一）路基行车带压实度不足

1. 路基行车带压实度不足原因分析

压实程序的次数没有达到标准要求；使用的压实机械不合理，不同的厚度与不同的土质需要使用的压实机械不同；碾压作业过程比较草率，路面没有被碾压均匀；路基的含水量不符合规定；在填筑之前没有对其表面进行处理；土场存在多种土质的土壤，填筑时单层可能出现了不同性质的填料；填土的颗粒过大使得颗粒与颗粒之间的间隙过大，使得路基之中有缝隙，或者使用的填料不符合标准。

2.路基行车带压实度不足预防措施

确保压路机的碾压遍数符合规范要求；选用与填土土质、填土厚度匹配的压实机械；压路机应进退有序，碾压轮迹重叠、铺筑段落搭接超压应符合规范要求；填筑土应在最佳含水量 ±2% 时进行碾压，并保证含水量的均匀；当紧前层因雨松软或干燥起尘时，应彻底处置，至压实度符合要求后，再进行当前层的施工；不同类别的土应分别填筑，不得混填，每种填料层累计厚度一般不宜小于0.6m；优先选择级配较好的粗粒土等作为路堤填料，填料的最小强度应符合规范要求；填土应水平分层填筑，分层压实，压实厚度通常不超过20cm，路床顶面最后一层通常不超过15cm，且满足最小厚度要求。

3.路基行车带压实度不足处理措施

因含水量不适宜未压实时，应洒水或翻晒至最佳含水量后再重新进行碾压；因填土土质不适宜未压实时，应清除不适宜填料土，换填良性土后重新碾压；对产生"弹簧土"的部位，可将其过湿土翻晒，或掺生石灰粉翻拌，待其含水量适宜后重新碾压，或挖除换填含水量适宜的良性土壤后重新碾压。

（二）路基边缘压实度不足

1.路基边缘压实度不足原因分析

路基填筑宽度不足，未按超宽填筑要求施工；压实机具碾压不到边；路基边缘漏压或压实遍数不够；采用三轮压路机碾压时，边缘带（0～75cm）碾压频率低于行车带。

2.路基边缘压实度不足防治措施

路基施工应按设计的要求进行超宽填筑；控制碾压工艺，保证机具碾压到边；认真控制碾压顺序，确保轮迹重叠宽度和段落搭接超压长度；提高路基边缘带压实遍数，确保边缘带碾压频率高于或不低于行车带；校正坡脚线位置，路基填筑宽度不足时，返工至满足设计和规范要求，控制碾压顺序和碾压遍数。

二、路基边坡病害的原因及防治

（一）边坡滑坡病害的原因及防治

1.边坡滑坡病原因分析

在设计过程中没有考虑到地震、洪水或者地下水位变化等自然原因；路基基地没有严格按照规定清理，存在一定量的软土，并且软土的厚度不均匀；填土工作进行的速度过快，而其中的沉降观测工作和侧向移位观测不到位；路基处于陡峭的斜坡面上；路基填筑层有效宽度不够，边坡二期贴补；路基顶面排水不畅；用透水性较差的填料填筑路堤处理不当；边坡植被不良；未处理好填挖交界面。

2. 边坡滑坡病害防治措施

路基设计时，充分考虑使用年限内地震、洪水和水位变化给路基稳定带来的影响；软土处理要到位，及时发现暗沟、暗塘并妥善处治；加强沉降观测和侧向位移观测，及时发现滑坡苗头；掺加稳定剂提高路基层位强度，酌情控制填土速率；路基填筑过程中严格控制有效宽度；用透水性较差的土填筑路堤下层时，应做成 4% 的双向横坡，如用于填筑上层，除干旱地区外，不应覆盖在由透水性较好的土所填筑的路堤边坡上；当原地面纵坡大于 12% 或横坡陡于 1:5 时，应按设计要求挖台阶，或设置坡度向内并大于 4%、宽度大于 2m 的台阶；应从最低处起分层填筑，逐层填压密实；加强地表水、地下水的排出，提高路基的水稳定性；减轻路基滑体上部重量或采用支挡、锚拉工程维持滑体的力学平衡，同时设置导流、防护设施，减少洪水对路基的冲刷侵蚀。

（二）边坡塌落病害的原因及防治

1. 边坡塌落病害原因分析

（1）土质路堑边坡塌落的原因

由于边坡土质属于很容易变松的砂类土、砾类土以及受到雨水浸入后易于失稳的土，而在设计或施工时采用了较小的边坡坡度；较大规模的崩塌，一般多产生在高度大于 30m，坡度大于 45°（大多数介于 55°～70°之间）的地形条件；上缓下陡的凸坡和凹凸不平的陡坡；暴雨、久雨或强震之后，雨水渗入土体，使斜坡岩体的稳定性降低，或者由于流水冲淘下部坡脚，削弱斜坡的支撑部分，或者由于地震改变了坡体的稳定性及平衡状态而发生边坡塌落；在多年冰冻地区，由于开挖路基，含有大量冰体的多年冻土溶解，引起路堑边坡坍塌。

（2）石方路堑边坡塌落的原因

排水措施不当或施工不及时形成地表水和地下水；大爆破施工，施工时路堑开挖过深、过陡，或由于切坡使软弱结构面暴露，边坡岩体推动支撑；由于坡顶不恰当的弃土，增加了坡体重量。

2. 边坡塌落病害防治

（1）排水

在可能发生塌落的地段，必须做好地面排水设施。

（2）加固边坡

及时清除塌落的土石方及路基上方的危岩、危石。对于土质路基，可种草或植树；对于风化的软质岩层，可修建干砌或浆砌护面墙。如有危及行车安全的路段，应拉警示带，设置必要的安全警示标志，并根据地形和岩层情况，采用嵌补、支顶等方法予以加固；设置拦截构造物。在小型塌落地段，应尽量采取全部清除的办法，如由于基岩破坏严重，塌落的物质来源丰富，则宜修建落石平台、落石槽、拦石墙等构造物。

（3）设置支挡构造物

由于存在软弱结构面而易引起塌落的高边坡，可根据情况采用支挡构造物，以支撑边坡，防止软弱结构面的张开或扩大。主要防治公路上方的危岩、危石等，采用柔性防护网。

三、高填方路基沉降病害的原因及防治

（一）高填方路基沉降病害的原因分析

按一般路堤设计，没有验算路堤稳定性、地基承载力和沉降量；地基处理不彻底，压实度达不到要求，或地基承载力不够；高填方路堤两侧超填宽度不够；工程地质不良，且未做地基孔隙水压力观察；路堤受水浸泡部分边坡陡，填料十质差；路堤填料不符合规定，随意增大填筑层厚度、压实不均匀，且达不到规定要求；路堤固结沉降。

（二）高填方路基沉降病害的防治措施

高填方路堤应按相关规范要求进行特殊设计，进行路堤稳定性、地基承载力和沉降量验算；地基应按规范进行场地清理，并碾压至设计要求的地基承载压实度，当地基承载力不符合设计要求时，应进行基底改善加固处理；高填方路堤应严格按设计边坡度填筑，路堤两侧必须做足，不得贴补帮宽，路堤两侧超填宽度一般控制在 30～50cm，逐层填压密实，然后削坡整形；对软弱土地基，应注意观察地基土孔隙水压力情况，根据孔隙水压确定填筑速度，除对软基进行必要处理外，从原地面以上 1～2m 高度范围内不得填筑细粒土；高填方路堤受水浸泡部分应采用水稳性及透水性好的填料，其边坡如设计无特殊要求时，不宜陡于 1：2；严格控制高路堤填筑料，控制其最大粒径、强度，填筑层厚度要与土质和碾压机械相适应，控制碾压时含水量、碾压遍数和压实度；路堤填土的压实不能代替土体的固结，而土体固结过程中产生沉降，沉降速率随时间递减，累积沉降量随时间增加，因而，高填方路堤应设沉降预留超高，开工后先施工高填方段，留足填土固结时间。

四、路基横向裂缝病害的原因及防治

（一）路基横向裂缝病害的原因分析

在施工时选用的填料不符合要求，其液限超过 50%，塑性指数超过 26；没有按照施工要求，按填料的性质进行分层填筑，而是将性质不同、塑性指数相差较多的填料混合在同一层进行填筑；路基顶层的填筑没有按照衔接规范进行施工，导致衔接部位产生异常；路基顶与其下层的平整度和填筑厚度相差太大，并且其最小的压实厚度低于 8cm；暗涵结构

物基底沉降或涵背回填压实度不符合规定。

（二）路基横向裂缝病害的防治措施

严格要求路基填料的材质，所有材料的液限都需要在 50% 以上，并且塑性指数大于 26；性质不同的填料必须严格按照规定分层进行填筑，同一层填筑材料的性质必须相同；在路基顶层的施工过程中，在两段的交接部分，需要按照标准进行；路基施工过程中的每一个填筑层的高度、平整度都需要进行严格控制，保证路基顶填筑层压实厚度不小于 8cm；暗涵结构物施工时检查基底承载力，控制暗涵结构物沉降，涵背回填透水性材料，层厚宜 15cm 一层，在场地狭窄时可用小型压路机压实，控制压实度符合规定。

第五章　路面施工技术

第一节　路面的结构与类型

一、路面的结构

（一）面层

面层位于路面结构最上层，承受行车荷载的作用力，受天气变化的影响。因此，面层应具备较高的强度和刚度，良好的耐久性和抗滑性，较好的水和温度稳定性。一般来说，面层分两层或三层铺筑。例如，高速公路沥青路面的厚度较高，可分为三层铺筑。水泥混凝土路面的两层铺筑，分别使用不同标号的水泥混凝土材料。需要指出的是，用作封闭表面空隙、防止水分侵入面层的封层，简易的沥青表面处理及砂石路面上的磨耗层，都应看作面层的一部分。

（二）基层

基层位于面层之下，是用高质量材料铺筑的主要承重层。铺筑在基层之下的次要承重层是底基层。基层主要承受由面层传递的行车荷载垂直应力作用，使传递到垫层的应力在容许范围内。基层应具备足够的强度，较好的平整度，良好的耐久性和稳定性。

（三）垫层

垫层是位于基层和土基之间的结构层，主要起到隔水、隔温、排水、传递和扩散荷载等作用。另外，在碎石基层上铺设垫层能起到隔土的作用，避免土基进入基层而影响碎石基层结构的性能。施工时应根据垫层在路面结构中的作用选择垫层材料。透水性垫层主要包括砂、砾和炉渣等，稳定性垫层主要包括水泥稳定土和石灰稳定土等。

（四）联结层

联结层指为加强面层和基层的共同作用或减少基层裂缝对面层的影响，而设在基层上的结构层，经常被视为面层的组成部分。联结层一般采用颗粒较大的沥青稳定碎石、大粒径透水性沥青稳定碎石或沥青贯入式碎石。

二、路面的类型

（一）柔性路面

在柔性基层上铺筑沥青面层或用具有较强塑性能力的细粒土稳定集料的路面结构称为柔性路面。柔性路面的强度和刚度较小，在行车荷载作用下容易变形。土基的强度、刚度及稳定性对路面结构的整体质量有较大影响。荷载通过各种结构层传递到土基，土基受到较大单位的压力。

（二）刚性路面

刚性路面主要指用水泥混凝土作为面层或基层的路面结构。刚性路面比柔性路面的强度和刚度高，具有较强的抗弯拉性。在刚性路面中，水泥混凝土一般处于板体工作状态，依靠水泥混凝土板的抗弯拉强度承受车辆荷载作用。通过水泥混凝土的扩散作用，传递到基础上的单位压力较小。

（三）半刚性路面

铺筑在半刚性基层上的沥青路面称为半刚性路面。半刚性路面介于柔性路面和刚性路面之间，在前期时具有柔性路面的力学性质，后期的强度和刚度均有增长，但比刚性路面的强度和刚度弱。半刚性路面的材料主要包括炉渣、水泥土、石灰土、稳定粒料等。

（四）复合式基层路面

上部使用柔性基层，下部使用半刚性基层的基层称为复合式基层，它是受力特点处于半刚性基层和柔性基层中间的一种结构，可以提高柔性路面的承载能力，在加铺沥青面层之后被称为复合式路面。

半刚性基层的整体性好，但易形成温度裂缝和干缩裂缝，并经反射造成沥青面层开裂，水渗入后在行车荷载的作用下出现唧浆现象，进而形成公路路面的早期损坏。将半刚性基层用作下基层，上覆以柔性基层，成为复合式结构，该结构不仅可以提高基层承载力，也可以扩散半刚性基层裂缝产生的水平应力，进而截断反射裂缝向上传递的途径。同时，柔性基层多采用级配碎砾石结构，具有一定的排水功能。进一步完善基层边缘排水设计，应能起到预防路面早期破坏的效果。重交通量和多雨潮湿地区目前已开始复合式基层路面的研究和实践。

三、路面的基本要求

（一）足够的强度

行驶在路面上的车辆，通过车轮将水平力和垂直力传给路面。另外，路面还受到车辆冲击力、震动力以及车身后真空吸力的作用。受上述外力的作用，路面结构内会产生多种应力作用。路面结构的强度不足，路面就会出现磨损、开裂、沉陷、波浪等病害，进而造成路面大面积破坏，导致中断交通。因此，路面应具有足够强度，以抵抗行车荷载作用。

（二）足够的刚度

刚度是指路面结构整体或某一部分抵抗变形的能力。刚度与强度既有联系，又有区别。即使路面的强度足够，但其刚度不足时，路面也会发生变形。设计人员在设计路面时，应保持路面足够的刚度，分析荷载和变形关系，让路面整体结构及其组成部分的变形量在容许范围内。石灰、水泥稳定类等材料的刚度过大时，容易产生裂缝。因此，施工时应考虑路面材料的组成比例。

（三）足够的稳定性

路面结构袒露在自然环境之中，经受水和温度等影响，使其力学性能和技术品质发生变化，路面稳定性包括以下内容：

1.高温稳定性

在夏季高温条件下，沥青材料如没有足够的抗高温的能力，其就会发生泛油、面层软化，在车辆荷载的作用下产生车辙、波浪和推挤，水泥路面则可能发生拱胀开裂。

2.低温抗裂性

冬季低温条件下，路面材料如没有足够的抗低温能力，会出现收缩、脆化或开裂，水泥路面也会出现收缩裂缝，气温骤变时出现翘曲而破坏。

3.水温稳定性

雨季路面结构应有一定的防水、抗水或排水能力，否则在水的浸泡作用下，强度会下降甚至出现剥离、松散、坑槽等破坏。

（四）良好的平整度

路面应具备良好的平整度，以减少行车振动作用的冲击力，保证行车速度，提高行车的安全性和舒适性。道路等级越高，对路面的平整度要求越高。不平整的路面会使车辆产生附加振动作用，导致行车颠簸，造成车辆磨损，增大油量消耗。这种振动作用会对路面施加冲击力，加剧路面损坏。另外，不平整的路面还会积滞雨水，加剧路面破坏。路面的平整度与路面的强度和刚度有关，强度和刚度较弱的路面，不能承受车辆荷载的反复作用，容易出现磨损、开裂、推挤、沉陷等病害，破坏路面平整性。

（五）良好的抗滑性

路面应具有良好的抗滑性。如果路面光滑，车轮与路面之间的附着力就会减小，容易出现打滑、空转现象，增加油耗量，降低行车速度和安全性。在雨雪天气高速行车、紧急制动或突然启动时，车轮极易出现打滑或空转，严重时会引起交通事故。路面上的行车速度越高，对路面的抗滑性要求越高。

（六）良好的耐久性

阳光的曝晒、水分的浸入和空气氧化都会对路面结构和材料产生作用，尤其是沥青材料会出现老化，并失去原有技术品质，导致路面开裂、脱落，甚至大面积松散破坏。因此，在修筑路面时，应选择耐久性较好的路用材料，延长路面使用寿命。

四、路面施工的方法

（一）人工路拌法

20世纪80年代以前，我国路面程施工主要采取这种方法。人工摊土（石料）、人工拌和、简易机械压实，基层施工主要有人工翻拌法、人工筛拌法等，沥青面层施工主要有沥青灌入式和人工冷拌沥青混合料、使用炒盘人工拌和沥青混合料等。其主要的特点是用工数量大，劳动强度大，工作效率低，工程质量受人为因素影响大，且质量不稳定，安全生产和防护措施比较严格，安全生产难度大。

（二）机械路拌法

20世纪80年代以后，路面基层施工开始以机械路拌法为主，其操作是以人工或机械分层摊铺各种路用材料，然后用路拌机械拌和整形后碾压成型，这也是目前路面底基层和二级以下公路路面基层常用的施工方法。其主要特点是用人工数量大大减少，混合料拌和质量较好，但如不严控拌和深度，易出现素土夹层。对于高速公路和一级公路除直接和土基相邻的路面底基层外，不宜采用机械路拌法施工，而应采取厂拌机铺法施工。

（三）厂拌机铺法

随着高速公路的快速发展，无机结合料稳定粒料路面基层得到了广泛应用，这种结构多使用厂拌机铺法。此外，沥青碎石和沥青混凝土路面的施工，水泥混凝土路面的施工，也采用厂拌机铺法，即用专门的厂拌机械拌制混合料，用专门的摊铺机械摊铺路面的施工方法。其主要特点是机械化程度高，混合料配比准确，厚度控制、高程控制比较直观，但需要大量的自卸运输车辆。

第二节 路面基层施工技术

一、路面基层概述

（一）路面基层的概念

在路面结构中，位于面层之下的主要承重层为基层，基层之下的次要承重层为底基层。基层是路面结构的重要组成部分，其可以抵御环境因素的影响，承受一定的行车荷载作用。因此，基层一般使用高质量的材料铺筑，以具有足够的强度、耐久性和稳定性。

（二）路面基层的特点

路面的基层（底基层）可分为无机结合料稳定类和粒料类。无机结合料稳定类又称半刚性基层，一般包括水泥稳定类、石灰稳定类和综合稳定类。粒料类包括级配碎（砾）石、填隙碎石、泥结碎石、天然沙砾（石）。

粒料类中的泥（灰）结碎石、填隙碎石属于嵌锁型基层（底基层），其强度和稳定性取决于碎石之间的内摩阻力及黏结力，即其很大程度上取决于石料的强度、尺寸、形状、密实度等。

粒料类中的级配碎（砾）石、符合级配的天然沙砾属于级配型基层（底基层），其强度和稳定性取决于粒料之间的内摩阻力和黏结力，即很大程度上取决于碎（砾）石的类型、最大粒径、细料含量、塑性指数、密实度等。

在国内的一级公路及高速公路施工中，底基层一般采用石灰土底基层、二灰土底基层和级配碎石底基层；基层一般采用二灰碎石基层和水泥稳定级配碎石基层。

二、水泥稳定土施工

（一）水泥稳定土形成原理

在水泥稳定土中，由于水泥用量很少，水泥的水化完全是在土中进行的，土在这一过程中起着很大的作用。水泥和土拌和后，土中的水分和水泥的矿物发生水化和水解反应，形成各种水化物，一些水化物与有活性的土进行反应，一些则硬化形成水泥石骨架。水泥稳定土强度主要依靠离子交换、团粒化作用、硬凝反应及碳酸化作用形成。

（二）水泥稳定土的材料要求

1. 土质

凡能被经济粉碎的土，都可用水泥稳定。土的质量要求有压碎值、最大粒径、颗粒组成、液限、塑性指数、有机质含量、硫酸盐含量等。

2. 水泥

宜选择终凝时间大于 6h 以上的水泥。如果终凝时间不能满足时间要求，可加入适量缓凝剂进行调节。可使用普通硅酸盐水泥、矿渣硅酸盐水泥及火山灰质硅酸盐水泥，不可使用受潮变质水泥、快硬水泥及早强水泥。

3. 石灰

应使用生石灰粉或消石灰粉。生石灰粉的有效钙加氧化镁含量消石灰应大于 55%，镁质生石灰应大于 60%，钙质生石灰应大于 70%。如果使用消石灰，应提前将消石灰充分消解成粉状，并设棚存放。

4. 水

施工用水应洁净，不含有害物质。凡是饮用水（含牲畜饮用水）均可用于水泥稳定土施工。

（三）水泥稳定土的施工流程

在路面基层稳定土混合料的搅拌和摊铺施工中，广泛采用路拌法和厂拌法施工工艺，具体选用哪种方法，应根据公路施工技术规范要求及施工单位拥有的机械设备来决定。路拌法施工仅适用于二级及以下公路和高速公路、一级公路直接铺筑在土基上的底基层。水泥稳定土工艺流程如下：

1. 准备下承层

当水泥稳定土用作基层时，应准备底基层；当水泥稳定土用作底基层时，应准备土基。底基层和土基都应按照规范进行验收，如果已经遭到破坏，应采取以下措施进行处理，达到标准后才能铺筑水泥稳定土层：

①用 12～15t 的三轮压路机或碾压机碾压土基。在碾压过程中，如果发现土过于湿润，应采取挖开晾晒、掺石灰或粒料、换土等措施；如果发现土过于干燥，应适当洒水。②应根据具体路段的底基层检查结果，采取针对性解决措施，如加厚底基层、补充碾压、挖开晾晒、更换材料等。③应填补底基层上的坑洞，压平底基层上的低洼，刮除车辙和搓板。对于底基层上的松散处，应重新耙松、碾压。④逐一断面检查底基层或土基是否符合设计要求。

2. 测量放样

施工时一般进行水平测量，在两侧指示桩上用红漆标出水泥稳定土层边缘的设计高。

①在验收合格后，施工摊铺前，在底基层或土基上恢复中线。一般来说，直线段每隔 15～20m 设一桩，平曲线段每隔 10～15m 设一桩。②每 200～300m 增设一个临时水准点，用红漆在指示桩上标出设计标高作为施工控制标准。③测量放样后，清扫下承层，并在上

料前洒水湿润，使下承层潮湿而无积水。④确定合理的作业长度。

3. 洒水闷料

如果已整平的土层中含水量过小，应在土层上洒水闷料，保持水分合适均匀。水泥稳定土应预先闷料。

4. 备土集料

①采用老路面或土基上部材料做铺筑材料时，应首先清除垃圾、石块等杂物，翻松老路面或土基上部至路基顶面标高，并使土块破碎到要求粒径，初步按设计路拱和预计的松铺厚度整形。②采用料场的土（含细粒土和中、粗粒土）时，应首先将料场的草皮、树木和杂土清理干净，筛除超粒径的颗粒，使之满足最大颗粒要求，塑性指数大于15的黏性土，可视土质和机械性能确定其是否需要过筛。③计算土或集料用量，计算每车料对应的卸料距离或卸料面积，在同料场供料的路段内，由远到近将集料按照计算距离或面积，卸置于下承层表面的中间或两侧。④当集料采用多种不同规格的碎石须按比例掺配时，可计算出不同规格的碎石在每延米的体积，备料时各规格碎石分别运铺，运到后首先码成一个三角形断面或梯形断面的料带。断面尺寸根据该规格材料用量，该材料的松方干重及材料料堆自然休止角（决定三角形断面的坡度）计算求得，然后机械或人工摊铺在道路的全断面上铺完一种规格，用小型压路机或链轨车稳定1～2遍，再运另一种规格的碎石，直至全部材料运铺完成。

5. 整平轻压

土层预湿后，应整形成要求的坡度和路拱，并用压路机碾压1～2遍，使表面整平并具有一定的密实度。

6. 摊铺水泥

①根据水泥稳定土层的宽度，计算摆放水泥的行数及每行水泥间距。根据计算结果，在现场画出标记。②根据每袋水泥的摊铺面积和每行水泥间距，计算每袋水泥的纵向间距。③按每袋水泥的纵横间距，用石灰画划格网，标出摆放位置。④将水泥运到摊铺路段后，按事先做好的标记摆放水泥，并且应检查有无遗漏和多余。将水泥袋拆开，倒出水泥后，用刮木板将水泥均匀摊开。

7. 拌和

对于二级及以上公路，应使用稳定土专用拌和机进行拌和，并设专人跟机检查拌和质量。拌和深度检查宜开挖检查，每5～10m应挖检查坑。有些单位使用钢钎插检拌和深度，这样不能发现素土夹层，是不可取的。通常拌和应在两遍以上，对发现素土夹层的部位，可使用多铧犁紧贴下承层表面翻拌一遍，然后使用专用拌和机复拌。

对于三级及以下公路，也要尽量使用稳定土专用拌和机进行拌和。如果没有专用拌和机，可使用农用多铧犁、旋耕机或平地机配合拌和。应注意检查拌和的均匀程度，土颗粒的最大粒径等。拌和过程中，应及时检查混合料含水量，含水量应当均匀，并控制在略大于最佳含水量。

8. 整形碾压

在直线段和不设超高的平曲线段，使用平地机从道路两侧向中间刮平；在设超高的平曲线段，由道路内侧向外侧刮平，然后使用链轨拖拉机或压路机在路面上进行碾压、整形。整形后再使用前述方法再次碾压，对于局部低洼处，应先耙松表层 5cm 以上，再用新混合料找平，之后再次稳压找平。每次整形都应达到规定的坡度和路拱。

碾压过程中，应保持表面湿润，如果出现起皮、松散等现象，应及时翻松并重新添加适当的稳定材料，重新拌和，然后一起压实。碾压完成前，应迅速检测标高和横坡，对于高出设计标高的部位，可用平地机刮除，对于局部低洼处，留待铺筑其上层次时处理。

水泥稳定类混合料从掺拌水泥到碾压完成的时间，称为延迟时间。虽然在配合比设计和施工时选用了终凝时间较长的水泥，但水泥是一种速凝性材料，施工时应在试验确定的延迟时间内完成碾压。碾压完成后，混合料基层应达到要求的压实度，且在表面没有明显轮迹。

9. 接缝处理

横向接缝：同日施工的路段衔接处，应采用搭接，即前一路段整形后，留 5 ～ 8m 不进行碾压，后一段施工时，将未碾压的部分与后一段一起碾压。第二天完成拌和作业之后，移去方木，用人工补充拌和靠近方木未能拌和的那段，并用混合料回填不足的部分，与正常施工段一起整形。

纵向接缝：稳定土基层施工时，应该避免纵向施工，确因无法封闭交通等必须纵向施工时，纵缝应垂直相接。

三、石灰稳定土施工

（一）石灰稳定土形成的原理

在土中掺入适当的石灰，并在最佳含水量下压实后，就发生了一系列的物理力学作用，也发生了一系列的物理化学作用，从而使土的性质发生了根本改变。石灰稳定土强度形成主要依靠离子交换作用、火山灰作用、碳酸化作用、结晶作用。

（二）石灰稳定土的材料要求

1. 土质

各种成因的亚黏土、亚砂土、粉土类土、黏土类土都可以用石灰来稳定。但要选用强度高还要易于粉碎，便于碾压成型的土质。实践证明，黏质土的强度较好，稳定效果显著。

2. 石灰

石灰消解后不能在空气中存放过久，以免碳化降低活性，要尽量缩短石灰的存放时间。在野外堆放时，应堆放成高堆，并使用篷布覆盖，避免风吹日晒。高速公路和一级公路应使用磨细生石灰粉。

3. 水

水应洁净，不含有害物质。一般人或牲畜饮用的露天水源均可用于石灰土施工。水是石灰稳定土的重要组成部分，具有以下作用：①使石灰与土发生反应，从而提高强度。②土的粉碎、拌和压实的必要条件，在最佳含水量下可达到最佳压实效果。③养护时要保持一定湿度。

（三）石灰稳定土的施工流程

1. 准备工作

（1）准备下承层

当石灰稳定土用作基层时，应准备底基层；当石灰稳定土用作底基层时，应准备土基。底基层与土基都应按照规范进行验收，达到标准后，才能在上方铺筑石灰稳定土。

（2）测量

恢复底基层或土基的中线，直线段每隔 15 ~ 20m 设一桩，平曲线段每隔 10 ~ 15m 设一桩，并在对应断面的路肩外侧设指示桩，在两侧指示桩上用红漆标出石灰稳定土层边缘的设计高度。

（3）备料

①集料

应在预定采料深度范围内自上而下采集集料。如果分层采集，应将集料分层堆放在场地上，然后从前到后，将集料运到施工现场。

②石灰

石灰宜选在公路两侧宽敞而邻近水源且地势较高的场地集中堆放。堆放时间较长时，应设棚存放。应在使用前 7 ~ 10d 充分消解石灰。消解后的石灰应保持一定的湿度，并尽快使用。

2. 运输

运输中应保持预定堆料的下层适当湿润；保持每辆车的运输数量基本相等；控制卸料位置，将集料按照计算距离进行卸置；掌握卸料程度，避免料过多或不足；料堆每隔一定距离应留缺口。

3. 摊铺

摊铺是将集料层与土层摊铺均匀，并进行碾压、整形，再将石灰均匀摊铺在集料层或土层上。摊铺宜采用人工摊铺石灰，路拌机械不能使石灰在混合料中分布均匀。

4.拌和

应使用稳定土拌和机拌和集料，拌和深度应达到稳定层底部，并设专人跟随拌和机，随时检查拌和情况。一般情况下，应拌和两遍以上，避免素土夹层。

5.洒水

在拌和过程中，应及时检查含水量，保持水分合适均匀。水量不足时，使用喷管式洒水车进行洒水。在洒水过程中，应及时清除超尺寸颗粒和局部过湿之处。洒水车不应停留在拌和路段，避免局部水量过大。

6.整形

混合料拌和均匀后，应用平地机初平。在直线段，使用平地机从道路两侧向中间刮平；在平曲线段，由道路内侧向外侧刮平。然后用轮胎拖拉机、压路机或平地机碾压。

7.碾压

当混合料处于最佳含水量时，应立即使用压路机进行碾压。碾压遵循先慢后快、先轻后重的原则。一般需要碾压 6～8 遍，以达到设计要求的密实度，表面无明显轮迹。禁止压路机在已完成的或正在碾压的路段上急刹车或掉头，以免稳定土表面受到损坏。碾压结束前，应使用平地机终平。

8.养护

在石灰稳定土养护期间，应保持合适湿度。养护时间应大于 7d。应根据具体情况采用洒水、覆膜、覆土、覆沙等养护措施。每次洒水时，应用压路机将表层压实。未采取覆盖措施的石灰稳定土层，除洒水车外，应封闭交通，采取覆盖措施；不能封闭交通时，通过时车速应小于 30km/h。

第三节　沥青路面施工技术

一、沥青路面的选择

沥青混凝土是适合现代交通的一种优质高级面层材料。铺筑在坚硬基层上的优质沥青混凝土面层可使用 20～25 年，国外的重交通道路和高速公路主要采用这种面层形式。高速公路、一级公路的表面层、中面层、下面层应采用沥青混凝土；二级公路的表面层宜用沥青混凝土。

密级配沥青混凝土混合料（AC）适用于各级公路沥青面层的任何层次；沥青玛蹄脂碎

石混合料（SMA）适用于铺筑新建公路的表面层、中面层或旧路面加铺磨耗层；设计空隙率 6%～12% 的半开级配的沥青碎石混合料（AM）仅适用于三级及三级以下公路、乡村公路，且沥青混合料拌和设备缺乏添加矿粉装置和人工炒拌的情况；设计空隙率 3%～6% 的粗粒式及特粗式密级配沥青稳定碎石混合料（ATB）适用于基层；设计空隙率大于 18% 的粗粒式及特粗排水式沥青稳定碎石混合料（ATPB）适用于基层；设计空隙率大于 18% 的细粒排水式沥青稳定碎石混合料（OGFC）适用于高速行车、多雨潮湿、不易被尘土污染、非冰冻地区铺筑排水式沥青路面磨耗层。开级配排水式沥青混合料基层（ATPB）的下卧层应具有排水和抗冲刷能力，工程上必须通过试验，取得成功的经验，并经过论证后使用。特粗式沥青混合料适用于基层，粗粒式沥青混合料适用于下面层或基层，中粒式沥青混合料适用于中面层和表面层，细粒式沥青混合料适用于表面层和薄层罩面。砂粒式沥青混合料适用于非机动车道或人行道路。对高速公路及一级公路，除沥青稳定碎石基层外，通常选用公称最大粒径为 13.2～26.5mm 的沥青混合料。沥青层较厚的公路，首先应保证路面各层的组合不发生早期破坏，其次考虑各层服务功能，具体包含以下几个方面内容：

①表面层应具有良好的耐久、密水、抗压、抗滑等能力。在寒冷地区，表面层应具有良好的低温抗裂性能。②双层式面层的下面层和三层式面层的中面层应具有抗高温、抗车辙性能。三层式面层的下面层除高温抗车辙性能外，还要具有抗裂、抗疲劳性能。③高速公路的紧急停车带（硬路肩）沥青面层宜采用与车道相同的结构，但表面层宜采用密级配沥青混凝土混合料铺筑。

二、沥青路面施工要求

（一）施工测量

施工前及时进行工作面高程、横坡等测量，按设计给定的面层高程、厚度、横坡等指标进行测量，根据测量结果钉桩挂基准线，每 10m 钉一个桩，事先确定不同横坡段及渐变段，小弯道及超高部位每 5m 钉一个桩。拟定施工质量控制措施，并经测量专业工程师确认。

（二）工作面清理

在对路肩破损砼方砖处理完毕后，必须对工作面进行清理，达到工作面干净无杂物的要求。

（三）交通封闭

工作面清理完毕后必须断绝交通，除运料车辆外，完全封闭。然后组织专门人员对须做局部处理的地方进行处理。

（四）透层油喷洒

摊铺前对已验收的基层进行清扫，清除杂物后开始喷洒透层油，油量为 $1.0kg/m^2$，在透层油上撒铺石屑小料，进行滚动轮压，封闭交通48h，开始沥青砼摊铺。

（五）机械调配

摊铺机的全部操作应自动化，摊铺机应能自动找平，可通过传感器根据基准线测出横、纵坡度。施工时应至少配备三台摊铺机，两台使用，一台备用。基层和中低层施工宜使用多台同机型的摊铺机梯队联合作业，全宽一次完成，保证路面平整度。

（六）混合料运输

混合料运输可使用载重为20t左右的自卸汽车运输，每车必须备有苫布。运输车辆数量要保证施工现场有运料车等候卸料，供料连续，车辆型号尽量统一。车厢应涂刷适量的防黏剂，经外观和温度检验合格后方可运往摊铺现场。

（七）卸料的监管

卸料必须由专人指挥，混合料卸料揭开苫布前，经监理现场外观和温度检验合格后，方可进行摊铺。卸料车应缓慢倒车向摊铺机靠近，停在距摊铺机0.3～0.5m处，由摊铺机前行与之接触，两机接触后即可卸料，卸料车挂空挡，由摊铺机推动向前行驶，直至卸料完毕离去。每车料从生产到卸料时间应控制在8h内。

（八）混合料摊铺

在进行大面积正式铺筑前，一般要选择长度不小于200m且与铺筑路段条件相同的或相近的路段进行试验段施工。其目的是检验施工组织、施工工艺、机械设备与组合是否适宜，同时通过实验路段的铺筑确定摊铺系数、摊铺与碾压温度及碾压遍数等施工参数，还有验证沥青混凝土配合比质量。

（九）初期保护

铺筑层在碾压完毕尚未冷却到50℃以下前应暂不开放交通。如必须提前开放交通时，须洒水冷却强制降温。在开放交通前，应禁止重型施工机械，特别是重型压路机停放；在开放交通初期，应禁止车辆急刹车和急转弯。

三、沥青表面处治施工

（一）材料规格和用量

沥青表面处治可采用道路石油沥青、乳化沥青、煤沥青铺筑，沥青标号应按相关规定选用。沥青表面处治的集料最大粒径应与处治层的厚度相等。

（二）施工程序与工艺

沥青表面处治施工应确保各工序紧密衔接，每个作业段长度应根据施工能力确定，并在当天完成。人工撒布集料时应等距离划分段落备料。三层式沥青表面处治的施工工艺应按下列步骤进行：

1.清扫基层

在清扫干净的碎（砾）石路面上铺筑沥青表面处治时，应喷洒透层油。在旧沥青路面、水泥混凝土路面、块石路面上铺筑沥青表面处治路面时，可在第一层沥青用量中增加10%～20%，不再另洒透层油或粘层油。

2.洒布沥青

沥青表面处治应使用沥青洒布车和集料撒布机配合作业。沥青洒布车在喷洒沥青时，应控制喷洒速度和数量，保持喷洒均匀。小规模喷洒可使用手工沥青洒布机洒布沥青。洒布设备的喷嘴应适用于沥青的稠度，确保其能形成雾状，不应出现花白条。

3.撒布集料

主层沥青洒布后，应立即采用人工撒布或集料撒布机撒布第一次集料。应做到将集料撒布均匀，保持厚度一致，全面覆盖，不露出沥青，不重叠集料。集料过多的部分应及时扫出，缺料的部分应适当找补。沥青搭接处，第一层撒布应保留100～150mm宽度不撒布石料，待第二层一起撒布。

4.压路机碾压

撒布集料后，应立即使用6～8t的钢筒双轮压路机由道路外侧向内侧碾压3～4遍，起始碾压速度不应超过2km/h，之后可适当增加。每次碾压轮机重叠约30cm。

5.循环喷洒

第二层和第三层的施工程序及施工要求与第一层相同，可使用8t以上的压路机碾压。

四、沥青贯入式路面施工

（一）材料规格和用量

①沥青贯入式路面的集料应选择有棱角、嵌挤性好的坚硬石料。当使用破碎砾石时，其破碎面应符合铺筑要求。②沥青贯入层的主层集料中大于粒径范围平均值的粒料数量应大于50%，最大粒径应与沥青贯入层厚度相当。当使用乳化沥青时，主层集料的数量应按照压实系数1.25～1.30计算，最大粒径应按照厚度的0.8～0.85倍计算。③可使用乳化沥青、石油沥青及煤沥青作为贯入式路面结合料。④应根据施工气温和沥青标号等规定条件，确定沥青贯入式路面中各层的沥青使用量。当施工气温较低时，沥青针入度较小，此时用量宜用高限。当施工气候较为潮湿，使用乳化沥青贯入时，上层应适当增加沥青用量，下层应适当减少沥青用量，保持总用量基本不变。

（二）施工程序与工艺

1.施工准备

①施工前，路面基层应清扫干净，如须安装路缘石时，应先安装路缘石，安装后应进行遮盖。②如果路面厚度不超过5cm，应浇洒粘层或透层沥青。乳化沥青贯入式路面必须浇洒粘层或透层沥青。

2.施工方法

①摊铺集料。使用摊铺机、平地机或者人工摊铺集料。集料摊铺后，采用6～8t的轻型钢筒式压路机由道路两侧向中间碾压。②浇洒沥青。在使用乳化沥青贯入时，可先撒布一部分嵌缝料，防止乳液下漏严重，再浇洒沥青。③撒布嵌缝料。使用集料撒布机或人工撒布嵌缝料。在使用乳化沥青贯入时，嵌缝料撒布应在乳液破乳之前完成。④碾压。宜用8～12t的钢筒式压路机碾压4～6遍嵌缝料。如果因气温较高造成难以推移时，应停止碾压。⑤循环洒、撒、压。按照上述方法浇洒第二层和第三层沥青，撒布嵌缝料，进行碾压。⑥撒布封层料。使用撒布机或人工撒布封层料。⑦最后碾压。使用6～8t的压路机最后碾压2～4遍。⑧初期养护。开放交通后，应按照规范控制交通。

在铺筑上拌下贯式路面时，贯入层不撒布封层料，贯入部分使用乳化沥青时，应等待成型稳定后再铺筑拌和层。拌和层应紧跟贯入层施工，使上下层成为一体。当拌和层与贯入层不能连续施工时，贯入层应增加嵌缝料用量，在拌和层之前浇洒粘层沥青。

第四节　水泥混凝土路面施工

一、水泥混凝土路面材料要求

（一）水泥

选用水泥时，应与混凝土进行适应性试验，选择最合适的水泥品种。采用滑模摊铺机铺筑时，宜采用散装水泥。高温期施工时，散装水泥的入罐最高温度不宜高于60℃；低温期施工时，水泥进入搅拌缸前的温度不宜低于10℃。

（二）粗集料

混凝土粗集料种类根据岩石产状分类有叶岩、板岩、砂岩、块状岩石等。从粒形上分为碎石、破口石和卵石，有角状、片状、针状等形状。按岩石的表面结构可分为玻璃质、光滑、粒状粗糙、结晶、蜂窝状等。

再生粗集料可单独或掺配新集料后使用，但应通过配合比试验验证，确定混凝土性能满足要求后方可使用。粗集料与再生粗集料应根据混凝土配合比的公称最大粒径分为2～4个单粒级的集料，并掺配使用，不得使用不分级的统料。粗集料的压碎值、坚固性、针片状颗粒含量、含泥量、碱集料反应等物理力学指标应符合相关规定。

（三）细集料

水泥混凝土路面对粗集料的要求比沥青路面低，一般国内外所做的水泥混凝土路面不对粗集料的磨光值提出要求。对普通混凝土路面、钢筋混凝土路面与钢纤维混凝土路面表面的基本要求是不裸露粗集料，要求表面砂浆层充分包裹。细集料本身的硅质含量、细粉含量、颗粒度、稳定性的要求比其他土建工程结构要严格得多。机制砂宜采用碎石为原料，并用专用设备生产。

（四）混凝土用水

饮用水可直接用作混凝土用水。非饮用水应进行水质检验，并符合《公路水泥混凝土路面施工技术细则》的有关规定。

（五）粉煤灰

混凝土路面（包括碾压）应掺用Ⅰ、Ⅱ级干排或磨细粉煤灰，不得使用Ⅲ级粉煤灰。贫混凝土、碾压混凝土基层或复合式路面底层应掺用Ⅲ级以上粉煤灰，不得使用等外粉煤灰。

①在混凝土路面或贫混凝土基层中使用粉煤灰时，工作人员应确切了解所用水泥中已经加入的掺和料种类和数量。②混凝土路面或贫混凝土基层中不得使用湿排粉煤灰、潮湿粉煤灰或已结块的湿排干燥粉煤灰。③路面混凝土中使用粉煤灰必须有适宜掺量控制。在高速公路水泥混凝土路面上要根据所使用的水泥种类决定掺灰量。④粉煤灰在混凝土配合比计算中应采用超掺法，超掺系数应根据所用的粉煤灰登记确定。超掺的意思是大于1的部分应代替并扣除砂量。

（六）外加剂

滑模摊铺机施工的水泥混凝土面层应采用引气高效减水剂。高温施工混凝土拌和物的初凝时间短于3h时，宜采用缓凝引气高效减水剂；低温施工混凝土拌和物终凝时间长于10h时，应采用早强引气高效减水剂。

有抗冰（盐）冻要求时，各级公路水泥混凝土面层基暴露结构物混凝土应掺入引气剂；无抗冻要求的二级及二级以上公路水泥混凝土面层宜掺入引气剂。路面水泥混凝土往往需要掺减水剂，以满足施工规范规定的最大单位用水量要求。减水剂应与水泥进行化学成分适应性检验。若化学成分不适应，必须更换减水剂品种。剂量不适应，则应进行减水剂不同掺量的混凝土试验，找到所用水泥的减水剂最佳掺量。外加剂的产品质量应符合《公路水泥混凝土路面施工技术细则》的有关规定。

（七）钢筋

混凝土路面、桥面和搭板所用钢筋网、传力杆、拉杆等钢筋应符合国家有关标准的技术要求，钢筋应顺直，不得有裂纹、断伤、刻痕、表面油污和锈蚀。传力杆钢筋加工应锯断，不得挤压切断，断口应垂直、光圆，用砂轮打磨掉毛刺，并加工成 2～3mm 圆倒角。

二、水泥混凝土路面小型机具施工技术

（一）模板架设

1. 模板的技术要求

（1）钢制模板

公路混凝土面板的施工模板应优先选择钢制模板，其通常具备足够的刚度，不易变形。模板厚度与面板厚度相同，长度为 3～5mm。每个模板需要设置一处支撑固定装置。

（2）木制模板

低等级公路水泥混凝土路面板施工时，边模可用木制。模板厚度为 4～8cm，但在弯道和交叉路口路缘处，可减薄至 1.5～3.0cm，以便弯成弧形。模板高度应与混凝土板厚相等。对企口式纵缝，模板应做成相应的凸榫圆槽，待拆模后将拉杆回直，再浇筑另一侧混凝土板。

（3）端头模板

横向施工缝端模板应为焊接钢制或槽钢模板，并按设计规定的传力杆走向和间距，设置传力杆插入孔和定位套管。横向施工缝端头模板上的传力杆设置精确度要求较高，施工定位精确度不足时，传力杆将损坏水泥路面。

2. 模板架设与安装

（1）测量放样

在支模前，应先进行测量放样。每隔 20m 设一中心桩，每隔 100m 设一临时水准点，并核对高程、面板分块、胀缝和构造物位置。

（2）曲线支模

纵横曲线路段应使用短模板。每块模板中点安装在曲线切点上，以便顺畅过渡曲线。

（3）模板架设

在摊铺混凝土之前，应先将两边模板安装好。在安装模板时，按放线位置把模板放在基层上，用水准仪检查其高度，沿模板两侧用铁钎打入基层以固定模板。铁钎间距，内侧一般为 1.0～1.5m，外侧 0.5～1.0m。外侧铁钎顶端应稍低于模板顶高，以便混凝土振捣器和夯板的操作。为增进模板的稳定性，可设置立柱支撑，立柱支撑借助斜支撑和横卧在木板上的横支撑来固定，其间距为 50cm。横卧木板两侧也用上述铁钎固定在基层上。

（4）模板检查

模板架设后，应对模板安装情况进行检验。其中，安装规定偏差是施工机械或机具所要求的偏差，不同施工方法应满足各自规定。只有规定偏差在任何情况下均小于要求，方可在交工和竣工验收时，顺利通过验收。

（5）涂隔离剂

模板达到安装精度要求后，应涂抹隔离剂。接头应使用塑料薄膜或胶带进行密封，以便于拆模。

（6）模板拆除

①当混凝土抗压强度不低于设计强度的 70% 时方可拆模。②应使用专用拔楔工具拆卸模板，不得损坏板角、板边和拉杆等周围的混凝土，禁止使用大锤强击拆卸模板。③拆下的模板应将黏附的砂浆清除干净，并矫正变形或局部损坏。

（二）传力杆安装

当胀缝不须设置传力杆时，可先在胀缝处安装一个高度等同于混凝土板并与路拱表面形式相同的木模板，用钢钎固定。浇筑一侧混凝土后去除木模板，在混凝土侧壁下部贴上接缝板，并放置压缝板条。当缝下须设置垫枕时，应事先将垫枕做好。

当胀缝须设置传力杆时，一般做法是在接缝板上预留圆孔以便穿过传力杆，上面设置木制或铁制压缝板条，其旁再放一块胀缝模板，按传力杆位置和间距，在胀缝模板下部挖成倒 U 形槽使传力杆由此通过。当路面宽度为奇数车道时，中央接缝板、压缝板和胀缝模板均应做成与路拱相同的形状，模板旁也应以钢钎固定。为防止传力杆在混凝土浇捣过程中移动，可将其两端分别用长不大于一个车道宽度、直径 14～16mm 的钢筋来固定，传力杆与钢筋可用铅丝绑扎或焊接在一起，随即浇捣胀缝一侧混凝土至传力杆的高度，然后浇捣另一侧混凝土。

（三）混凝土摊铺

①在混凝土摊铺之前，应全面检查模板、钢筋、拉杆、传力杆等安设情况，并用厚度标尺板检测板厚，符合设计要求时才能进行摊铺。②混凝土拌和物的松铺系数应在 1.10～1.25。如果拌和物偏干，应取较高值；如果拌和物偏湿，则取较低值。③出于特殊情况导致拌和物无法立即振实时，应废弃混凝土拌和物，并在已摊铺好的面板端头设置施工缝。

（四）混凝土振实

1. 振捣棒振实

①每一车道路面应使用 2 根振捣棒，在待振横断面上连续振捣密实。施工时需注意路

面内部、边角及板底不得漏振。②禁止使用振捣棒在拌和物中拖拉和推行振捣。振捣棒的插入深度应距离基层 30～50mm。③应随时检查振捣棒振实效果，并设人工及时补料，如出现模版、钢筋、传立杆、拉杆等移位现象，应及时纠正。

2. 振动板振实

①每副路面应配备一块振动板。在振捣棒振实后，可用振动板纵横交错全面提浆振实。②应配备两人移位振动板。振动板在一个位置的振捣时间应大于 15s。③缺料部位应辅以人工补料找平，多余部位应及时铲除。④振动板的移动间距应依据其作用半径而定，一般应小于 500mm，避免碰撞钢筋、模板和传力杆等。振捣棒在一个位置的持续时间应大于 30s，以拌和物全面振动液化，不泛水泥浆为移动标准。

3. 振动梁振实

①振动梁要具有足够刚度，并安装深度约 4mm 的粗集料压实齿，以保证砂浆厚度。②振动梁振实应拖行 2～3 遍，使路面泛浆均匀平整。在整平过程中，料多的部位应铲除，缺料的部位应及时填补。③为保证路面密实度和均匀性，防止漏振和欠振，振捣器的数量应与路面宽度相匹配。

（五）整平饰面

1. 滚杠提浆整平

振动梁振实后，应使用滚杠往返拖 2～3 遍。开始应缓慢短距离地拖、推，然后适当增加距离，匀速拖滚。

2. 抹面整机压浆整平饰面

滚杠提浆整平后，应使用抹面机压实整平路面，或者使用 3m 的刮尺，将路面整平。

3. 精整饰面

路面整平后，应修补缺边，清除黏浆，将抹面机留下的痕迹用抹刀抹平。精整饰面后的路面应无痕迹、致密均匀。

（六）模板拆除

模板拆除时间应根据混凝土的强度增强情况及气温决定。模板拆除时，应保持模板完好，避免混凝土边角损坏，应等到混凝土板达到设计强度时，才能开放交通，禁止拆模后立即开放交通。如果遇到特殊情况需要提前开放交通时，应使混凝土板的强度至少达到设计要求的 80%，车辆荷载不应大于设计荷载。

（七）接缝施工

1. 填缝工艺

隔离缝和胀缝应在填缝之前，去除接缝板顶部嵌入的木条，涂黏结剂，灌入填缝料或胀缝专用多孔橡胶条。由于胀缝的变形量很大，胀缝中的填缝料不宜使用各种易溶型填缝材料。

2. 灌缝工艺

①填缝前清缝。为保证填缝前接缝清洁干燥，施工时可采用 0.5MPa 的压力空气或压缩水流，清洗缝槽。有灰尘的缝壁，填缝料黏结不牢，达不到防水密封效果。②灌缝料灌塞。灌缝料灌塞前，要先挤压嵌入直径 9 ～ 12mm 多孔泡沫塑料背衬条，再灌缝。灌缝料要根据规范建议选用，即一级公路使用树脂、橡胶和改性沥青类填缝材料，二、三级公路可用热灌沥青和胶泥类填缝材料。③灌缝料养生。常温反应固化型及加热施工填缝料均需要封闭交通进行养生。

第六章 公路附属工程施工技术

第一节 路缘石施工技术

路缘石是设在路面边缘的界石，也称为道牙或缘石。它在路面上是区分车行道、人行道、绿地、隔离带和道路其他部分的界线，起到保障行人、车辆交通安全和保证路面边缘齐整的作用，有助于路面排水，提高公路的使用寿命。

路缘石主要有立缘石（侧石）、平缘石（平石）、专用路缘石（包括弯道路缘石、隔离带路缘石、反光路缘石、减速路缘石）等。路缘石宜用石材或混凝土制作。

一、路缘石的种类

路缘石可根据使用要求和条件选用水泥混凝土预制块、条石、砖等材料，最常用的是工厂化生产的水泥预制块。

水泥预制块平石为矩形，长 30～100cm，宽 7～15cm；侧石大多为矩形，长 30～100cm，高 30～35cm，厚 8～13cm；只有小半径曲线用特制弧形块。城市道路边缘石采用立式，缘石宜高出路面边缘 10～20cm。隧道内、重要桥梁、道路线形弯曲路段或陡峭路段等处的缘石可高出 25～40cm，并应有足够的埋深，以保证稳定和行车安全。斜式缘石便于儿童车、轮椅及残疾人通行，而在分隔带端头或交叉口的小半径处，缘石宜做成曲线式。另外，考虑无障碍设计，道路上人行道出入口多采用牛腿式出入口，平石沿人行道边向前延伸，侧石向下降至 1～2cm，或侧石向出入口转弯。

总之，使人行道的路面要连续无障碍、无高低，便于老、幼行走和童车滚动。在道路宽度日益增加、车速加快的情况下，国外常将沿街建筑的门牌号码写在道路侧石上，开车人极易识别，减少了许多车辆追尾事故。

二、路缘石施工

（一）施工材料

1. 水泥

水泥应选用强度等级不低于 42.5 级的硅酸盐水泥、矿渣水泥，并应有出厂合格证。散装水泥及袋装水泥出厂日期不明或已超过 3 个月，应经复验合格后方能使用。已受潮或结块的水泥不得使用。

散装水泥应按牌号、批号分仓储存；袋装水泥应按牌号、批号架高堆存离地至少 30cm，并铺盖，以免混杂和受潮。使用时按出厂日期择先使用。如掺用外加剂，应经试验合格后方能使用。

2. 沙（细集料）

细集料应清洁、坚硬，不得含有团块、片状颗粒、土及云母等有害物质，含量不超过总干重的 5%；必要时应过筛清洗。

粗沙平均粒径不得小于 0.5mm；中沙平均粒径应为 0.35 ～ 0.5mm。

3. 石料（粗集料）

石料中不得含有煤、煤渣、石灰、碎砖或其他杂物；如料堆中的粗颗粒呈分离状态时，必须重新混合以符合要求的级配；粗集料最大尺寸不得超过 25mm，最好不大于 20mm。

4. 拌和水

拌和水时一般可饮用的水均可使用。如使用其他水，pH 值应大于 4，硫酸盐含量不大于 1%。

（二）施工工艺

1. 测量放线

柔性路面侧、缘石应在路面基层完成后，未铺筑沥青面层前施工；水泥混凝土路面，应在路面完成后施工。

侧、缘石可以在铺筑路面基层后，沿路面边线刨槽、打基础安装；也可在修建路面基层时，在基础部位加宽路面基层作为基础；也可利用路面基层施工中基层两侧自然宽出的多余部分作为基础，基础厚度及标高应符合设计要求。

路面中线校核后，在路面边缘与侧石交界处放出侧缘石线，直线部位 10m 一个桩；曲线部位 5 ～ 10m 一个桩；路口及分隔带、安全岛等圆弧处 1 ～ 5m 一个桩，也可用皮尺画圆并在桩上标明侧、缘石顶面标高。

2. 刨槽与处理

人工刨槽：按桩的位置拉小线或打白灰线，以线为准，按要求宽度向外刨槽，一般为一平锹宽（约 30cm）。靠近路面一侧，比线位宽出少许（水泥混凝土路面刨至路面边缘），一般不大于 5cm，不要太宽以免回填夯实不好，造成路边塌陷。刨槽深度可比设计加深 1～2cm，以保证基础厚度，槽底要修理平整。

机械刨槽：使用侧、缘石刨槽机，刀具宽度应较侧、缘石宽出 1～2cm，按线准确开槽，深度可比设计加深 1～2cm，以保证基础厚度，槽底应修理平整。

如在路面基层加宽部分安装侧、缘石，则将基层平整即可，免去刨槽工序。铺筑石灰土基层侧、缘石下石灰土基础通常在修建路面基层加宽基层时一起完成。

如不能一起完成而须另外刨槽修筑石灰土基础的，必须用 3：7（体积比）的石灰土铺筑夯实，厚度至少 15cm，压实度要求不大于或等于 95%（轻型击实）。

3. 侧石的选用和施工

侧石在直线段中采用长 80～100cm；曲线半径大于 15m 时采用长度为 100cm 或 60cm 的侧石；曲率半径小于 15m 或圆角部分，可视半径大小采用长度为 60cm 或 30cm 的侧石。

侧石施工应根据施工图确定的平面位置和顶面标高所放出的样线执行，但对于人行道斜坡处的侧石，一般放低至比平石高出 2～3cm，两端接头（与正常侧石衔接处）则应做成斜坡连接。

4. 安装侧缘石

安装侧石前应按侧石顶面宽度误差的分类分段铺砌，以达到美观的效果。安装时先拌制 1：3（体积比）石灰砂浆铺底，砂浆厚度 1～2cm，缘石可不用石灰砂浆铺底，可用松散过筛的石灰土代替找平基础。

按桩橛线及侧、缘石顶面测量标高拉线绷紧（水泥混凝土路面侧石，可靠板边安装，必要处适当调整），按线码砌侧缘石。须事先算好路口间的侧石块数，切忌中间用断侧石加楔。曲线处侧、缘石应注意，外形圆滑的相邻侧石间缝隙用 0.8cm 厚木条或塑料条掌握。缘石不留缝，侧石铺砌长度不能用整数侧石除尽时，剩余部分可用调整缝宽的办法解决，但缝宽应不大于 1cm。不得已必须断侧石时，应将断头磨平。

侧石要安正，切忌前倾后仰，侧石顶线应顺直圆滑平顺，无凹进凸出、前后高低错牙现象。缘石线要求顺直圆滑、顶面平整，符合标高要求。

5. 回填石灰土

（1）侧石

在侧石安装前要按照侧石宽度误差的分类分段砌筑，使顶面宽度统一美观。安装后，按线调整顺直圆滑，侧石里侧用长木板大铁橛背紧，外侧后背用体积比为 2：8 的石灰土，也可以利用修建路面基层时剩余石灰土，回填夯实里侧缝用体积比为2：8的石灰土夯填。

侧、缘石两侧同时分层回填，在回填夯实过程中，要不断调整侧、缘石线，使之达到顺直圆滑和平整的要求。夯实后拆除两面铁橛及木板。夯实灰土，外侧宽度不小于30cm，里侧与路面基层接上。

夯实工具可采用小型夯实机具夯实，每层厚度不大于15cm。若侧石里侧缝隙太小，可用铺底砂浆填实。如果侧石埋入路面基层太浅，夯填后背时易使侧石倾斜，此时靠路一侧可用体积比为1：3的石灰炉渣，加水拌和拍实成三角形，使侧石临时稳固。设计采用混凝土后，要按照设计要求的强度等级、现场浇筑捣实，要求表面平整。

（2）平缘石

在平缘石安装后，人工刨槽的槽外一侧沟槽用体积比为2：8的石灰土分层填实，宽度≥30cm，层厚≤15cm，也可利用路面基层剩余的路拌石灰土填实。外侧经夯实后与路缘石顶面齐平，内侧用上述同样材料分层夯实，夯实后要比缘石顶面低一个路面层厚度，待油面铺筑后与缘石顶面齐平。

可以使用洋镐头、铁扁夯等工具进行夯实作业。灰土含水量不足时，要加水夯实。在夯实两侧石灰土过程中，要不断调整缘石线形，保证顺直圆滑。机械刨槽时，两侧用过筛体积比为2：8的石灰土夯实或石灰土灌浆填密实。

6. 勾缝

路面完工后，安排侧石勾缝。勾缝前必须进行挂线，调整侧石至顺直、圆滑、平整，方可进行勾缝。先把侧石缝内的土及杂物剔除干净，并用水润湿，然后用体积比为1：2.5的水泥砂浆灌缝填实勾平，用弯面压子压成凹形，并不得在路面上拌制砂浆。砂浆初凝后，用软扫帚扫除多余灰浆，并应适当泼水养护，养护时间不少于3d，最后达到整齐美观。

第二节　人行道施工技术

一、人行道施工准备

（一）材料要求

沥青混凝土人行道应采用细粒或微粒式沥青混凝土。沥青混凝土铺装层厚不应小于3cm，沥青石屑、沥青砂铺装层厚不应小于2cm。压实度不应小于95%。表面应平整，无明显轮迹。

现浇混凝土人行道，混凝土的抗折强度应不低于设计要求，如设计未规定时，不宜低于 3.5MPa。粗骨料尺寸不得大于厚度的二分之一。

一般的水泥抗折强度应不低于 3.5MPa，同时，抗压强度不低于规范规定；无设计时，不宜低于 30MPa。表面制花纹分格，以利排水和防滑，其规格、尺寸按设计要求确定，步砖要求大小均匀、颜色一致，无蜂窝、露石、脱皮、裂缝等现象。无缺边掉角，顶面均匀细密，其尺寸允许偏差要符合检验规范要求。现在的水泥步砖，多用细粒干硬混凝土压制，表面为有色水泥砂浆。

水泥混凝土预制砌块必须整齐统一，抗压强度应符合设计规定；设计未规定时，不宜低于 30MPa，要求各面平整，无缺边掉角，表面光泽一致，无蜂窝麻面；利用多种异形表面在铺砌时相互连锁的要求稳定。

建筑材料贴面，尺寸形状按设计要求确定，做到表面平整、色泽一致，无缺边掉角。料石、预制砌块宜由预制厂生产，并提供强度、耐磨性能试验报告及产品合格证。进场后应检验合格后方可使用。料石应表面平整、粗糙，色泽、规格、尺寸应符合设计要求，其抗压强度不宜小于 80MPa。

（二）作业条件

地面下的暗管、沟槽和附属构筑物等工程已验收合格，场地已平整；原材料经见证取样检验合格；方案已获监理工程师批准；根据现场与周边环境条件、交通状况，与道路交通管理部门研究制订交通疏导或导行方案，并实施完毕。

施工中影响或阻断既有人行交通时，在施工前应采取措施，保障人行交通畅通、安全。设置排水沟、集水坑，及时将路基里的积水或地下水排走，确保路基上无积水。

施工用水、用电已经接通。根据工程规模、环境条件，修筑临时施工道路。临时施工道路应满足施工机械调运和车辆通行安全要求，且不得妨碍施工。

对作业层队伍进行全面技术、安全、质量、环保内容的交底。

无雨、雪天气。采用干铺时，环境温度不应低于 0℃。采用掺有水泥的砂浆铺设时，环境温度不应低于 5℃。

（三）人行道施工准备注意事项

1. 地下管线的保护

在基槽开挖之前，应全面掌握人行道下的管线种类、结构、水平位置、埋深等情况。在地下管线埋深较浅处，采用人工开挖基槽，人工或小机具夯实，以免损伤地下管线。

2. 相邻构筑物的协调

人行道上常有树穴、绿带、各种检查井、电杆穴等构筑物，因此，在人行道施工时，必须与有关部门互相协作配合，避免在工序上发生冲突，并应保护好测量标志，保证人行道的标高和横坡。

3. 环境保护

在喷洒乳化沥青或涂沥青漆和摊铺沥青混凝土时，侧石及相邻构筑物应用旧报纸、牛皮纸等加以覆盖，以防止污染。

4. 盲道设置

按设计及规范规定设置施工步骤与施工工艺；行进盲道砌块与提示盲道砌块不得混用；盲道避开树池、检查井、杆线等障碍物；路口处盲道应设为无障碍。

铺砌面层完成后，必须封闭交通，并应湿润养护。当水泥砂浆达到设计强度后，方可开放交通。

二、人行道施工

（一）基槽施工

按设计图样实地测高程桩与放线，人行道直线段，一般 10m 一桩，曲线段适当加密，并在桩上标出面层设计标高，或放在建筑物上画线表明设计标高。若人行道外侧已按标高安装站石时，则以站石顶面标高为准，按设计横坡放样。

新建道路，可将土路床施工至人行道基槽标高，不必反开挖；路垫开挖接近基槽标高时，适当停留厚度，找平碾压达到设计压实度后再进行检查平整。草地软土应换填或用石灰稳定处理。开挖基槽前，要对地下管网进行全面检查，并采取相应的保护措施。雨、冬期施工，必须做好相应的排水、防冻措施。

（二）基层施工

人行道基层有石灰土基层、石灰水泥稳定石屑基层、水泥稳定碎石基层、素混凝土基层等。

沥青混凝土面层人行道一般采用石灰水泥稳定石屑、水泥稳定碎石等半刚性基层材料，以减少反射裂缝；水泥混凝土人行道多采用石灰土基层、石灰水泥稳定石屑、水泥稳定碎石等基层材料；建筑材料贴面的人行道一般采用素混凝土基层。

（三）面层施工

1. 沥青混凝土面层施工

（1）铺筑面层

检查到达工地的沥青混凝土种类、温度及拌和质量等，冬季运输沥青混凝土必须注意保温。人工摊铺时要计算用量，分段卸料，卸料要卸在钢板上，松铺系数为 1.2～1.3。上料时要注意扣锹操作，摊铺时不要踩在新铺混合料上，注意轻拉慢摊，搂平时注意粗细均匀，不使大料集中。

（2）碾压

用平碾纵向错半轴碾压，随时用 3m 直尺检查平整度，不平处及粗麻处要及时修整或筛补，趁热压实。碾压不到处要用热夯或热烙铁拍平，或用振动夯板夯实。

（3）接槎

采用立槎涂油热料温边方法。低温施工应适当采取喷油措施，并铺热沙措施，以保护人行道面层，防止掉渣。要求表面坚实，无松散、裂纹、掉渣、积水、粗细料集中等，接槎紧密平顺，与其他构筑物应接顺。

2. 现浇水泥混凝土面层施工

（1）摊铺面层

现浇水泥混凝土人行道面层铺筑厚度应不小于 10cm。水泥混凝土拌和物应摊铺均匀。布料的摊铺系数在 1.10 ~ 1.25 之间。摊铺后表面应大致平整，不得有明显的凹陷。块混凝土板应一次连续摊铺完毕。

（2）振捣

当混凝土摊铺长度大于 10m 时，可以开始使用平板振捣器进行振捣作业，振动时间不宜少于 30s，应重叠 10 ~ 20cm，振捣器行进速度应均匀一致。振捣速度宜匀速缓慢，振捣应连续不间断地进行，其作业速度以水泥混凝土拌和物表面不露粗集料，泛出水泥浆为准。

（3）收面

透水水泥混凝土振捣后，宜使用抹平机对水泥混凝土面层进行收面，收面时必须保持模板顶面整洁，接缝处板面平整。抹面不宜少于 4 次，先找平抹平，待混凝土表面无泌水时再抹面，并依据水泥品种与气温来控制抹面间隔时间。

（4）切缝

根据环境温度在泥混凝土面层成活后 250℃ /h，按设计要求间距采用切缝法施工横向缩缝。缩缝应垂直板面，宽度宜为 4 ~ 6mm。设传力杆时，不应小于面层厚的 1/3。切缝完成后，立即用高压水枪将残余砂浆冲洗干净。待缩缝干燥后，按设计要求进行填缝处理。

3. 路面砖铺砌面层施工

（1）复测标高

按照设计图纸复核放线，用测量仪器打方格，并以对角线检验方正，然后在桩橛上标注该点面层设计标高。

（2）水泥砖装卸

预制块方砖的规格为 200mm×200mm×180mm，装运花砖时要注意强度和外观质量，要求颜色一致、无裂缝、不缺棱角。要轻装轻卸以免损坏。卸车前应先确定卸车地点和数量，尽量减少小搬运。砖间缝隙为 2mm，用经纬仪和钢尺测量放线，打方格时要把缝宽计算在内。

（3）拌制砂浆

采用1：3石灰砂浆或1：3水泥砂浆，石灰粗沙要过筛，配合比要准确，砂浆的和易性要好。

（4）修整基层

挂线或用测量仪器检查基层竣工高程，对小于等于2m^{2}的凹凸不平处，当低处小于等于1cm时，可填实，可填1：3石灰砂浆或1：3水泥砂浆；当低处大于1cm时，将基层刨5cm，用基层的同样混合料填平拍实，填补前应把坑槽修理平整干净，表面适当湿润，高处应铲平，但如铲后厚度低于设计厚度的90%时，应进行返修。

（5）铺筑砂浆

在清理干净的基层上洒一遍水使之湿润，然后铺筑砂浆，厚度为2cm，用刮板找平。铺砂浆应随砌砖同时进行。

（6）铺砌水泥砖

铺砖时，按控制桩高程，在方格内由第一行砖纵横挂线，根据标线按标准缝宽铺筑第一行样砖，然后纵线不动，横线平移，依次按照样砖铺砌。

铺步砖缝的直线要通，曲线要顺。扇形平面上铺步砖，要用电锯切割异形步砖与之相配，也可按直线顺延铺筑，然后用与预制步砖颜色相同的水泥砂浆补齐并刻缝。

砌筑时，步砖要轻拿轻放，用木槌或橡胶锤轻捶击实砌稳，如砌不平，应将步砖拿起，用砂调整重新铺筑，不准在砖底塞灰或用硬料支垫，必须使步砖平铺在密实的砂浆上并稳定无动摇、无空隙。

（7）灌缝

灌缝一般采用1：3水泥细砂干浆，先在步砖表面均匀撒铺一层砂浆，然后用扫帚或板刷将砂浆扫入缝中，然后可用小型振动碾压机振实或浇水灌实。灌缝要反复进行几道，直到缝隙饱满为止。施工完毕后，面上的砂浆要清扫干净，用扫帚扫出步砖本色。

灌缝完毕后应及时洒水养护，在铺砌过程中，质检员应跟踪检查，发现不符合检验规范要求的部位，及时督促修整。

4. 其他形式的人行道面层施工

（1）彩色板（砖）和触感板（砖）人行道的施工

彩色人行道方砖要采用刚性或半刚性基层及干拌水泥砂浆黏结层。基层和黏结层的材料、厚度、强度应符合设计要求。基层的施工可按照规程的有关规定执行。

彩色道板（砖）在铺砌之前要浇水湿润。将彩色道板（砖）按照定位线逐块坐实于黏结层上，使其结成整体。相邻板块贴紧，表面平整，线形顺直，铺砌后应浇水湿润养生。艺术花样和触感板的导向、停步块材铺砌时，要按照设计图形进行施工。

（2）水泥混凝土连锁砌块铺装

由于连锁砌块条块狭小，因而平整度的要求更高，块与块的连接必须连锁紧密、齐平，不得有错落现象。铺砌不留缝，垫层用粗沙，使用专用的振平板振实；灌缝用细沙，其余操作均同铺水泥砖。完工后需要表面平整光洁、图案排列整齐、颜色一致，无麻面或者掉面、缺边现象，纵横坡度要符合设计要求。

（3）曲线段人行道板（砖）的施工

曲线段人行道的道面铺砌，可采用直铺法或扇形铺法进行铺砌，其中彩色人行道板（砖）应采用直铺法进行施工。铺板（砖）后所形成的楔形空缺和边、角空缺可采用同标号水泥混合料就地浇筑，彩色人行道板（砖）应按所需形状切割后拼砌，与预制道板（砖）面平，并进行养护。

（四）特殊部位的施工

1.各种井的周边施工

按设计标高、纵坡、横坡，调整井圈高程；对已破坏或跳动的井盖、井圈进行更换；检查井周围，不得使用锯割的步砖嵌砌，步砖与井周空缺应及时用细石混凝土填补好；建筑材料贴面可使用切割后材料与检查井接顺。

2.树穴施工

按设计要求间隔和尺寸留出树穴；树穴与路缘石或站石要方正衔接；树穴边缘按设计要求用水泥混凝土预制件、水泥混凝土缘石或大理石等围成，尺寸、高程按设计要求确定；人行横道线、公共汽车站处不设树穴。

3.无路缘石部位施工

对人行道、广场等无路缘石人行道边缘，应采用混凝土止挡法或步砖砂浆黏结法固定。

4.与建筑物衔接处施工

人行道面层高于建筑物地面时，应调整人行道横坡接平，或将建筑通行范围降低接顺；当建筑物地面与人行道高差较大时，应设置踏步或挡土墙。

（五）人行道的保养与修理

1.人行道保养

应经常保持人行道整洁，及时清除人行道上的尘土污泥和杂物；两侧建筑物的管道排水，不得漫流人行道上；禁止机动车辆在人行道上行驶或停放；经常保持块料铺装人行道块体的稳定，发现松动及时补充嵌缝材料，填充稳固；若垫层不平引起人行道砌块松动，应将砌块挖出，整修垫层重新铺筑；应保养好整体铺装人行道的伸缩缝和施工缝及人行道同检查井口的接缝，发现损坏应及时修补；侧石及平石的接缝要定期清缝及勾缝；对损坏及歪斜的侧石及平石，应及时调整或更换；因树根挤坏人行道及侧石而影响行人及排水时，应同有关部门联系解决。

2. 人行道修理

人行道的修理，应针对破损原因（如排水不良、路面树根部的发育、集中堆放重型物资或机动车辆驶入等）采取相应措施进行修补。

修复时应符合下列规定：处理部分要比损坏边缘扩大 10cm 以上，开挖前应清理尘土、杂物；要按照修理时画出的轮廓开挖，边缘应垂直整齐。如果修理砌块面层，则应按砌块接缝线前 10cm 进行画线开挖；人行道路面损坏需要修整并更换侧石和平石，必须在更换侧石和平石后再修整路面；结构组合应按原人行道结构恢复，回填土及基层压实度应符合规定要求；修理部分要将四周边缘结合至密实平整，检查井的周围要细致地修复，黑色混合料铺筑的人行道结构、槽壁要涂黏结剂浇沥青，水泥混凝土人行道按原规格、原花纹恢复；新开人行道根据道路口宽度、侧石设置、转弯半径等采用不同形式，并要考虑行人行走方便。

第三节　交通安全设施施工技术

一、护栏工程施工

（一）护栏的种类

1. 按护栏构造形式划分

根据造型不同，护栏可以分为半刚性护栏、刚性护栏和柔性护栏。

（1）半刚性护栏

半刚性护栏是一种连续的梁柱结构。它是通过车辆与护栏间的摩擦，车辆与地面间的摩擦及车辆、土基和护栏本身产生一定量的弹、塑性变形（以护栏系统的变形为主）来吸收碰撞能量，延长碰撞过程的作用时间来降低车辆速度，并迫使失控车辆改变行驶方向，恢复到正常的行驶方向，从而确保乘员安全，减少车辆损坏。半刚性护栏主要设置在须要着重保护乘员安全的路段。

（2）刚性护栏

刚性护栏是一种基本不变形的护栏结构。对刚性护栏来说，是通过车轮转动角的改变，车体变位、变形和车辆与护栏、车辆与地面的摩擦来吸收碰撞能量。在碰撞过程中，车辆变形程度取决于自身的刚度、碰撞能量和碰撞作用时间。当车辆的碰撞角度较大时，往往造成比较严重的后果。刚性护栏主要设置在须严格阻止车辆越出路外，以免引起二次事故的路段。

（3）柔性护栏

柔性护栏是一种具有较大缓冲能力的韧性护栏结构。缆索护栏是柔性护栏的主要代表形式，它是一种以数根施加初张力的缆索固定于立柱上而组成的结构，完全依靠缆索的拉应力来抵抗车辆的碰撞，吸收能量。

2. 按护栏设置的位置划分

根据设置位置的不同，护栏可以分为路侧护栏、中央分隔带护栏、桥梁护栏、过渡段护栏、端部护栏以及防撞垫等。

（1）路侧护栏

路侧护栏主要用以防止失控车辆越出路外或碰撞路侧构造物和其他设施。决定是否设置路侧护栏的关键因素是路堤高度和边坡坡度。

路侧护栏防撞等级的选取则须综合考虑以下因素：车辆驶出路外可能造成的交通事故等级、路侧安全等级、路堤高度、公路线形、交通量以及车辆构成。

（2）中央分隔带护栏

中央分隔带护栏是指设置于道路中间带内的护栏，目的是防止失控车辆穿越分隔带闯入对向车道，并保护分隔带内的构造物和其他设施。

当整体式断面中间带宽度小于 12m 时，必须设置中央分隔带护栏；大于 12m 时，应分路段确定是否设置中央分隔带护栏。

作为干线公路的一级、二级公路桥梁必须设置路侧护栏，作为干线公路的公路桥梁必须设置中央分隔带护栏。作为集散公路的一级、二级公路桥梁应设置路侧护栏，作为集散公路的一级公路桥梁宜设置中央分隔带护栏。

（3）桥梁护栏

为了避免机动车辆碰撞行人和机动车辆的严重事故发生，对于高速公路、汽车专用一级公路上的特大桥、大桥、中桥梁，必须根据其防撞等级在人行道与行车道间设置桥梁护栏。

一般公路的特大桥、大桥、中桥梁在条件许可的情况下也应设置护栏。在有人行道的桥梁上，应按实际需要在人行道和行车道分界处设置汽车、行人分隔护栏。

桥梁护栏形式的选择，首先要根据防撞等级要求，避免在相应设计条件下失控车辆跃出。同时，还应综合考虑公路等级、桥梁护栏外侧危险物的特征、美观、经济以及养护维修等因素。

（4）其他护栏形式

除了以上三种护栏之外，还有过渡段护栏、端部护栏以及防撞垫。过渡段护栏是指在不同护栏断面结构形式之间平滑连接并进行刚度过渡的结构段；端部护栏是指在护栏开始端或结束端所设置的专门结构；防撞垫是通过吸能系统使正面、侧面碰撞的车辆平稳地停住或改变行驶方向，一般设置在互通立交出口三角区、未保护的桥墩、结构支撑柱和护栏端头。

（二）安全护栏的功能

公路上的安全护栏，需要进行正确的设计才有可能实现以下功能：

绊阻车辆，防止车辆越出路外，保护路外建筑物的安全，确保行人不致受到重大伤害，确保与其相交道路、铁路的安全，阻止失控车辆穿越中央分隔带闯入对向车道。

能使车辆恢复到正常行驶方向。车辆碰撞护栏的运动轨迹应能圆滑过渡，以较小的驶离角和较小的回弹量停留在不影响车辆正常行驶的地方，不致发生二次事故。

一旦失控车辆与护栏发生碰撞时，为了使驾驶人和乘客的损伤为最小，要求护栏具有良好的吸收碰撞能量的功能。

能诱导驾驶人的视线，能清晰地看到道路的轮廓及前进方的线形，增加行车的安全性，使道路更加美观。

（三）护栏的施工工艺

1. 立柱位置放样

立柱放样应以道路固定设施，如桥梁、通道、涵洞、隧道、中央分隔带开口、紧急电话开门、路线交叉等为主要控制点（控制立柱的位置）。应在两控制点之间量距，如出现零头数，可通过合适的调整段调整。立柱间距可能有不大于25cm的间距零头数，可通过分配法将其调整至多根立柱间距中。为准确放样和保证护栏的线形，在条件允许时可使用全站仪、经纬仪、水准仪等测量仪器。放样后，应确认立柱施工不会造成对地下设施的损坏，否则应调整立柱的位置。

2. 立柱安装

立柱安装应与设计文件相符，并与公路线形相协调。位于土基中的立柱，可采用打入法、挖埋法或钻孔法施工。立柱标高应符合设计要求，不得损坏立柱端部。采用打入法打入过深时，不得将立柱部分拔出加以矫正，必须将其全部拔出，将基础压实后再重新打入。

采用挖埋法施工时，回填土应采用良好的材料并分层夯实，回填土的压实度不应小于设计规定值。填石路基中的柱坑，应用粒料回填并夯实。采用钻孔法施工时，立柱定位后应用与路基相同的材料回填，并分层夯填密实。

在铺有路面的路段设置立柱时，柱坑从路基至面层以下5cm处应采用与路基相同的材料回填并分层夯实，余下部分应采用与路面相同的材料回填并压实；位于石方区的立柱，应根据设计文件的要求设置混凝土基础；位于小桥、通道、明涵等混凝土基础中的立柱，可设置在预埋的套筒内，通过灌注砂浆或混凝土固定，或通过地脚螺栓与桥梁护轮带基础相连。立柱安装就位后，其水平方向和竖直方向应形成平顺的线形。护栏渐变段及端部的立柱，应按设计规定的立柱进行安装。

3. 波形梁安装

波形梁通过拼接螺栓相互拼接，并由连接螺栓固定于立柱或横梁上。波形梁的搭接方向是安装的关键，搭接方向应与行车方向一致。如果搭接方向与行车方向相反，即使是轻微的擦碰，也会造成较大的损失。波形梁在安装过程中要不断进行调整，不应过早拧紧其连接螺栓和拼接螺栓，否则将无法发挥板上长圆孔的调节作用。

4. 防阻块及端头的安装

防阻块能防止立柱阻绊车轮，避免护栏局部受力、减小碰撞时车辆的冲击。托架适用于路肩较窄或护栏设置防阻块受限的情况。在安装时，应保证使其准确就位。在调整好立柱后，即可安装防阻块，最后安装波形梁板并进行统一调整。防撞等级为 SA、SAm 和 SS 的波形梁护栏在安装防阻块时，应根据设计文件要求，同时安装上层立柱。

设有横隔梁的护栏，把梁与横隔梁连为一体成为组合型护栏。横隔梁应平行于路面（垂直于立柱）安装。在安装波形梁板之前不应拧紧横隔梁与立柱的连接螺栓，否则不易进行总体调节。

中央分隔带护栏的端头梁与两侧梁相连，端头附近的立柱应按设计文件的要求进行加强处理。路侧护栏的端部结构由端柱、端头梁、混凝土基础等组成。在端部基础混凝土达到设计强度 70% 后，方可安装端部结构。如因土基压实度不足需要对端部结构进一步加强时，经论证，可根据设计文件的要求在端头梁附近设置钢丝绳锚固件。

（四）施工质量要求

护栏立柱的埋深、基础规格、土基压实度、端部和过渡段处理应符合设计规范和设计文件的规定；立柱位置、立柱中距、垂直度、横梁中心高度应符合设计要求；所有构件不应因运输、施工造成防腐层的损伤；直线段护栏不得有明显的凹凸、起伏现象；曲线段护栏应圆滑顺畅，与线形协调一致；中央分隔带开口端头护栏的线形应与设计文件相符；波形梁板搭接应方向正确、搭接平顺、垫圈齐备、螺栓紧固；防阻块、托架、横隔梁、端头的安装应与设计文件相符，安装到位，不得有明显变形、扭转、倾斜；波形梁板和立柱不得现场焊割和钻孔；立柱及柱帽安装牢固，其顶部应无明显塌边、变形、开裂等缺陷。

（五）施工验收

护栏立柱的埋深、基础规格、土基压实度、端部和过渡段处理应符合设计规范和设计文件的规定；立柱的位置、中距、垂直度和横梁中心高度均应符合设计要求，这是护栏发挥功能的基本保证。横梁中心高度是指从路面到波形梁横梁中心点的垂直距离。

二、交通标志、标线的施工

（一）交通标志

道路交通标志是用图形符号、颜色和文字向交通参与者传递特定信息，用于交通运行管理的设施。一般设在路旁或悬挂在道路上方，使交通参与者获得确切的道路交通信息，从而达到保障运行安全和高效的目的。交通标志应使交通参与者在很短的时间内就能看到、认识并完全明白它的含义，从而采取正确的措施。因此，交通标志必须具有较高的显示性、良好的易读性和广泛的公认性。

1. 交通标志三要素

不同颜色具有不同光学特性，从心理学角度讲会产生不同的心理感受和联想形状。交通标志的视认性、显示性与标志形状有重要关系，面积相同时不同形状标志的易识别程度大小的顺序为：三角形、菱形、正方形、正五边形、圆形等。符号表达标志具体含义，应简单明了，易为公众理解，力求易认直观。

2. 交通标志的分类

（1）按功能划分

根据《道路交通标志和标线》，交通标志按功能可分为主标志和辅助标志两大类。

①主标志

警告标志：警告车辆行人注意危险地点的标志。

禁令标志：禁止或限制车辆、行人交通行为的标志。

指示标志：指示车辆、行人行进的标志。

指路标志：传递道路方向、地点、距离信息的标志。

旅游区标志：提供旅游景点方向、距离的标志。

道路施工安全标志：通告道路施工区通行的标志。

②辅助标志

辅助标志指附设在主标志下，起辅助说明作用的标志。

（2）按支撑方式分

柱式标志，以立柱支持在路侧、交通岛或中央分隔带等处；单柱式，标志牌安装在一根立柱上；双柱式，标志牌安装在两根立柱上；悬臂式标志，标志牌安装在悬臂支架结构上方；门架式标志，标志牌安装在门式支架结构上方；附着式标志，标志牌安装在上跨桥和附近构造物上。

（3）按反光方式分

不反光标志，无定向反射功能的一般油漆标志、搪瓷标志等；反光标志，标志面采用反光材料制作的标志。

（4）照明标志

利用照明设备使标志面发亮的标志。

内部照明标志：标志板内装照明装置，采用半透明材料制作标志面板，有单面显示和两面显示两种；外部照明标志：外部光源照明标志板面的方式；自发光标志：白天吸收太阳光，晚上发亮的标志。

（二）交通标线

路面标线是由标画于路面上的各种线条、箭头、文字、立面标记、突起路标和路边轮廓标等所组成的交通安全设施。它的作用是确保车流分道行驶，导流交通行驶方向，加强车辆行驶纪律和秩序，增加公路通行能力，更好地组织交通，引导用路者视线，管制用路者驾驶行为的重要手段，可以有效地指引车辆在会合或分流前进入合适的车道。

道路交通标线按设置方式可分为三类。纵向标线，沿道路行车方向设置的标线；横向标线，与道路行车方向成角度设置的标线；其他标线，字符标记或其他形式标线。

道路交通标线按功能可分为三类。指示标线，指示车行道、行车方向、路面边缘、人行道等设施的标线；禁止标线，告示道路交通的遵行、禁止、限制等特殊规定，车辆驾驶人及行人须严格遵守的标线；警告标线，促使车辆驾驶员及行人了解道路上的特殊情况，提高警觉，准备防范应变措施的标线。

道路交通标线按功能可分为四类。线条，标画于路面、缘石或立面上的实线或虚线；字符标记，标画于路面上的文字、数字及各种图形符号；突起路标，安装于路面上用于标示车道分界、边缘、分合流、弯道、危险路段、路宽变化、路面障碍物的反光或不反光体；路边线轮廓标，安装于道路两侧，用以指示道路的方向、车行道边界轮廓的反光柱（或片）。

三、中间带

（一）中间带概述

1. 中间带的作用

公路中的高速公路、一级公路，城市道路中的双幅路和四幅路均应设置中间带。中间带由两条左侧路缘带和中央分隔带组成，其作用如下：

第一，将上、下行机动车流分开，既可防止因快车驶入对向行车道造成车祸，又能减少公路中心线附近的交通阻力，提高通行能力。

第二，作为设置交通标志牌及其他交通管理设施的场地。

第三，种植花草灌木绿化或设置防眩网，可防止对向车辆灯光炫目，还可起到美化环境的作用。

第四，设于分隔带两侧的路缘带，由于有一定宽度且颜色醒目，既引导驾驶员视线，又增加行车所必需的侧向余宽，从而提高行车的安全性和舒适性。

2. 中间带的组成

中间带由中央分隔带和路缘带组成。分隔带以路缘石线等设施分界，在构造上起到分隔往返交通的作用。在分隔带的两侧设置路缘带，既引导驾驶员的视线，促进行车安全，还能保证行车所必需的余宽，提高行车车道的使用效率。

3. 中间带的宽度

中间带宽度规定有一般值和最小值。正常情况下采用一般值，当遇有特殊情况时可采用最小值。中间带的宽度一般情况下应保持等宽，并不得频繁变更宽度。当中间带宽度因地形条件或其他特殊情况限制而减窄或增宽时，应设置过渡段。过渡段以设在回旋线范围内为宜，其长度与回旋线长度相等。宽度大于规定或大于 4.5m 的中间带的过渡段，以设置在半径较大的平曲线路段为宜。整体式断面分离为分离式断面和分离式断面会合为整体式断面前的一段距离内，当分离式断面两相邻路基边缘之间的中间距离小于中间带宽度时，应设置不同宽度的中间带。

4. 中间带开口

为了便于养护作业和某些车辆在必要时驶向对向车道，中间带应按一定距离设置开口。公路上开口一般情况下以每 2km 以上的间距设置为宜，太密将会造成交通的紊乱。城市道路开口（断口）最小间距为 300 ～ 400m，通常要考虑横向交通（车辆和行人）的需要。中间带的开口应设置在通视条件良好的路段，若在曲线上开口，其曲线半径宜大于700m。在互通式立体交叉、隧道、特大桥、服务区等设施的前后必须设置开口。

开口端部的形状，常用的有两种：半圆形和弹头形。对于窄的分隔带（M 小于 3.0m）可用半圆形，宽的（M ≥ 3.0m）可用弹头形。

（二）中间带的施工

1. 埋设横向塑料排水管

路基施工完成后即可进行施工。沟槽开挖：开挖的位置、深度、宽度应符合设计要求；沟槽应保持直线并与线路中线垂直，沟槽底部坡度与路面横坡一致；可采用开沟机或人工开挖。铺设垫层：采用粒径小的石料铺设，厚度保持均匀，并具有与路面相同的横坡。埋设塑料排水管：一端插入中央分隔带纵向盲沟范围内，另一端伸出路基边坡外，进出口用土工布包裹，防止被碎石堵塞；塑料排水管采用套接时，管口要对齐并靠紧，用短套管套紧两根管，并在套管两端用不透水材料扎紧。

2.中央分隔带开挖

路面基层施工完成后即可施工；先挖集水槽，再挖纵向盲沟；一般采用人工开挖；挖开的土不得堆在施工完成的基层上，防止污染基层；沟槽的深度、宽度及沟底纵坡应符合设计要求；沟底必须平整密实，不得有杂物。

3.防水层施工

喷涂双层防渗沥青时，要求喷涂厚度均匀，无漏喷，喷涂范围为中央分隔带范围内的路基和路面结构层；采用PVC防水板时，防水板的两端应拉紧、无褶皱，防水板纵横向搭接，并用铁钉固定。

4.纵向碎石盲沟

碎石盲沟要填充密实、表面平整，并在顶面设置反滤层。反滤层可以采用砂石材料或土工合成材料。目前，高等级公路中多采用土工布。土工布的铺设应平整、无褶皱、无重叠，并且要避免过量拉伸而发生破坏；施工现场若发现土工布破损，应进行修补，并且必须能够达到原性能时方可使用；土工布采用平行搭接，搭接长度不小于30cm。

5.缘石安装

缘石安装应在路面面层铺设前安装完成，可以现场浇筑或预制安装。采用预制安装时应铺设在不小于2cm厚的砂垫层上，砌筑的砂浆的水泥与沙的体积比应为1：2；缘石的安装要稳固、线条直顺、曲线圆滑、顶面平整、缝宽均匀、勾缝密实；基底和后背填料必须夯打密实。

四、安全隔离设施施工

第一，材料表面处理检验。隔离设施的所有金属件原则上都应进行表面处理，一般应采用热浸镀锌处理。其他表面处理方法，如油漆、涂塑、紧固件的粉镀锌技术等，对其耐久性、经济性、美观及施工条件的全面分析并经认可后，也可采用。

第二，检查其柱孔深度、基底清理情况、坑底混凝土质量。放入立柱后，检查其垂直度。立柱的埋设，应分段进行。先埋两端，然后拉线埋放中间立柱。注意立柱纵向线形，柱顶的平整。

第三，有框架的隔离网宜在工厂集中制作。检查其外框架焊接，钢板网的切割及放入，钢板网的拉紧，与外框的焊接及除锈、去油污等工序。

第四，立柱要保证安装牢固和垂直度的要求，基础不得有松动。立柱纵向应在一线上，不得出现参差不齐的现象。柱顶应平顺，不得出现高低不平的情况。立柱基础强度达到设计强度的70%后方可安装隔离栅网片。

第五，编织网隔离栅最好纵向连续铺设，边铺边拉紧，并尽可能在立柱挂钩上扣牢。编织网要求卷网自如，弯勾时保证不变形。隔离栅安装完毕后，纵向高程不应有很大的起伏变化，网面要平整，在任何方向均不得有明显的倾斜。各类隔离栅网片安装完毕后，立柱基础均应进行压实处理。

第六，刺钢丝安装时要求从端头立柱开始。刺钢丝之间要求平行、平直；绷紧后用11号钢丝与立柱上铁钩绑扎固定，横向与斜向刺钢丝相交处用11号钢丝绑扎。

第七，钢板网安装要求网面平整，无明显凹凸现象，框架与立柱应连接牢固，整体连接平顺。

第四节　其他附属工程施工技术

一、路肩施工

（一）路肩的作用及宽度

各级公路都要设置路肩。路肩的作用主要有以下几个方面：由于路肩紧靠在路面的两侧设置，具有保护及支撑路面结构的作用；供发生故障的车辆临时停放之用，有利于防止交通事故和避免交通紊乱；作为侧向余宽的一部分，能增进驾驶的安全和舒适感，对保证设计车速是必要的，尤其在挖方路段，还可以增加弯道视距，减小行车事故；提供道路养护作业、埋设地下管线的场地，对未设人行道的道路，可供行人及非机动车等使用；精心养护的路肩，能增加公路整体的美观。

根据路肩功能，从构造上又可分为硬路肩、土路肩。硬路肩是指进行了铺装的路肩，它可以承受汽车荷载的作用力，在混合交通的公路上便于非机动车、行人通行。在填方路段，为使路肩能汇集路面积水，在路肩边缘应设置缘石。土路肩是指不加铺装的土质路肩，它起保护硬路肩、路面和路基的作用，并提供侧向余宽。高速公路、一级公路应采用分离式断面。宽度大于4.5m的中间带，行车道左侧也应设硬路肩。高速公路、一级公路的平原微丘区，有条件时硬路肩宽度宜大于2.5m。

城市道路采取边沟排水时，与公路一样，应在路面外侧设置路肩，同样分硬路肩和保护性路肩。城市道路的设计速度大于或等于40km/h时，应设置硬路肩。保护性路肩一般为土质或简易铺装，其作用是为城市道路的某些交通设施，如护栏、杆栏、电线杆、交通标志牌等的设置提供场地，最小宽度为0.5m。双幅路或四幅路中间具有排水沟的断面，还应设置左侧路肩。各级公路和城市道路的路肩宽度根据条件可采用0.75～4m，最窄不得小于0.5m。

（二）路肩施工

路肩石可以在铺筑路面基层后，沿路面边线刨槽、打基础安装；也可以在修建路面基层时，在基础部位加宽路面基层作为基础；也可以利用路面基层施工中基层两侧宽出的多余部分作为基础。路肩石厚度及标高应符合设计要求。

路面中线校正后，在路面边缘与侧石交界处放出路肩石线，直线部位 10m 桩，曲线部位 5～1m 桩，路口及分隔带等圆弧 1～5m 桩。也可以用皮尺画圆并在桩上标明路肩石顶面高程。

刨槽施工时，按要求宽度向外刨槽，一般为 30cm，靠近路面一侧比线位宽出少许，一般不大于 5cm，太宽容易造成回填夯实不好及路边塌陷。为保证基础厚度，刨槽深度可比设计加深 1～2cm，槽底应修理平整。若在路面基层加宽处安装路肩石，则将基层平整即可，免去刨槽工序。

二、雨水口施工

（一）雨水口施工工艺

雨水口施工步骤主要有以下几点：根据设计图样，放出雨水口井位，打定位桩，并标定高程；按照定位线开挖基槽，井周每侧留出 30cm 的余量，控制设计标高，清理槽底，进行夯实；浇筑底板，底板按设计图施工养护达到一定强度时再砌筑井体；砌筑井体前要按墙身位置挂线，先在底板上铺上一层砂浆后，再开始砌筑墙身，要保证墙身垂直，井底应采用水泥砂浆抹出雨水口泛水坡。

墙身砌筑到一定高度时，将内墙用砂浆抹面，随砌随抹，抹面要光滑平整、不起鼓不开裂；井外用水泥砂浆搓缝，使外墙严密；墙身每砌起 30cm 应及时回填外槽，一般采用碎砖灌水泥砂浆回填，也可用 C10 水泥混凝土回填，回填必须密实，防止井周路面产生局部沉陷。

砌至支管顶时，应将井内管头与井壁口相平，将管口与井壁用水泥砂浆勾抹严密，雨水管端面应露出井壁，其露出长度不应大于 2cm。雨水管穿井墙处，管顶应砌砖券；墙身砌至设计标高时，用水泥砂浆坐底安装井框、井箅，安装必须平稳、牢固；立式雨水口在墙身设计标高时，安装立式井箅，并将井身上口加盖盖板；雨水口井身砌筑完毕后，应及时将井内碎砖、砂浆等杂物清理干净，井口临时覆盖。

（二）雨水口施工注意事项

位置应符合设计要求，不得歪扭；井箅与井墙应吻合；井箅与道路边线相邻边的距离应相等；内壁抹面必须平整，不得起壳裂缝；井箅必须完整无损、安装平稳；井内严禁有垃圾等杂物，井周回填土必须密实；雨水口与检查井的连接应顺直、无错口；坡度应符合设计规定。

三、检查井施工

（一）检查井的构造

检查井主要有圆形、矩形和扇形三种类型，从构造上看三种类型检查井基本相似，主要由井基、井身、井盖、盖座、爬梯等几个部分组成。

1. 井基

井基包括基础和流槽。按照土壤及水文地质条件，采用灰土、碎砖、碎石或卵石做垫层。上铺混凝土或砌砖基础。基础上部按上下游管道管径大小砌成流槽。

2. 井身

井身的材料应采用砖、石、混凝土或钢筋混凝土。我国目前多采用砖砌，以水泥砂浆抹面。井身在构造上分为工作室、渐缩部分和井筒三部分。工作室的平面形状有圆形、矩形和扇形。

3. 井盖、盖座

井盖盖在井筒上面，井盖坐在盖座上，井盖和路面、人行道安装平整，防止行人车辆掉入井内和其他物品落入井内。一般用铸铁制作，也有用混凝土制作的。

4. 爬梯

爬梯供工作人员上下井用，用铸铁制作，也有用砖砌的脚窝，交错地安装在井壁上。

（二）检查井的施工要点

施工前先熟悉图样，确定检查井的尺寸、样式；砌筑检查井，应在管道安装后立即进行；砌井前检查基础尺寸和周程；基础清理干净后，先铺一层砂浆，再进行墙体砌筑，砌砖时每砌完一层，要灌一次砂浆，使缝隙内砂浆饱满，上下两层砖间竖向要错缝，所用砂浆与砖的强度要求由设计确定；井壁与混凝土管相接部分，必须用砂浆坐满，在混凝土管上砌砖，以防漏水，管外壁接头处要提前洗刷干净；井身上部收口按设计标准图集所要求坡度砌筑，砌井也应边砌边完成井内砂浆抹面。

支管或预埋管按设计要求标高、位置、坡度安装好，做法同主管；护底、流槽、爬梯应与井壁同时砌筑；一般污水检查井要求内外抹面，雨水检查井只要求内部抹面，外壁要用砂浆搓缝。应边砌边进行内部抹面。

检查井完成后要将井内杂物清理干净，如还不能立即安装井座、井盖，应设防护或警示标志，防止发生杂物落入和安全事故。

四、雨水支管施工

（一）挖槽

测量人员按设计图上的雨水支管位置、管底高度定出中心线桩橛并标记高程。

根据开槽宽度，撒开槽灰线，槽底宽一般采用管径外皮之外每边各加宽3.0cm；根据道路结构厚度和支管覆土要求，确定在路槽或一步灰土完成后反开槽，开槽原则是能在路槽开槽就不在一步灰土反开槽，以免影响结构层整体强度；挖至槽底基础表面设计高程后挂中心线，检查宽度和高程是否平顺，修理合格后再按基础宽度与深度要求，立槎挖土直至槽底做成基础土模，清底至合格高程即可打混凝土基础。

（二）四合一法施工

四合一法施工即基础、铺管、八字混凝土、抹箍同时施工。

1.基础

浇筑强度为C10水泥混凝土基础，将混凝土表面做成弧形并进行捣固，混凝土表面要高出弧形槽1～2cm，靠管口部位应铺适量1：2（体积比）的水泥砂浆，以便稳管时挤浆使管口与下一个管口黏结严密，防止接口漏水。

2.铺管

在管子外皮一侧挂边线，以控制下管高程顺直度与坡度，要洗刷管子保持湿润。

将管子稳在混凝土基础表面，轻轻揉动至设计高程，注意保持对口和中心位置的准确。雨水支管必须顺直，不得错口，管子间留缝最大不准超过1cm。灰浆挤入管内用弧形刷刮除，如出现基础铺灰过低或揉管时下沉过多，应将管子撬起一头或起出管子，铺垫混凝土及砂浆，且重新揉至设计高程。

支管接入检查井一端，如果预埋支管位置不准，按正确位置高程在检查井上凿好孔洞拆除预埋管，堵密不合格空洞，支管接入检查井后，支管口应与检查井内壁齐平，不得有探头和缩口现象，用砂浆堵严管周缝隙，并用砂浆将管口与检查井内壁抹严、抹平、压光，检查井外壁与管子周围的衔接处，如果存在缝隙应用水泥砂浆抹严。靠近收水井一端在尚未安装好水井时，应用干砖暂时将管口塞堵，以免灌进泥土。

3.八字混凝土

当管子稳定并完成捣固工作之后，按照要求角度抹出八字。

4.抹箍

管座八字混凝土灌好后，立即用1：2水泥砂浆抹箍。

抹箍的材料规格，水泥用强度等级32.5以上水泥，沙用中沙，含泥量不大于5%；接口工序是保证质量的关键，不能有丝毫马虎。抹箍前先将管口洗刷干净，保持湿润，砂浆应随拌随用。

抹箍时先用砂浆填管缝压实略低于管外皮，如砂浆挤入管内用弧形刷随时刷净，然后刷水泥素浆一层宽 8～10cm，再抹管箍压实，并用管箍弧形抹子赶光压实；为确保管箍和管基座八字连接一体，在接口管座八字顶部预留小坑。当抹完八字混凝土立即抹箍，管箍灰浆要挤入坑内，使砂浆与管壁黏结牢固；管箍抹完初凝后，要盖草袋洒水养护，注意勿损坏管箍。

（三）包管加固

凡支管上覆土不足 40cm，须上大碾碾压的，应做 360° 包管加固。在第一天浇筑基础下管，用砂浆填管缝压实略低于管外皮并做好平管箍后，于次日按设计要求打水泥混凝土包管，水泥混凝土必须插捣振实，注意养护期内的养护，完工后支管内要清理干净。

（四）支管沟槽回填

回填应在管座混凝土强度达到 50% 以上后进行；应在管子两侧用 8% 灰土同时进行雨水支管预拌回填，管顶 40cm 范围内用人工夯实，夯实度要与道路结构层相同。

（五）升降检查井

城市道路在路内有雨污水等各种检查井，在道路施工中，为了保护原有检查井井身强度，一般不准采用砍掉井筒的施工方法。

开槽前用竹竿等物逐个在井位插上明显标记，堆土时要离开检查井 0.6～1.0m，不准推土机正对井筒直推，以免将井筒挤坏。井周土方采取人工挖除，井周填石灰土基层时，要采用火力夯分层夯实。

凡升降检查井取下井圈后，按要求高程升降井筒，如升降量较大，要考虑重新收口，使检查井结构符合设计要求。

井顶高程按测量高程在顺路方向井两侧各 2m，垂直路线方向井每侧各 1m，挂十字线稳好井圈、井盖。

检查井升降完毕后，立即将井内里抹砂浆面，在井内与管头相接部位用 1：2.5 砂浆抹平压光，最后把井内泥土杂物清除干净。

井周除按原路面设计分层夯实外，在基层部位距检查井外墙皮 30cm 中间，浇筑一圈厚 20～22cm 的 C30 混凝土加固。顶面在路面之下以便铺筑沥青混凝土面层。在井圈外仍用基层材料回填，注意夯实。

第七章 桥梁施工技术

第一节 桥梁墩台与基础施工技术

一、墩台的施工技术

（一）石砌墩台

1. 搅拌砂浆

第一，水泥计量精度应控制在 ±2% 以内，砂、水的计量精度应控制在 ±5% 以内，其配合比一律采用质量比，并应经试验确定。

第二，搅拌砂浆时，必须保证其成分、颜色和塑性的均匀一致，大量搅拌砂浆应使用搅拌机，在工程数量较小时，可以人工拌制。

第三，砂浆拌制后用沉锤测沉入度和分层度，在搅拌机出料口随机取样制作砂浆试块。砂浆拌成后和使用时，均应盛入储灰器内。如果砂浆出现泌水现象，则应在砌筑前再拌和，砂浆应随拌随用。水泥砂浆必须在 3h 内使用完毕；如果施工期间最高气温超过 30℃，应在 2h 内使用完毕。

2. 修凿石料

第一，片石应选用爆破法或楔劈法开采的石块。用作镶面的片石，应表面平整，稍加修凿。

第二，块石应选用形状大致方正、上下面大致平整的，敲除棱角、锐角。用作镶面的块石，应由外露面四周向内修凿，深度不少于 70mm。

第三，料石加工包括修边粗打、一遍錾凿、二遍錾凿、一遍剁斧、二遍剁斧和磨光。粗料石应选用外观方正的六面体石料，侧面应与外露面垂直，顺石应比相邻丁石大 150mm 以上，一般应经裁边和平凿两道工序处理。

3. 砌筑

（1）浆砌片石

①应用挤浆法分层砌筑，先润湿石料并铺砂浆，再安放石块，经揉动再用手锤轻击，每层高 0.7～1.2m（3～4 层片石），层间大致找平。②砌片石时应充分利用片石的自然形状，相互交错地咬合在一起，面朝下，最上一层应大面朝上。砌筑镶面石时应先在石下不垫砂浆试砌，再用大锤砸去棱角，用手锤敲去小棱角，最后用凿子剔除突出部分，再铺砂浆砌石，用小撬棍将石块拨正，最后用手锤轻击或用手揉动，使灰缝密实。③按设计要求和规范规定，砌体应留沉降缝或变形缝，缝的端面须垂直，最好是在缝的两端跳段砌筑，在缝内填塞防水料（如麻筋沥青板），墙身设置泄水孔，墙后设防水层和反滤层。④石块搭接咬合长度应不小于 80mm，应避免通缝（垂直缝和连续规则的曲线缝）、干缝、瞎缝、三角缝和十字缝（石料四碰头）。⑤填腹中间应设拉结石，侧面每 0.7m² 至少设一块拉结石，以保证结构的整体性。拉结石的长度，如果基础宽度或墙厚等于或小于 400m，则应与砌体宽度或厚度相等；如果基础宽度或墙厚大于 400mm，则可用两块拉结石内外搭接，搭接长度不应小于 150mm，且其中一块长度不应小于基础宽度或墙厚的 2/3。⑥墩台斜坡面可砌成逐层收台的阶梯形。

（2）浆砌块石

与浆砌片石基本相同，不同的是镶面砌法应一顺一丁或二顺一丁砌筑，丁石的面积不小于表面积的 1/5，丁石尾部嵌入腹部约 200mm，且不小于顺石宽度的一半。

（3）浆砌料石

①可以丁顺叠砌（井架式叠砌）、丁顺组砌（双轨组砌）或全顺砌（单轨组砌）。料石砌体基础可以斜叠砌。丁顺叠砌适用于砌体厚度等于石长；丁顺组砌适用于砌体厚度大于或等于两块石料宽；全顺砌适用于砌体厚度等于石宽。料石基础砌体的第一层应采用丁砌层坐浆砌筑，阶梯形料石基础上级阶梯的料石应至少压砌下级阶梯的 1/3，料石砌体应上下错缝搭砌。②石间灰缝宽宜为 10～12mm。要使横缝与竖缝垂直，错缝不小于 100mm，竖缝不宜设在丁石处，只允许在丁石上面或下面有一条垂直缝。但结构在以下三个位置不得设缝：破冰体、砌体截面突变处、桥墩分水石中线或圆端形桥墩。③浆砌桥墩分水体、破冰体镶面石前应先做出配料设计图，注明每块石料的尺寸，根据砌体高度、尺寸、分层错缝等情况先行放样。应当注意的是，破冰体的破冰（棱）和垂直方向所成的角 $\theta \leqslant 20°$ 时，破冰体的镶面分层应水平；$\theta > 20°$ 时，破冰体的镶面分层应垂直于破冰体，同时破冰体的分层应和墩身一致。

4. 勾缝

砌体的勾缝根据设计要求有平缝、凸缝、凹缝等。勾缝分为原浆勾缝和加浆勾缝两种。原浆勾缝是用砌筑的砂浆随砌墙随勾缝。加浆勾缝的砂浆强度：主体工程一般不小于

M10，附属工程一般不小于 M5。砂浆稠度为 40～50mm。

5. 养护

砌体灰缝养生时间不得少于 7d。

（二）现浇混凝土墩台

就地浇筑的混凝土墩台施工有两个主要工序：一是制作与安装墩台模板；二是混凝土浇筑。

1. 墩台模板

（1）模板的基本要求

混凝土及钢筋混凝土墩台轮廓尺寸的准确度，由模板的制造与安装予以保证。为确保工程质量，模板必须符合下列要求：①具有足够的强度、刚度和稳定性，能可靠地承受施工中的各种荷载，保证受力后不松动、不变形，能保证结构的设计形状、尺寸和模板各部件间相互位置的准确性。②尽可能采用组合式钢模板或大模板，提高模板的适应性和周转率。③模板面光滑平整、接缝严密，确保混凝土在强烈振动下不漏浆。④便于制作，装卸方便，施工操作方便，保证安全。

（2）模板的类型

墩台模板主要有按材料、按模板结构及施工方法分类两种。模板按材料可分为钢模板、木模板、钢木结合模板等，一般采用木材或钢材制成。木模板质量轻，便于加工成墩台所需尺寸，但较易损坏，使用次数少。钢模板造价较高，但装拆方便，重复使用次数多。模板按结构及施工方法可分为拼装式模板、整体吊装模板和滑动模板等。拼装式模板是由各种尺寸的标准模板利用销钉连接，与拉杆和加劲构件等组成所需形状的模板。整体吊装模板是将墩台模板水平分成若干段，几段模板组成一个整体，在地面拼装后吊装就位。滑动模板包括液压升模板、电动升模板和人工提升抽动模板，适用于较高的墩台和吊桥、斜拉桥的索塔施工，其组成包括模板、圈、支撑杆、千斤顶、顶架、操作平台和吊架等。

2. 墩台混凝土施工

混凝土墩台施工中，混凝土质量的好坏直接影响墩台的使用期限，所以要重视混凝土的施工质量。为了提高混凝土的施工质量，应从混凝土原材料，混凝土配合比设计，混凝土的拌制、运输、养护等方面着手，严格遵守有关规范、规程的规定。墩台混凝土采用高性能混凝土一次灌注法施工工艺。对混凝土进行集中拌和，用输送车送至施工现场，混凝土输送泵泵送入模，插入式振捣棒振捣。墩身混凝土采用洒水养护，塑料薄膜包裹。

（1）混凝土养护

混凝土初凝后及时采用湿麻袋或塑料薄膜对墩顶进行覆盖洒水养护，加强保温、保湿养护，延缓降温速度。养护期间混凝土强度达到规定强度之前，不得承受外荷载。当混凝土强度满足拆模要求，且芯部混凝土与表层混凝土之间的温差、表层混凝土与环境之间的温差均不大于 20℃时，方可拆模。拆模后使用隔水塑料薄膜将墩身全部包裹，使用自动喷水系统和喷雾器，不间断养护，避免形成干湿循环。养护期间不得中断养护用水供应，加强施工中温度监测管理，及时调整保温养护措施。

（2）混凝土温控及防裂

为控制墩身混凝土结构内部因水泥水化热引起的绝热温升，防止因混凝土结构内、外温差过大而产生的温度裂纹，在施工中可采取相应有效的降温防裂措施。

（3）施工缝处理

为提高混凝土耐久性，混凝土构件应尽量一次浇筑完成，当分段浇筑时，其间隔时间不宜超过 3d。施工前必须做好停水、停电的应急措施，尽量避免施工原因造成在混凝土浇筑过程中出现施工缝，当因人力无法抗拒的原因使混凝土浇筑出现停歇时间过长时，应按规范要求进入混凝土施工缝处理程序。施工缝处理按《公路桥涵施工技术规范》等相关规定进行，当施工缝处于水平状时，浇筑上层混凝土前应首先浇筑 50～100mm 厚的水泥砂浆，以提高接缝处混凝土的密实性。

3. 墩台顶帽施工

（1）顶帽放线

墩台混凝土至顶帽约 30cm 时，即测出墩纵横中心轴线，并据此竖立顶帽模板、安装锚栓孔、安装绑扎钢筋等。桥台顶帽放线时，应注意不要以基础中心线作为顶帽背墙线，以免放错。模板立好后，在灌混凝土前应再次复核，以确保顶帽中心、锚栓位置方向及支承垫石水平高程等不出差错。

（2）墩台顶帽模板

墩台顶帽是支承上部结构的重要部分，其尺寸位置和水平高程的准确度要求较严，墩台身混凝土灌注至顶帽下约 3cm 处，就应预埋接椎停止灌注，以保证顶帽底有足够的紧密混凝土，顶帽模板下面的一根拉杆，可利用顶帽下面的分布钢筋担任，以节省钢件。支承垫石的模板挂装在上部的拉杆上。台帽背墙模板应注意加足纵向支撑或拉条，以防止灌注混凝土时发生鼓胀，侵占梁端空隙。

（3）钢筋及锚栓孔

安装顶帽钢筋时，应注意将锚栓孔位置留出，因钢筋过密无法躲开锚栓孔时，可将钢筋断开，并用短钢筋按规定捆扎。锚栓孔应该下大上小，其模板可采用拼装式。锚栓孔模板安装时，顶面可比支承垫石顶面低约 5mm，以便支承垫石顶面抹平。为便于安装锚栓后灌实锚栓孔，可在每一锚栓孔模板的外侧上部，用三角木块预留进浆槽。锚栓孔可在支承垫石模板上放线定位。支承垫石混凝土强度达 2～5MPa 后，可拆除锚栓孔模板。最后，锚栓孔均须清孔凿毛。

墩台顶帽施工前后，均应复测其跨径及支承垫石高程。施工中应确保支承垫石钢筋网及锚栓孔位置的正确。垫石顶面要求平整，高程符合要求。墩台施工完毕后，应对全桥进行中线、水平及跨径贯通测量，并用墨线画出各墩台的中心线、支座十字线、梁端线及锚栓孔的位置。暂时不架梁的锚栓孔或其他预留孔，应排出积水将孔口封闭。

4.桥台附属工程施工

桥台附属工程施工包括锥坡、台后填土、台后泄水盲沟的施工等。其中，桥头锥体及台后缺口的填土，在严寒地区，必须采用渗水土填筑，并不得使用冻土，严格夯实。在非严寒地区，渗水土源确有困难时，也可用一般黏性土，但填土必须达到要求的密实度，并加强排水措施。

（三）装配式墩台

装配式墩台的施工方法与现浇墩台不同，它是预先将墩台制成体积较小的构件，运到施工现场后进行拼装，最终形成完整的桥梁墩台。装配式墩台施工适用于山谷架桥，跨越平缓无漂流物的河沟、河滩等的桥梁，特别是在工地干扰多、施工场地狭窄、缺水与砂石供应困难地区，其效果更显著。其优点有结构轻便、建桥速度快、圬工省、预制构件质量有保证等。装配式墩台有柱式墩和后张法预应力墩两种。

1.装配式柱式墩

常用的装配式柱式墩有双柱式、排架式、板凳式和钢架式四种形式。装配式柱式墩的主要施工工艺流程包括：预制构件、安装连接、混凝土养护。在安装连接中，各构件之间的连接接头可采用承插式接头、钢筋锚固接头、焊接接头、扣环式接头及法兰盘接头等。

装配式柱式墩在施工过程中应注意以下事项：①墩台柱构件与基础顶面预留杯形基座应编号，并检查各个墩、台高度和基座高程是否符合设计要求。②墩台柱吊入基杯内就位时，应在纵横方向测量，使柱身竖直度或倾斜度及平面位置均符合设计要求；对重大、细长的墩柱，须用风缆或撑木固定，方可摘除吊钩。③在墩台柱顶安装盖梁前，应先检查盖梁口预留槽眼位置是否符合设计要求，否则应先修凿。④柱身与盖梁（顶帽）安装完毕并检查符合要求后，可在基杯空隙与盖梁槽眼处灌筑稀砂浆，待其硬化后撤除楔子、支撑或风缆，再在楔子孔中灌填砂浆。

2.后张法装配式预应力墩

装配墩身由基本构件、隔板、顶板及顶帽四种不同形状的构件组成，用高强钢丝穿入预留的上下贯通的孔道内，张拉锚固而成。

后张法装配式预应力墩在施工时应注意以下事项：①实体段墩台（身）灌注时，要按拼装构件孔道的相对位置预留张拉孔道及工作孔。②构件的水平拼装缝采用的水泥砂浆不宜过干或过稀。砂浆厚度为15mm左右，便于调整构件水平高程，不使误差积累。③构件起吊时，要先冲洗底部泥土杂物，同时在构件四角孔道内可插入一根钢管，下端露出约30cm作为导向。④测量纵横向中心线位置，检查中心线无误后方可松开吊钩。⑤进行孔道检查时，如果孔道被砂浆堵塞无法通开，则只能在墩身内壁的相当位置凿开小洞，清除砂浆积块，再用环氧树脂砂浆修补。

二、基础的施工技术

（一）桩基础

1. 钻孔灌注桩施工

钻孔灌注桩施工应根据土质、桩径大小、入土深度和机具设备等条件选用适当的钻具（目前我国常用的钻具有旋转钻、冲击钻和冲抓钻三种）和钻孔方法，以保证能顺利达到预计孔深，然后清孔、吊放钢筋笼、灌注水下混凝土。

（1）准备工作

施工前应将场地整平好，以便安装钻机进行钻孔。当墩台位于无水岸滩时，钻架位置应整平夯实，清除杂物，挖换软土；场地有浅水时，宜采用土或草袋围堰筑岛。埋置护筒的作用是固定桩位，并做钻孔导向；护孔口防止孔口坍塌；隔离孔内外表层水，并保持钻孔内水位高于施工水位，以稳定孔壁。

泥浆在钻孔中的作用：在孔内产生较大的静水压力，防止塌孔；泥浆向孔外土层渗漏，在钻进过程中，孔壁表面形成一层胶泥，具有护壁作用，同时将孔内外水流截断，能稳定孔位；泥浆相对密度大，具有挟带钻渣的作用，利于钻渣排出。

（2）钻孔

我国现用旋转钻机按泥浆循环的程序不同分为正循环和反循环两种。正循环就是在钻进的同时，泥浆泵将泥浆压进泥浆笼头，通过钻杆中心从钻头喷进钻孔内，泥浆挟带钻渣沿钻孔上升，从护筒顶部排浆孔排入沉淀池，钻渣在沉淀池沉淀而泥浆仍进入泥浆池循环使用。反循环钻进过程就是清孔过程，不但节省了时间同时又可靠地保证孔底沉渣符合要求。机械钻进速度的提高和清孔时间的缩短促进施工效率的提高、成桩周期缩短，有效地提高了劳动生产率。

（3）清孔及吊装钢筋骨架

清孔的目的是除去孔底沉淀的钻渣和泥浆，以保证灌注的钢筋混凝土质量，确保桩的承载力。清孔的方法有抽浆清孔、掏渣清孔及换浆清孔。钢筋笼骨架吊放前应检查孔底深度是否符合要求；孔壁有无妨碍骨架吊装和正确就位的情况。钢筋骨架吊装可利用钻架或另立扒杆进行。吊放时应避免骨架碰撞孔壁，并保证骨架外混凝土保护层厚度，应随时校正骨架位置。钢筋骨架达到设计高程时，牢固定位孔口。

（4）灌注水下混凝土

目前我国多用直升导管法灌注水下混凝土。

2．挖孔灌注桩施工

挖孔灌注桩适用于无水或少水的较密实的各类土层，或缺乏钻孔设备，或不用钻机以节省造价。桩的直径不宜小于 1.2m，孔深一般不宜超过 20m。

3．沉管灌桩的施工

沉管灌注桩又称打拔管灌注桩，其施工过程是采用锤击或振动法将一根与桩的设计尺寸相适应的钢管沉入土中，然后将钢筋笼放入钢管内，再灌注混凝土，并边灌边将钢管拔出，利用拔管时的振动将混凝土捣实。

（二）沉井基础

沉井施工前要对沉井所通过的地层详细钻探，查明其地质构造、土质层次、地下连续墙深度、特性和水文情况，以便制订切实可行的沉井下沉方案，并对附近构造物采取有效的防护措施。在探明地质情况的前提下，布置探孔的位置、数量，确定孔深。每个沉井位置至少应钻 2 个探孔，一般孔位在基底范围外 2～3m 处；对于大跨径和重要的桥梁基础，每个井位最少要钻 4 个探孔，探孔深度要超过沉井预定下沉的刃脚深度。

第二节　梁桥施工技术

一、钢筋混凝土梁桥的一般特点

（一）钢筋混凝土梁桥的特点

钢筋混凝土梁桥是混凝土结构桥梁的一种类型，它具有钢筋混凝土结构的所有特点：混凝土集料可以就地取材，因而成本低、耐久性好、维修费用极少；材料可塑性强，可以按照设计意图做成各种形状的结构，如适应道路线形的曲线桥；采用装配式结构，工业化程度高，既提高工程质量又加快施工速度；整体性好，结构刚度大，变形小；噪声小等。

钢筋混凝土梁桥的缺点：梁的受拉区布置有受力的钢筋，由于受到混凝土裂缝宽度的限制，钢筋的拉应变或应力也将受到相应的制约，因为这一制约关系，钢筋混凝土结构无法利用高强度材料减轻结构自重，增大跨越能力，因为高强度混凝土的抗拉能力不大，极限拉伸很小，高强度钢筋不能发挥它的作用。

整体浇筑的钢筋混凝土梁桥，避免了预制安装结构的二次浇筑，使得结构的整体性能、桥梁使用性能及耐久性大大改善，条件许可时可充分考虑采用整体浇筑施工方式。但是整体浇筑施工工期长，施工受季节影响大，施工费用增加，从而制约了整体浇筑梁桥的使用范围。

（二）预应力混凝土梁桥的特点

预应力混凝土可以看作是一种预先储存了压应力的结构。在钢筋混凝土梁桥的受拉区虽然布置有受力钢筋，但仍不可避免地将出现一些裂缝，因此采用预加应力可改善结构的使用性能。通过张拉预应力筋，使受拉区预先储备一定数值的压应力；当外荷载作用时，混凝土可不出现拉应力或不出现超过某个限值的拉应力。对混凝土施加预压力的高强度钢筋，既是加力工具，又是抵抗构件内力的受力钢筋。

预应力混凝土梁桥，除了具有钢筋混凝土梁桥的所有优点外，它的主要特点如下：①由于能够充分利用高强度材料（高强度混凝土、高强度钢筋），所以构件截面小，自重弯矩占总弯矩的比例大大下降，桥梁的跨越能力得到提高。②与钢筋混凝土梁桥相比，一般可以节省钢材 30% ～ 40%，跨径越大，节省越多。③全预应力混凝土梁在使用荷载下不出现裂缝，即使是部分预应力混凝土梁，在频遇荷载组合下也无裂缝，因此是全截面参加工作，其相应的刚度比带裂缝的钢筋混凝土梁要大。故预应力梁可显著减少建筑高度，使大跨径桥梁做得轻柔美观；由于其能消除裂缝，增加了对多种桥型的适应性，更提高了结构的耐久性。④预应力技术的使用，使桥梁的施工方法得到发展，即原先钢桥的施工方法在预应力桥梁中得以应用，如悬臂拼装、顶推法等，而且为现代预制装配式结构提供了最有效的接合和拼装。

二、钢筋混凝土梁桥的分类

（一）按照结构体系分类

在钢筋混凝土与预应力混凝土梁式桥体系中，简支梁桥、悬臂梁桥和连续梁桥是三种古老的梁式结构体系。20 世纪 50 年代后，传统的悬臂拼装方法施工的应用及改进与发展，使预应力混凝土梁式桥中的悬臂体系得到了新的发展，形成了 T 形刚构桥。这种体系发挥了预应力混凝土结构的受力特点，并使悬臂施工技术得到了推广与创新。连续梁体系也因采用了悬臂施工方法而获得了新的竞争力。随后，又出现了将 T 形刚构粗厚桥墩减薄，形成柔性桥墩，使墩梁连接而成的连续刚构桥，它是 T 形刚构与连续梁结合的一种新体系。因此，将梁式桥体系基本归纳成五种类型，即简支梁桥、悬臂梁桥、连续梁桥、T 形刚构桥及连续刚构桥。

1. 简支梁桥

简支梁桥是梁式桥中应用最早、使用最广泛的一种桥型。它构造简单，施工简便，最易设计为标准跨径的装配式结构。在多孔简支梁桥中，由于各部分构造和尺寸比较统一，简化了施工管理工作，降低了施工费用；因相邻桥孔各自单独受力，桥墩上须设置相邻简支梁的两个支座。简支梁桥因构造较易处理而常被选用。简支梁桥是静定结构，结构内力不受地基变形等影响，因而能适用于地基较差的桥位上建桥，但多跨简支梁桥对行车舒适性不利。

简支梁的配筋主要受跨中正弯矩的控制。当跨径增大时，跨中恒载和活载弯矩将急剧增加，当恒载弯矩所占的比例相当大时，结构承受活载的能力就减小。在钢筋混凝土简支梁桥中，经济合理的常用跨径在 20m 以下。为了提高简支梁的跨越能力，常采用预应力混凝土结构。预加应力使梁全截面参加工作，减轻了结构恒载，增大了抵抗活载的能力。目前，世界上预应力混凝土简支梁最大跨径已达 76m，但在一般情况下，它的跨径超过 50m 后，桥型显得过于笨重，安装重量较大，相对地给装配式施工带来困难，实际上并不经济。我国预应力混凝土简支梁的标准跨径在 50m 以下。

2. 悬臂梁桥

将简支梁梁体加长并越过支点，便成为悬臂梁桥。仅梁的一端悬出称为单悬臂梁桥，两端均悬出称为双悬臂梁桥。可见，使用悬臂梁的桥型至少有三孔，或是采用一双悬臂梁结构的跨线桥，或是采用单悬臂梁，中孔采用简支挂梁组合成悬臂梁桥。在较长桥中，则可由单悬臂梁、双悬臂梁与简支挂梁联合组成多孔悬臂梁桥，习惯称悬臂梁主跨为锚跨。悬臂梁利用悬出支点以外的伸臂，使支点产生负弯矩对锚跨跨中正弯矩产生有利的卸载作用。

悬臂梁桥一般为静定结构，可在地基较差的条件下使用。在多孔桥中，墩上均只须设置一个支座，减小了桥墩尺寸，也节省了基础工程的材料用量。悬臂梁将结构的伸缩缝移至跨内，其变形挠曲线的转折角比简支梁变形挠曲线在支点处的转折角小，对行车的平顺性较为有利。

然而，无论是钢筋混凝土悬臂梁桥还是预应力混凝土悬臂梁桥，在实际工程中均较少采用。主要原因是桥梁结构体系的应用与施工方法有着较密切的关联，而判断体系优劣的同时还须顾及结构的使用性能。悬臂梁虽然在力学性能上优于简支梁，可适用于更大跨径的桥型方案，但因跨径较大时，梁体质量过大不易装配化施工，往往要在工费昂贵的支架上现浇；而且因为支点负弯矩区段的存在，不可避免地将产生裂缝，梁顶面虽有防护措施，也常因雨水侵蚀而降低使用年限。预应力混凝土悬臂梁桥虽无此患，并可采用节段悬臂方法，但同连续梁一样，因支点是简单支承，施工时必须采用临时固定措施；与连续梁相比，跨中还要增加悬臂与挂梁间的牛腿、伸缩缝的构造，在使用时行车又不及连续梁平顺，除了是静定结构这个特点外，别的优点不多，因而也较少采用。世界上混凝土悬臂梁桥最大跨径为 150m，一般在 100m 以下。

3. 连续梁桥

简支体系的梁桥，当跨径超过 25m 时，由于跨中恒载弯矩和活载弯矩迅速增大，致使梁的截面尺寸和自重显著增加，这不但使材料耗用量大，不经济，而且安装质量增大也给施工造成困难。采用连续体系的桥梁,不仅可以增大桥梁跨径,而且可以降低材料用量指标。

连续梁桥是将简支梁梁体在桥跨间的支点上连续而成的。连续梁桥可以做成两跨或三跨一联,也可以做成多跨一联。单联跨数太多,联长就要加大,受温度变化及混凝土收缩等影响产生的纵向位移也就越大,使伸缩缝及活动支座的构造复杂化;单联长度太短,则伸缩缝数量增多,不利于高速行车。

预应力混凝土连续梁桥是超静定结构,同样具有一般超静定结构的特点,在相同条件下,结构内力比静定结构小且内力状态比较合理。比如,在均匀荷载作用下弯矩的最大值比简支梁可减少 50%,弯矩图面积比简支梁可减少 2/3;将连续结构中各部分之间刚度进行合理调整,可最大限度地减少结构内力,减小截面尺寸,达到降低材料消耗的目的。同时,连续梁桥使结构外形更为合理。

施加预应力的超静定结构除有一般超静定结构特点外,还有下列特点:①在超静定结构上施加预应力,会使结构产生内力和变形,由于有多余的约束,不能自由变形,因而引起附加力(二次力)。同样,由于混凝土的收缩徐变不仅产生预应力损失,也会由于变形受约束而引起附加力(二次力)。②对结构施加预应力可以有效地避免混凝土开裂,特别是处于负弯矩区段的桥面板的开裂,这种开裂在普通钢筋混凝土连续梁中是不可避免的。③对结构施加预应力,使悬臂法施工、顶推法施工等这些科学、先进的连续梁施工方法得以实现并广泛应用。

4.T 形刚构桥

T 形刚构桥是一种具有悬臂受力特点的梁式桥,最早采用钢筋混凝土结构。从墩上伸出较短的悬臂,跨中用简支挂梁组合而成,因墩上在两侧伸出悬臂,形同"T"字,故称 T 形刚构。钢筋混凝土梁式结构承受负弯矩,顶面出现裂缝是不可避免的,因而钢筋混凝土 T 形刚构桥一般不能做成较大的跨径。而预应力混凝土结构采用悬臂施工方法,适宜做成长悬臂结构。20 世纪 50 年代以来,预应力混凝土 T 形刚构获得了较大发展。

预应力混凝土 T 形刚构桥分为跨中带剪力铰和跨中设挂梁两种基本类型。带剪力铰的 T 形刚构桥是 20 世纪 50 年代开始采用的一种桥型,它的上部结构全部是悬臂部分,相邻两悬臂通过剪力铰相连接。剪力铰是一种只能传递竖向剪力但不传递水平轴力和弯矩的连接构造。当在一个 T 形结构单元上作用有竖向力时,相邻的 T 形单元将因剪力铰的存在而同时受到作用,从而减小了直接受荷的 T 形单元的结构内力。带铰的、对称的 T 形刚构桥在恒载作用下是静定结构,在活载作用下是超静定结构。带剪力铰的 T 形刚构桥由于日照、混凝土收缩徐变和基础不均匀沉陷等因素的影响,剪力铰两侧悬臂的挠度不会相同,必然产生附加内力。这些挠度和附加内力难以准确预估,且不易采取适当措施加以清除或调整。此外,中间铰结构复杂,用钢量和费用也将增加。

带挂梁的 T 形刚构桥是静定结构,与带剪力铰的 T 形刚构桥相比,由于各个 T 形刚构单元单独作用而在受力和变形方面略差一些，但它受力明确，不受各种内外因素的影响。此外，因带挂梁的 T 形刚构桥在跨内有正负弯矩分布，其总弯矩图要比带剪力铰的 T 形刚构桥小一些，虽增加了牛腿的构造，但免去了剪力铰的复杂结构。其主要缺点首先是桥面上伸缩缝增多，对于高速行车不利；其次在施工时要增加预制与安装挂梁用的机具设备。因此，在国内主要采用带挂梁的 T 形刚构桥。而在国外，带剪力铰的 T 形刚构桥仍不失为预应力混凝土桥中的一个主要桥型，这主要是由于与连续梁相比，同样采用悬臂施工方法，后者要增加两道施工顺序：一是在墩上临时固结以利于悬臂施工，二是在跨中要合龙。T 形刚构桥虽桥墩粗大，但在大跨径桥中省去了价格昂贵的大型支座。另外，它在跨中有一伸缩缝，行车条件虽不如连续梁，但由于上述各种因素使其综合的材料用量和施工费用却比连续梁经济。当然，在结构刚度变形、动力性能方面，T 形刚构桥不如连续梁。钢筋混凝土 T 形刚构桥常用跨径在 40～50m，预应力 T 形刚构桥的常用跨径可在 60～200m。预应力混凝土 T 形刚构桥的受力特点是长悬臂体系，全桥以承受负弯矩为主，预应力束筋布置于桥的顶面。它与节段悬臂施工方法的协调相结合，为这种桥型的施工悬空作业机械化、装配化提供了有利条件，尤其对跨越深水、深谷、大河、急流的大跨径桥梁施工十分有利，并能获得满意的经济指标。

5. 连续刚构桥

连续刚构桥是预应力混凝土梁式桥型之一，它综合了连续梁和 T 形刚构桥的受力特点，将主梁做成连续梁体并与薄壁墩固结在一起。它同连续梁一样，可以做成一联多孔结构。在长桥中，可以在若干中间孔以剪力铰相连。连续刚构体系除保持了连续梁的各种优点外，墩梁固接节省了大型支座的昂贵费用，减少了墩及基础的工程量，并改善了结构在水平荷载（如地震荷载）作用下的受力性能，即各柔性墩按刚度比分配水平力。只是对柔性墩的设计，必须考虑上部梁体变形（转动与纵向位移）对它的影响。目前这种桥型在大跨径桥梁设计中得到了应用。

（二）按照截面形式分类

钢筋混凝土梁式桥与预应力混凝土梁式桥的横截面形式有板式、肋梁式和箱形三大类。

1. 板式截面梁桥

板式截面梁桥又称板桥。其特点是建筑高度小，构造简单施工方便，采用预制装配施工时，预制构件质量小，架设方便。

根据板桥的截面形式和施工方法可分为整体式矩形实心板桥、装配式实心板桥、装配式空心板桥、装配整体组合式板桥及异形板桥。其中，整体式矩形实心板桥截面形式简单，结构刚度大，整体性好，可适用于各种线形复杂的桥梁，如斜、弯、坡、S 形和喇叭形桥梁等，通常采用混凝土整体现浇施工。装配式预制空心板桥截面中间挖空形式多样，挖成单个较宽的孔洞，挖空体积最大，块件质量也最小，但在顶板内要布置一定数量的横向受力钢筋；

挖成两个正圆孔，当用无缝钢管作为芯模时施工方便，但其挖空体积较小，当芯模由两个半圆及两块侧板组成，对不同厚度的板只要更换两块侧模板就能形成圆端形孔，挖空体积较大，适用性较好。

异形板桥截面是现代城市高架桥经常采用的截面形式。其特点是建筑高度小，桥下净空大，能够满足城市跨线桥跨径较大的要求，且造型美观，能与柱形桥墩很好地配合，但其现场浇筑施工复杂。

2. 肋梁式截面梁桥

板式截面的抗剪能力比其抗弯能力大得多。当梁桥跨径增大时，弯矩与跨径平方成正比，剪力只与跨径成正比。因此，弯矩增长速度比剪力急剧得多。在横截面设计中，为了适应急剧增长的弯矩，增大主梁高度将十分有效，因为截面的抗弯能力与截面高度的立方成正比中，为了适应急剧增长的弯矩，增大主梁高度将十分有效，因为截面的抗弯能力与截面高度的立方成正比。因此，将板式截面的腹部挖空，减小板的宽度，既不影响主梁的抗弯能力，也能满足抗剪要求，同时也减小了主梁自重。这就是形成肋梁式截面的原因。

城市立交桥和跨线桥的悬臂梁或连续梁结构常采用现浇整体式 T 形截面布置的桥梁横截面形式和双 T 形截面布置的横截面形式。这两种形式的梁肋宽度较大，建筑高度较小，可形成低高度宽肋式的双 T 形截面或单 T 形截面，肋宽一般在 0.6～1.2m，T 形截面的翼缘厚度（桥面板厚度）与主梁间距有关，中间的厚度一般为 25～35cm，根部为 40～55cm，从而为城市高架桥赢得了空间。

3. 箱形截面梁桥

箱形截面是大跨径预应力混凝土桥梁、弯桥和斜交桥普遍采用的截面形式之一。其特点是全截面参加工作，截面抗弯、抗扭刚度大；材料在截面上分布合理，能够有效抵抗正、负弯矩和较大的扭矩；能够满足普通钢筋和预应力钢筋的配置要求，同时具有良好的横向抗弯能力。由于箱形截面抗扭刚度大，在车辆荷载作用下各主梁受力较均匀，其横向分布系数较小。箱形截面不仅适用于较大跨径的简支梁桥，还特别适用于较大跨径的连续梁桥、悬臂梁桥和 T 形刚构桥。因为这种类型的梁式桥结构，其桥跨结构在跨中承受正弯矩，在支座处承受负弯矩，箱形截面的上下底板完全适应它们的配筋要求。

箱形截面的类型一般分为单箱单室、单箱双室、单箱多室、双箱单室、双箱双室、多箱单室及长悬臂斜腹箱形截面等。通常根据桥宽的需要和采用的施工方法选用。

单箱单室截面受力明确，计算较简单，施工方便，材料用量较少。单箱多室和双箱双室等截面内力分布较均匀，但计算较复杂，施工较困难。实际工程中较多选用单箱单室和双箱单室等截面。分离的长悬臂斜腹箱形截面是现代城市高架桥经常采用的截面形式之一，其造型美观，箱形底板较窄，能减小桥墩截面尺寸，增加桥下净空。箱形截面不仅用于大跨径梁式桥，而且用于大跨径悬索桥、斜拉桥、箱形拱桥等。目前，跨径超过 60m 的大跨径桥梁大部分采用箱形截面。

三、梁桥的施工技术

（一）整体浇筑法

整体浇筑法是在预先搭好的支架上，将梁体混凝土浇筑与预应力张拉一气呵成。此法优点是梁体整体性好，结构受力明确，施工简单。但施工中需要大量的脚手架，设备周转次数少，施工周期长，往往要受季节影响，且整体浇筑法适用于低矮桥墩的中、小跨径连续梁。

1. 支架和模板

支架按构造可分为支柱式支架、梁式支架和梁柱式支架；按材料可分为木支架、钢支架、钢木混合支架和万能杆件拼装的支架等。

立柱式支架构造简单，常用于陆地或不通航的河道或桥墩不高的小跨径桥梁。梁式支架可采用工字钢、钢板梁或桁架梁作为承重梁，当框小于 10m 时可采用工字梁，跨径大于 20m 时采用钢桁梁。梁可以支撑在墩旁支架上，也可支撑在桥墩预留的托架或在桥墩处临时设置的横梁上。梁柱支架可在大跨径桥上使用。

梁的模板常用木模板和钢模板。木模板可按结构要求预先制作，然后在支架上用连接件拼装钢模板。钢模板大都做成大型块件，由加劲骨架焊接而成，一般长度为 3～8m，钢板厚度为 4～8mm。模板与支架虽然都是临时结构，但要承受桥梁的大部分恒载，因此必须具有足够的强度、刚度和稳定性。

2. 浇筑

通常情况下，就地浇筑施工一次灌注的混凝土工作量较大，需要连续作业，因此采用现场浇筑施工法的桥梁，在浇筑混凝土前要对模板、支架、钢筋和钢索位置、供料、拌制、运输系统、机械设备等进行周密的准备和严密的检查。施工期间要保证浇筑混凝土的整体性，并防止在浇筑上层混凝土时破坏下层混凝土，因此浇筑混凝土时必须有一定的速度，使上层浇筑的混凝土能在浇筑混凝土初凝之前完成。

悬臂与连续体系梁桥就地施工，施工时一般要分层或分段进行。一种是水平分层方法，先浇筑底板，待达到一定强度后进行腹板施工，或直接先浇筑底板和腹板，然后浇筑顶板。当工程量较大时，各部分可分数次完成浇筑。另一种施工方法是分段浇筑法，根据施工能力，每隔一定距离设置连接缝，该连接缝一般设在梁的弯矩较小的区域，待隔断混凝土浇筑完成后，最后在接缝处施工合龙。

分段浇筑的顺序，应使支架沉降较均匀地发展。对于支撑处架高的梁，通常应从支撑处向两边浇筑，这样还可以避免砂浆从高处向低处流动的问题。分段浇筑时，大部分混凝土重力在梁体合龙之前已经作用上去，这样可以减少支架早期变形和由此引起的梁体开裂。

3.养护和落架

浇筑完混凝土后，要对混凝土进行养护。养护能促使混凝土硬化，获得规定的强度，并防止混凝土干缩引起的裂缝。由于混凝土在硬化过程中会发热，在夏季和干燥气候下应进行湿润养护，冬季则要保护其不受冻，采用加温养护。

梁的落架程序应从梁挠度最大处的支架节点开始逐步卸落，以使梁的沉落曲线逐步加大。通常连续梁可从跨中向两端进行；悬臂梁应先卸落挂梁及悬臂部分，然后卸落逐跨部分。预应力混凝土连续梁在预应力筋张拉后恒载自重已能由梁本身承担时再落架。架设支架就地浇筑施工法的主要优点：桥梁整体性好，施工平稳、可靠，不须大型起重机及运输设备；施工中无体系转换；预应力混凝土连续梁可以采用强大预应力体系，可使结构构造简化，方便施工。主要缺点有：搭设支架影响河道的通航和排洪，施工期间支架可能受到洪水和漂流物的威胁；需要使用大量施工支架，施工工期长，费用高，不容易控制施工质量；混凝土的收缩、徐变会使预应力混凝土连续梁的应力损失较大。

（二）逐孔施工法

逐孔施工法是把连续梁按跨分成简支梁或悬臂梁，先预制梁体，张拉部分预应力筋束（一般为正弯矩束筋），再将梁逐孔架设至墩台上。如果先期结构（未形成整体化以前的结构）为简支梁，安装时必须先将梁支撑在临时支座上；梁的整体化工作，包括在梁端预留的孔道中穿预应力筋束并张拉、锚固，浇筑接头混凝土及将临时支座拆除；安装永久支座后即完成将简支梁串联成连续梁的工作。如果先期结构为悬臂梁，则须将中孔挂梁搁置在悬臂牛腿或临时支架上，就地浇筑湿接头混凝土，张拉为整体化所需的预应力筋束后即完成将悬臂梁串联成连续梁的工作。这种连续梁的施工方法俗称先简支后连续的施工方法。

有时为施工简便，将为整体化所需的预应力筋束（支点负弯矩筋束）用非预应力的普通钢筋代替。这种施工方法的优点是可以减少现场浇筑混凝土的工作量，节省支架材料，适用于中等跨径、每一片梁可以整片安装的情况。但它的自重仍按简支梁或悬臂梁结构产生内力，即须体系转换过程，因此不能充分体现连续梁的特点。

（三）悬臂施工法

悬臂施工法也称逐段施工法，它是在已建成的桥墩上，沿桥梁跨径方向对称地逐段拼装或浇筑的施工方法。采用悬臂施工的必要条件是在施工过程中需要墩与梁先行固结，此时结构的受力状态呈 T 形刚构状；当边孔合龙将最后块件放置在支座上时，形成一端固结、一端简支的单侧固端梁；拆除梁与墩先行固结的锚固筋，放置支座形成铰接后，此时梁呈单悬臂梁，两跨以上悬臂梁合龙后呈最后的连续梁受力状态。

悬臂施工法通常分为悬臂浇筑和悬臂拼装两类。

1. 悬臂浇筑

悬臂浇筑是在桥墩两侧对称逐段地浇筑，待混凝土达到一定强度后张拉预应力筋束，移动机具模板（挂篮），再进行下一梁段的浇筑，一直推进到悬臂端为止。悬臂浇筑每一梁段的施工周期为 7～10d，随工作量、设备、气温等而异。提高混凝土早期强度对有效缩短施工循环周期有着重要的作用。

2. 悬臂拼装

悬臂拼装施工是将块件分段预制，当下部结构完成后，将预制块件运到桥下，用活动起重机逐段起吊，拼装就位，施加预应力，使其逐段对称延伸为悬臂梁。悬臂拼装的基本施工程序是：块件预制、块件移动、堆存及运输、块件起吊拼装。

（四）顶推施工法

顶推施工是在沿桥纵轴方向的台后设置一个固定的预制场地，分节段预制，并用纵向预应力筋将预制阶段与前节段施工完成的梁体连成整体，然后通过水平千斤顶施力，将梁体向前顶推出预制场地，之后继续在预制场地进行下一节段梁的预制，直至施工完成。

1. 顶推施工的要点

要想用有限的顶推力将庞大的梁体推就位，必须有摩擦系数很小的滑移装置才能实现。目前，顶推施工采用不锈钢滑道与聚四氟乙烯滑块进行滑动，它们的摩擦系数为 0.015～0.065。

分段预制，逐段顶推。施工须采用等截面的预应力混凝土连续梁。用顶推法施工，设备简单，施工平稳，无噪声，施工质量好，可在深谷、宽深河道上的桥梁、高架桥及等曲率曲线桥、带有竖曲线的桥和坡桥上采用。

在顶推施工过程中，每个截面都要经历最大的正弯矩和最大的负弯矩。为了照顾运营与施工阶段的受力要求，顶推法比其他施工方法在配筋上要用得多些。如果要减小施工的弯矩，可在施工中采用一些辅助措施，如使用临时墩，可以减小梁的顶推跨径；在梁的前端设置钢导梁，可减小顶梁的悬臂长度；采用斜拉梁体避免悬臂段产生过大弯矩等。

2. 顶推过程

顶推法施工是周期性的反复操作过程，有三个主要环节：

第一，浇制梁段混凝土。浇筑梁段混凝土是在桥台后面坚实可靠的固定场地上进行的，也可在刚性较好的拼装支架上完成。每块梁段都紧接前一梁段浇筑。同一梁段可以一次浇成；对于块件较大者，也可以分两次完成。首先是底板混凝土，顶推出一个梁段后，在原底模板上继续浇筑下一节底板混凝土；同时，在前一块底板混凝土上浇筑腹板和顶板。底模板制作必须方便移动。一种做法是在两侧 0.5m 宽采用钢模板，中间部分为木模板，在混凝土底板滑移前，先将木模板降落，脱离梁体，此时，已与前段梁体成为整体的底板就只在钢模板上滑移。为了缩短顶推周期，对混凝土可采取早强措施，这时混凝土仅需 2～7d 就可达到顶推强度。

第二，张拉预应力筋束。在浇筑混凝土之后，顶推之前，必须穿预应力筋束并且进行张拉，此部分预应力筋束仅仅是为了满足块件之间连接的要求，以及在顶推过程中抵消梁体自重产生的弯矩。此时的预应力筋束只是一部分。某些筋束可能只张拉部分应力，还有些筋束仅是为顶推需要而设置的临时预应力筋束，待顶推就位，放松部分临时预应力筋束和拆除辅助设施后，再张拉后期预应力筋束。

第三，顶推。顶推装置是由垂直顶推千斤顶、滑架、滑台（包括滑块）、水平千斤顶组成的。顶推装置一般设置在紧靠梁段预制场地的桥台或支架上的梁底处。滑架长约2m，固定在桥台或支架上，用粗糙度为 0.8 的镀锌钢板支撑。滑台是钢制方块体，其顶面垫以氯丁橡胶块承托梁体，滑台与滑架之间垫有滑块，滑块由氯丁橡胶板下面嵌一聚四氟乙烯板组成。顶推时，开动液压泵，驱动水平千斤顶推动滑台。由于滑台顶面的橡胶垫块与梁底之间的摩阻力大于滑架与滑块之间的摩阻力，故水平千斤顶能够顺利地推动滑台顶着混凝土梁体前进。水平千斤顶行程一般为 1～2m，每顶完一个过程，即用垂直顶升千斤顶将梁顶起，梁体离开滑台，水平千斤顶回油后，将滑台退回，随后垂直千斤顶回油，梁体下落到滑台上，开动液压泵后，水平千斤顶继续向前顶推，开始下一个顶推过程。顶推时需要严格控制梁体两侧千斤顶同步运行。为防止梁体偏移，通常在梁体旁边隔一定距离设有导向装置。

全桥纵向只设一个顶推装置的称为单点顶推法。近年来，也常采用多点顶推施工法。由立模、浇筑到顶推、张拉，一个循环需 6～8d；顶推完毕就位后，拆除顶推用的临时预应力筋束，张拉通长的纵向预应力筋束及在顶推时未张拉到设计值的筋束；然后灌浆、封端，安装永久支座，落梁，主体工程完成。

第三节　拱桥施工技术

一、拱桥的工作特点与适用范围

（一）拱桥的特点

1.跨越能力较大

由于拱的截面应力分布远比梁均匀，故能较充分地发挥全截面材料的抗力性能，其跨越能力增大。

2. 材料适应性强

拱是受压为主的结构，故抗压能力强而抗拉能力弱的石、混凝土等圬工材料可成功用于拱桥修建。

3. 节约钢材

与钢桥、钢筋混凝土梁桥相比，可节约大量钢材。

4. 桥形美观

拱桥的美，得益于大孔主拱与小孔腹拱的合理比例，拱体曲线与桥面直线的协调配合和远山近水、城市风华的映衬烘托。

5. 自重较大，结构比梁桥复杂

平直的桥面系不可能直接布置在曲线形拱上面，其间需要拱上建筑来过渡。

6. 建筑高度大

矢高的存在，大大提高了拱桥桥面高程，相应导致两岸接线引道工程量增大，对于城市与平原地区，这个问题尤为突出。如果采用下承式，建筑高度将大大减小。

7. 下部结构负担重，对地基要求高

拱的巨大推力将使墩台及基础产生不利的力矩，使其截面应力分布严重不均，故拱桥下部结构工程量比梁桥大。而当地基软弱变形时，反过来将引起超静定的拱体内产生不利的附加内力，因此，良好的地基往往成为建造拱桥必需的客观条件。如用无推力组合体系拱，则地基负担明显减轻。

8. 军事适应性差

拱桥结构较复杂，破坏后抢修困难，多跨连续拱桥还有一孔破坏而波及全桥的连锁反应弊端，故重要国防公路尽量不建拱桥。对多跨连拱，我国桥梁规范建议宜每隔 3～5 孔设置能抵抗恒载单向推力的加强墩。

（二）拱桥的适用范围

尽管今后梁桥建设比重将不断增加，但拱桥仍是现阶段桥梁的主要形式之一，它主要用于：地基条件好、可就地取材的山区；侧重美学要求的城市和风景区；需要修建大跨径桥梁的山谷、河道等处。

二、拱桥的主要类型

悠久的发展历史和广泛的建造使用，决定了拱桥构形的多样性。而不同的分类依据使得拱桥有着不同的分类方法：

第一，依据主拱券（板、肋、箱）的材料划分圬工拱桥、钢筋混凝土拱桥和钢拱桥等。

第二，依据拱上建筑的形式划分实腹式拱桥和空腹式拱桥。

第三，依据主拱券拱轴线的形式划分圆弧线拱桥、抛物线拱桥和悬链线拱桥。

第四，依据桥面的位置划分上承式拱桥、下承式拱桥和中承式拱桥。

第五，按有无水平推力划分有推力拱桥和无推力拱桥等。

第六，依据结构体系划分简单体系拱桥、组合体系拱桥和拱片桥。

①简单体系拱桥。简单体系拱桥为桥上荷载（恒、活载）由主拱单独承受，其推力传向墩、台及基础。按照承重结构与桥面系的相对位置不同可以做成上承式的、下承式的（无系杆拱）或中承式。按主拱券静力图式可分为无铰拱、两铰拱和三铰拱。②组合体系拱桥。在拱桥桥跨结构中，桥面系的行车道梁与主拱通过吊杆联成一体，共同受力，称为组合体系拱桥。为降低桥面建筑高度，常采用下承式或中承式布置。由于拱的推力由行车道梁承受，故墩、台不承受水平推力，只承受通过支座传来的竖直力作为无推力结构，其下部结构负担大为减轻。按照拱结构与梁截面刚度比和吊杆形状的不同可分为系杆拱、朗格尔拱、洛泽拱和尼尔森拱。③拱片桥。上边缘与桥面纵向平行、下边缘为拱形的有推力结构称为拱片，它将拱与拱上建筑合为一个整体而共同承载，仅能用于上承式。依桥宽不同，拱片桥由不同数目的拱片构成，其间用横向联系连接。根据拱片结构不同的组成形式分为桁架拱和刚架拱。

第七，依据主拱截面形式划分板拱桥、肋拱桥、双曲拱桥、箱形拱桥、钢管混凝土拱桥、劲性骨架混凝土拱桥。

①板拱桥。如果主拱的横截面是整块的实体矩形截面，则称为板拱桥。板拱桥是最古老的拱桥，由于它构造简单，施工方便，至今仍在使用。在相同截面积的条件下，实体矩形截面比其他形式截面的截面抵抗矩小，在弯矩作用下，材料的强度没有得到充分利用。如果要获得与其他形式截面相同的截面抵抗矩，板拱桥就必须增大截面积，这就相应地增加了材料用量和结构自重，故采用板拱桥是不经济的。②肋拱桥。为了节省材料，减轻结构自重，以较小的截面积获得较大的截面抵抗矩，将整块的矩形实体截面划分成两条（或多条）分离式的肋，以加大拱券截面的高度，这就形成了由几条肋组成的拱桥，称为肋拱桥。肋拱桥材料用量一般比板拱桥经济，但构造比板拱桥复杂。③双曲拱桥。主拱券的横截面由数个横向小拱组成，使主拱券在纵向及横向均呈曲线形，故称为双曲拱桥。双曲拱截面的抵抗矩比相同截面积的实体板拱券大，因此可以节省材料，结构自重轻。双曲拱桥曾经在公路桥梁上获得广泛应用，且最大跨径已达 150m。④箱形拱桥。将实体的板拱截面挖空成空心箱形截面，称为箱形拱或空心板拱。箱形拱的截面抵抗矩较相同截面积的板拱的截面抵抗矩大得多，从而大大减小弯矩引起的应力，节省材料。⑤钢管混凝土拱桥。钢管混凝土拱桥属于钢－混凝土组合结构中的一种，钢管混凝土主要用于以受压为主的结构，用它来做主拱符合材料的受力特点，因而主拱截面及其宽度相对减小，这样可以减小

桥面上承重结构所占的宽度,提高了中承式、下承式拱桥的桥面宽度的使用效率。⑥劲性骨架混凝土拱桥。劲性骨架混凝土拱桥与普通钢筋混凝土拱桥的区别在于前者以钢骨拱桁架作为受力筋,可以是型钢,也可以是钢管,采用钢管做劲性骨架的混凝土拱又可称为内填外包型钢管混凝土拱。劲性骨架混凝土拱桥主要用在大跨径拱桥中,同时也解决了大跨径拱桥施工的"自架设问题",即首先架设自重轻,刚度、强度均较大的空钢管骨架,然后在空钢管内压注混凝土形成钢管混凝土,使骨架进一步硬化,再在钢管混凝土骨架上外挂模板,浇筑外包混凝土,形成钢筋混凝土结构。在这种结构中,钢管和随后形成的钢管混凝土主要是作为施工的劲性骨架来考虑的。成桥后,它也可以参与受力,但其用量通常是由施工设计控制的。

三、拱桥的基本组成

和梁桥一样,拱桥也是由上部结构(桥跨)和下部结构(墩、台、基础)组成的。

(一)上部结构

拱桥上部结构又称桥跨结构,由主拱、拱上建筑和桥面系组成。

1. 主拱

主拱是拱桥上部结构的主要承重构件,它承受拱桥上部结构全部恒载和桥上通行的车辆、人群活载,并由其拱脚传向下部结构。通常石拱桥的主拱横截面为遍及其全宽的实体矩形,称为主拱券。

主拱的跨中截面位置最高,称为拱顶。主拱与墩、台的连接截面位置最低,称为拱脚。主拱的上、下曲面分别称为拱背与拱腹。

拱脚与拱腹的交线称为起拱线,其高程为拱桥的重要控制高程。主拱各截面形心点的连线即拱轴线,拱轴线形的合理选择是拱桥设计的关键所在。

2. 拱上建筑

拱上建筑是指主拱和桥面系之间的联系结构,依靠它实现由曲到平的线形过渡,满足布置桥面车道需要,而桥面系恒载和车辆行人活载也将通过它传向主拱。由于拱上建筑和主拱在构造上是连成一体的,实际上它将与主拱共同受力,这就是拱与拱上结构的联合作用。拱上建筑的类型有实腹式和空腹式两种,前者整个拱上空间为材料充满,构造简单而自重较大,用于 $L \leqslant 20m$ 的小跨;后者拱上空间部分挖空以减轻自重,但构造复杂,用于 $L \geqslant 30m$ 的中、大跨。

3. 桥面系

桥面系包括车行道、人行道及栏杆、排防水设施、伸缩缝与变形缝等。

（二）下部结构

拱桥下部结构由支承相邻桥跨的桥墩、支承桥边跨并与路堤连接的桥台及其下的基础组成。主拱的巨大推力和其超静定结构的性质，使下部结构的负担加大，因此，拱桥的下部结构比梁桥庞大，其可靠性往往成为拱桥工程成败的关键所在。

四、拱桥的施工技术

拱桥是一种能充分发挥圬工及钢筋混凝土材料抗压性能、外形美观、维修管理费用少的合理桥型，因此被广泛采用。拱桥的施工方法大体可分为有支架施工和无支架施工两大类。在我国，前者常用于石拱桥和混凝土预制块拱桥；后者多用于肋拱、双曲拱、箱形拱、桁架拱桥等。目前也有采用两者相结合的施工方法。

（一）有支架施工

石拱桥、现浇混凝土拱桥及混凝土预制块砌筑的拱桥，都采用有支架的施工方法修建。其主要施工工序有材料的准备、拱券放样（包括石拱桥拱石的放样）、拱架制作与安装、拱券及拱上建筑的砌筑等。拱券或拱架的准确放样，是保证拱桥符合设计要求的基本条件之一。石拱桥的拱石，要按照拱券的设计尺寸进行加工，为了保证尺寸准确，需要制作拱石样板。现在一般都是采用放出拱券（肋）大样的办法来制作样板，样板用木板或锌铁皮在样台上按分块大小制成。

1. 拱架

拱架须支承全部或部分拱券和拱上建筑重量，并保证拱券的形状符合设计要求，因此拱架要有足够的强度、刚度和稳定性。同时，拱架又是一种施工临时结构，故要求构造简单、装拆方便并能重复使用，以加快施工进度，减少施工费用。拱架的种类很多，按使用材料可分为木拱架、钢拱架、竹拱架、竹木拱架等形式。木拱架的制作简单，架设方便，但耗用木材较多，常用于盛产木材的地区。钢拱架有多种形式，如工字梁式拱架（适用跨径可达 40m）和桁架式拱桥（一般可用于 100m 跨径以上）。钢拱架大多做成常备式构件（又称万能式构件），可以在现场按要求组拼成所需的构造形式，因它是由多种零件（如由角钢制成的杆件、节点板和螺栓等）构成的，故拆装容易，适用范围广，节省木材。

2. 拱券及拱上建筑的施工

修建拱券时，为保证在整个施工过程中拱架受力均匀，变形最小，使拱券的质量符合设计要求，必须选择适当的砌筑方法和顺序。一般根据跨径大小、构造形式等分别采用不同繁简程度的施工方法。

跨径在 10～15m 的拱券，通常可按拱的全宽和全厚，由两侧拱脚同时对称地向拱顶砌筑，并在拱顶合龙时，使拱脚处的混凝土未初凝或石拱桥拱石砌缝中的砂浆尚未凝结。稍大跨径时，最好在拱脚预留空缝，由拱脚向拱顶按全宽、全厚进行砌筑（浇筑混凝土），为了防止拱架的拱顶部分上翘，可在拱顶区段适当预先压重，待拱券砌缝的砂浆达到设计强度 70% 后（或混凝土达到设计强度），再将拱脚预留空缝用砂浆（或混凝土）填塞。

大、中跨径的拱桥一般采用分段施工或分环（分层）与分段相结合的施工方法。分段施工可使拱架变形比较均匀，并可避免拱券的反复变形。另外，须注意合龙时的大气温度是否符合设计要求，如设计无明确要求，也宜在气温较低时进行。

当跨径大、拱券厚度较大时，可将拱券全厚分层（即分环）施工，按分段施工法修建好一环合龙成拱，待砂浆或混凝土强度达到设计要求后，再浇筑（或砌筑）上面的一环。这样第一环拱券就能参与拱架共同承受第二环拱券结构的重力，以后各环均照此进行。这样可以大大地减少拱架的设计荷载。

拱上建筑的施工应在拱券合龙、混凝土或砂浆达到设计强度 30% 后进行。对于石拱桥，一般不少于合龙后三昼夜。拱上建筑的施工，应避免使主拱券产生过大的不均匀变形。空腹式拱桥一般是在腹孔墩砌完后就卸落拱架，再对称均衡地砌筑腹拱券，以免由于主拱券的不均匀下沉而使腹拱券开裂。

在多孔连续拱桥中，当桥墩不是按施工单向受力墩设计时，仍应注意相邻孔间的对称均衡施工，避免桥墩承受过大的单向推力。

（二）缆索吊装施工

在峡谷或水深流急的河段上，或在通航河流上需要满足船只的顺利通行，或在洪水季节并受漂流物影响等条件下修建拱桥，宜考虑采用无支架的施工方法，即可采用大型浮式起重机、缆索架桥设备等方法架设。

由于缆索架桥设备具有跨越能力大，水平和垂直运输机动灵活，施工也比较稳妥方便等优点，因此，在修建公路拱桥时较多采用，并得到了很大发展，积累了丰富的经验。拱桥缆索吊装施工大致包括拱肋（箱）的预制、移运和吊装，主拱券的拼装、合龙，拱上建筑的砌筑，桥面结构的施工等主要工序。可以看出，除缆索吊装设备，拱肋（箱）的预制移运和吊装，拱券的拼装、合龙几项工序外，其余工序都与有支架施工方法相同（或相近）。缆索吊装设备，按其用途和作用可以分为主索、工作索、塔架和锚固装置四个基本组成部分。其中主要机具设备包括主索、起重索、牵引索、扣索、浪风索、塔架（包括索鞍）、地锚（地垄）、滑轮、电动卷扬机或手摇绞车等。

1. 主索

主索也称为承重索或运输天线，两端锚固于地锚。主索的截面积（根数）根据吊运构件的重量、垂度、计算跨径等因素由计算确定。横桥向主索的组数，可根据桥面宽度及设备供应情况等合理选择，一般可选 1～2 组。每组主索可由 2～4 根平行钢丝绳组成。

2. 起重索

用来控制吊物的升降（垂直运输），一端与卷扬机滚筒相连，另一端固定于对岸的地锚上。

3. 牵引索

用来牵引行车在主索上沿桥跨方向移动（水平运输）。

4. 扣索

当拱肋分段吊装时，须用扣索分段悬挂拱肋及调整拱肋接头处的高程。

5. 浪风索

浪风索也称为缆风索，用来保证塔架、扣索排架等的纵、横向稳定及拱肋安装就位后的横向稳定。

6. 塔架及索鞍

塔架是用来提高主索的临空高度及支承各种受力钢索的重要结构。塔架的形式是多种多样的，按材料可分为木塔架和钢塔架两类。木塔架一般用于高度在 20m 以下的场合，当高度在 20m 以上时较多采用钢塔架。塔架顶上设置了为放置主索、起重索、扣索等用的索鞍，它可以减小钢丝绳与塔架的摩阻力，使塔架承受较小的水平力，并减少钢丝绳的磨损。

7. 地锚

地锚也称为地垄或锚旋，用于锚固主索、扣索、起重索及绞车等。地锚的可靠性对缆索吊装的安全有决定性影响。

8. 电动卷扬机及手摇绞车

用作牵引、起吊等的动力装置。电动卷扬机速度快，但不易控制。要求精细调整钢索长度的部位多用手摇绞车，以便于操纵其他附属设备，如各种倒链葫芦、花篮螺栓、钢丝卡子（钢丝扎头）、千斤绳、横移索等。

在无支架施工的拱桥中，为保证拱肋有足够的纵、横向稳定性，除要满足计算要求外，在构造、施工上都必须采取一些措施。

第四节　其他体系桥梁施工技术

一、刚架桥

（一）概述

桥跨结构（主梁）和墩台（支柱）整体相连的桥梁称为刚架桥。由于两者之间是刚性连接，在竖向荷载作用下，将在主梁端部产生负弯矩，因而减小了跨中的正弯矩，跨中截面尺寸也相应减小。刚架桥的主梁高度一般比梁桥的小。因此，刚架通常适用于需要较大的桥下净空和建筑高度受到限制的情况，如立交桥、高架桥等。

刚架桥在竖向荷载作用下，支柱除承受压力外，还承受弯矩。支柱一般也用混凝土构件做成。刚架桥在竖向荷载作用下，一般都产生水平推力。为此，必须有良好的地基条件或用较深的基础和用特殊的构造措施来抵抗推力的作用。

刚架桥大多做成超静定的结构形式，故在混凝土收缩、温度变化、墩台不均匀沉陷和预施应力等因素的影响下，会产生附加内力（次内力）。在施工过程中，当结构体系发生转换时，徐变也会引起附加内力。有时，这些内力可占全部内力相当大的比例。

刚架桥的主要优点：外形尺寸小，桥下净空大，视野开阔，混凝土用量少，但钢筋的用量较大，基础的造价较高。所以，目前常用的是中小跨径。近年来，随着预应力混凝土技术的发展和悬臂施工方法的广泛应用，刚架桥也得到了进一步的发展。

（二）刚架桥的类型

刚架桥可以是单跨或多跨。单跨刚架桥的支柱可以做成直柱式（门形刚架）或斜柱式（斜腿刚架）。单跨的刚架桥一般产生较大的水平反力。为了抵抗水平反力，可用拉杆连接两根支柱的底端或做成封闭式刚架。门形刚架也可两端带有悬臂，这样可减小水平反力，改善基础的受力状态，而且有利于和路基的连接，不过增加了主梁的长度。

斜腿刚架桥的压力线和拱桥相近，故其所受的弯矩比门形刚架要小，主梁跨径缩短了，但支承反力有所增加，斜柱的长度也较大。因此，当桥下净空要求为梯形时，采用斜腿刚架是有利的，它可用较小的主梁跨径来跨越深谷或同其他线路立交。有不少跨线桥采用斜腿刚架，它不仅造型轻巧美观，施工也较拱桥来得简单。

多跨刚架桥可以做成 V 形墩身的刚架桥，也可以做成连续式或非连续式的刚架桥。非连续式刚架桥是在主梁跨中设铰或悬挂简支梁，形成所谓 T 形刚构或带挂梁的 T 形刚构，这样有利于采用悬臂法施工，而静定结构则能减小次内力、简化主梁配筋。对于连续式主梁的多跨刚架桥，当全桥太长时，宜设置伸缩缝或者做成数座互相分离的连续式主梁的刚架桥。

中小跨径的连续式刚架桥通常做成等跨，以利于施工。跨径较大时，为了减少边跨的弯矩，使之与中跨相近，利于设计和构造，也可使边跨跨径小于中跨。有时，当连续式刚架桥边跨的跨径远小于中间跨时，可能导致主梁端支座承受很大的上拔力，需要进行特殊的处理。通常可将边跨主梁截面改成实体的或加平衡重，以使端支座获得正的反力（压力）。多跨连续式刚架桥发展很快，由于它具有无需大型支座、线形匀称等一系列优点，故在技术经济比较时，常胜于连续式梁桥。刚架桥有支承铰接和固接两种。固接刚架桥的基础要承受固端弯矩，内力也较铰接刚架桥大许多，但主梁弯矩可减小。铰接刚架桥的构造和施工都比较复杂，养护也比较费时。

（三）刚架桥的构造特点

1. 一般构造

主梁截面形状与梁桥相同，可做成整体肋梁、板式截面或箱梁。主梁在纵向的变化可做成等截面、等高变截面和变高度截面三种。变高度主梁的下缘形状可以是曲线形、折线形或曲线加直线等。

支柱有薄壁式和立柱式。立柱式又可分为多柱和单柱。多柱式的柱顶通常都用横梁相连，形成横向框架，以承受侧向作用力。当立柱较高时，尚应在其中部用横撑将各柱连接起来。当桥梁很高时，为了增加其横向刚度，还可做成斜向立柱，立柱的横截面可以做成实体矩形、工字形或箱形等。

2. 刚架桥节点构造

刚架桥的节点指立柱与主梁连接的地方，又称角隅节点。该节点必须具有强大的刚度，以保证主梁和立柱的刚性连接。角隅节点和主梁（或立柱）连接的截面受有很大的负弯矩，因此在节点内缘混凝土承受较高的压应力。节点外缘的拉力由钢筋承担。

对于板式刚架，可在节点内缘加梗腋，以改善其受力情况，而且可以减少配筋，以利施工。角隅点的外缘钢筋必须连续绕过隅角之后加以锚固。

当主梁和立柱都是箱形截面时，角隅节点可做成三种形式：仅在箱形截面内设置斜隔板；设有竖隔板和平隔板；兼有斜隔板、竖隔板和平隔板。为了使角隅节点有强大的刚性，并简化施工，也可将它做成实体的。

3. 铰的构造

刚架桥的铰支座，按所用的材料分为铅板铰、混凝土铰和钢铰。铅板铰就是在支柱底面与基础顶面之间垫有铅板，中间设销钉，销钉的上半截伸入柱内，下半截伸入基础内，利用铅材容易产生变形的特点形成铰的转动作用。钢铰支座一般用铸钢制成，其构造与梁桥固定支座和拱桥支座相同。混凝土铰就是在需要设置铰的位置将混凝土截面骤然减小（称为颈缩），使截面刚度大大减小，因而该处的抗弯能力很低，可产生结构需要的转动，这样就形成了铰的作用。

（四）刚架桥的施工方法

刚架桥的施工方法同预应力混凝土梁桥的方法相同，常用的方法有立支架就地现浇、预制拼装（可以整孔、分段串联）、悬臂浇筑、顶推、用滑模逐跨现浇施工等。实际工程中刚架桥的施工方法应因时因地，根据安全经济、保证质量、降低造价、缩短工期等因素综合考虑。

大量的连续梁桥和连续刚构桥采用的是无支架法施工，对于连续刚构桥来说，由于主梁与桥墩是固结的而没有支座，其施工过程比连续梁桥更为简单，悬臂法是其最常用的施工方法。

二、斜拉桥

斜拉桥主要由主梁、索塔和斜拉索三大部分组成。主梁一般采用混凝土结构、钢－混凝土组合结构或钢结构，索塔大多采用混凝土结构，斜拉索则采用高强材料（高强钢丝或钢绞线）制成。斜拉桥中荷载传递路径是：斜拉索的两端分别锚固在主梁和索塔上，将主梁的恒载和车辆荷载传递至索塔，再通过索塔传至地基。

斜拉桥属高次超静定结构，与其他体系桥梁相比，包含更多的设计变量，全桥总的技术经济合理性不易简单地由结构体积小、重量轻或者满应力等概念准确地表示出来，这就给选定桥型方案和寻求合理设计带来一定困难。

（一）斜拉桥的特点

1. 跨越能力大
因拉索提供多点弹性支承，使其主梁弯矩显著减小，斜拉桥的跨越能力大大增强。

2. 建筑高度小
主梁轻巧，其高通常为跨径的 $1/100 \sim 1/50$，既能充分满足桥下净空需要，又有利于降低引道填土工程量。

3. 斜拉桥的水平拉力
水平拉力相当于对混凝土梁施加的预压力，有助于提高梁的抗裂性能，并充分发挥了高强材料的特性。

4. 设计构思多样性
没有一种桥型能像斜拉桥那样演变出千姿百态的造型，塔、索、梁的组合多样性，为设计构思提供广阔的变化空间，可适应多种不同的使用要求与桥址自然条件。

5.悬臂法施工方便安全

悬臂施工法是斜拉桥普遍采用的方法,特别适用于净高很大的大跨径斜拉桥,有悬臂拼装、悬臂浇筑或悬拼与悬浇相结合诸种。

6.抗风振稳定性好

与悬索桥相比,斜拉桥的竖向刚度与抗扭刚度均较大,抗风振稳定性好,且无需大型锚碇,故在其适用跨径范围内,悬索桥总造价将比斜拉桥多 20% ～ 30%。

7.桥型美观

高昂的桥塔、坚劲的斜索和轻盈的主梁相结合,似美妙竖琴和远航征帆,充分体现当代桥梁力与美的高度和谐。

8.施工技术要求高

斜拉桥工序繁复,高空作业多,施工过程控制严格。

9.索与塔、梁的连接构造较复杂

索锚抗疲劳性能和钢索防护措施有待不断改进。

(二)体系分类

斜拉桥的体系分类根据其分类指标的不同而不同。

1.按桥塔数目分类

按桥塔数目可分为独塔双跨体系、双塔三跨体系和多塔体系。

2.按索面布置分类按索面布置

按索面布置可分为单索面体系、双索面体系和空间倾斜索面体系。

3.按主梁材料分类

按主梁使用材料可分为钢主梁、预应力混凝土梁、叠合梁、钢与混凝土混合梁等体系。

4.按塔索结合方式分类

根据梁、索、塔三者结合方式,斜拉桥可分为四种不同的结构体系,即飘浮体系、支承体系、塔梁固结体系和刚构体系。

(1)飘浮体系

塔墩固结,塔梁分离;主梁除两端有支撑设置,其余全部用拉索吊起,在纵向稍做浮动的具有多点弹性支承的单跨梁。由于斜拉索不能给梁以有效的横向支承,为抵抗风力等对其的横向水平力,应在塔柱和主梁间布设板式或盆式橡胶支座,以施加横向约束。当悬臂施工时,其塔柱处主梁须临时固结,以抵抗施工过程中的不平衡弯矩。

(2)支承体系

塔墩固结，塔梁分离，主梁在塔墩上设置支点，成为具有多点弹性支承的三跨连续梁，通常设四个活动支座，可避免因一侧存在纵向水平约束而导致极不均衡的温度变化，它将使无水平约束一侧的塔柱内产生很大附加弯矩。当全桥满载时，塔柱处有较大负弯矩尖峰。支承体系的温变和混凝土收缩徐变次内力较大，若在支点设置可调节高度的弹簧支座并在成桥时调整支座反力，可消除大部分收缩徐变等不利影响。支承体系悬臂施工中不须额外设置临时支点，施工较便利。

（3）塔梁固结体系

塔梁固结并支承于墩上，为斜拉索提供多点弹性支承的连续梁。其梁、塔内力和主梁挠度与梁、塔截面弯曲刚度比值有关，支座配置通常在一个塔柱支座固定，其余为活动支座。主要优点是减小塔墩弯矩和主梁中央段轴向拉力。但当中跨布载时，主梁在墩顶处转角会使塔柱倾斜，显著增大主梁跨中挠度和边跨负弯矩，这是该体系的弱点。上部结构恒载和活载反力都须由支座传向桥墩，往往须设很大吨位支座，大跨径斜拉桥为万吨级以上，故支座的设计、制造和日后的养护、更换都比较困难。

（4）刚构体系

梁、塔、墩相互固结，形成在桥跨内具有多点弹性支承的刚构。其优点是免除大型支座设置，满足悬臂施工的稳定要求，结构整体刚度大，主梁挠度小。缺点是主梁固结处负弯矩大，为消除很大的温度应力，刚构体系一般做成带挂梁的形式，这将导致车行不平顺和结构抗风、抗地震能力的削弱。当塔墩很高时，宜采用由两片薄壁组成的柔性墩来适应温变、混凝土收缩徐变和活载等对结构产生的水平变形。

总之，主梁结构体系的选用，应根据地形地质条件、支座吨位、施工方法、行车平顺性和抗风抗震要求等因素综合考虑。飘浮体系由于受力较匀称、有足够刚度、抗风抗震性能较好、主梁可用等截面以简化施工，是采用较多的结构体系；塔梁固结体系的塔、墩内力最小，温变内力也小，仅主梁边跨负弯矩较大，也是可以考虑采用的结构体系。

（三）各部分构造

1. 主梁

主梁及与其连接在一起的桥面系，直接支承交通线路，是斜拉桥主要组成部分，其造价占全桥的 50% 左右。

（1）截面形式

主梁形式有实体梁式、板式和箱形截面。主梁截面形式应根据跨径、索面布置与索距、桥宽等不同需要，根据其受力要求、抗风稳定性、施工方法综合考虑选用。

①板式

板式截面建筑高度小，构造简单，抗风性能良好，适用于双索面密索布置且桥宽较窄的桥。当板厚较大时，可做成留有圆孔或椭圆孔的空心板断面。

②分离式双箱

两个分离箱梁用于锚固拉索与承重，其中心应对准斜拉索面位置，箱梁之间设置桥面系。其优点是施工方便，如用悬臂法，两箱分别施工，悬浇时可采用纵向滑模工艺，挂篮承重减轻，悬拼时构件吊重显著减小；再安装横梁和现浇混凝土桥面。桥全截面抗扭刚度较差是其主要缺点。实际上，由于主梁断面尺寸小，空心箱节省的混凝土数量不多，但相应带来的内模装拆、横梁钢筋布置和拉索锚固的复杂困难却不少，故近年已倾向于采用梁板式断面取代。

③整体闭合箱

闭合箱具有强大的抗弯和抗扭刚度，当其宽度比为 8～10 时，抗风性能尚佳，适用于双索面稀索体系和单索面布置的斜拉桥。倾斜式腹板箱梁截面在体形美观、抗风性能和减小墩宽等方面均优于竖直腹板箱。

④半封闭箱

半封闭箱的横断面两侧为三角形或梯形封闭箱，端部加厚用以锚固拉索，两箱间为整体桥面板，除个别需要段落，其他均不设底板。这种断面既满足一定的抗弯、抗扭刚度要求，又具有优良的抗风动力稳定性能，特别适用于风载较大的双索面密索体系宽桥。

（2）截面尺寸

①梁高

主梁截面尺寸变化将影响梁弯矩数值，当主梁抗弯刚度增加时，梁截面弯矩也将增加，其变化规律是非线性的。从提高抗风稳定性出发，加大桥宽、减小主梁高有助于增大临界风速。为便利施工，斜拉桥主梁的纵断面通常采用等高度布置。即使跨径与荷载条件相同，但由于结构体系、主梁截面形式和索距的不同，斜拉桥主梁高度会有很大变化。随着扁平横断面形式的出现，主梁内力由原来的以弯矩为主转变为以轴力为主，梁高可显著降低。对于梁板式断面，主梁高应大于或等于横梁高，故其高度取决于横向弯矩大小，即与桥宽和索面横向距密切相关。

②桥宽

桥宽 B，通常由桥面通行净空和设置索面防护要求决定；

$$B = W + 2C + nL$$

（公式 7-1）

式中：W ——车行道宽；

C——单边人行道宽；

n——索面数；

L——防护带宽（通常对双索面取 1m；单索面，防护带同时作为分车带，则取 $2\sim 3$m 为宜）。

（3）锚固区构造

锚固区是主梁与拉索连接的重要结构部位，锚固方式的选择应考虑下列因素：保证索、梁连接的可靠性，能使集中索力均匀分散传递至全截面；具有防锈蚀能力，避免拉索产生颤振应力腐蚀；如需要在梁端张拉，应保证足够操作空间；便于拉索养护与更换。锚固方式有顶板锚固、箱内锚固及在三角形箱边缘锚固。

2．拉索

拉索是展示斜拉桥特点的一个重要结构部件。桥跨结构重量和桥上活载，绝大部分或全部通过斜拉索传至塔柱，它对主梁提供多点弹性支承，其刚度对全桥影响很大。拉索造价占斜拉桥全桥的 25%～30%，其重要性虽在经济上居于次席，但在受力上却举足轻重。

（1）拉索的形式

斜拉索在纵向采用的不同布置有四种类型：辐射式、竖琴式、扇式和星式。斜拉索宜采用抗拉强度高、抗疲劳性能好、弹性模量大的钢材，目前，国内外采用较多的有平行钢丝束、钢绞线束、封闭式钢缆等。

（2）拉索的锚固

拉索的锚固对整个结构的工作可靠性有直接影响。锚具是极为重要的部件，拉索锚具有冷铸锚、热铸锚、墩头锚、夹片锚等。

（3）拉索的防护

为提高拉索使用寿命，减少养护工作量，对拉索采取防护措施非常必要。拉索的防护方式有不锈钢丝防锈、热挤压高密度聚乙烯（PE）套管防锈。拉索与锚具的接合部位，为防止水汽侵入拉索内部，应设置橡胶密封垫块等有效隔离止水设施。

3．索塔

索塔除承受塔身自重外，还将承担作为桥面系主梁多点弹性支承的各斜索的竖向分力，因此轴压力巨大，往往在数千吨以上。由于受活载及其制动力、风力、温度变化、混凝土收缩等因素影响和悬臂施工中的不平衡加载，索塔还将出现较大弯矩。

（四）斜拉桥的施工方法

斜拉桥可以采用无支架施工，其方便性是斜拉桥在大跨径桥梁方案中得到广泛应用的重要原因之一。塔柱是斜拉桥施工的首要受力构件，塔柱施工完毕后或塔柱锚固区施工至一半时，开始施工主梁，斜拉索一般随主梁的延伸逐步安装。斜拉桥的恒载张力是决定全桥受力的主要因素，因此如何确定合理张拉索力及如何保证实际张拉到位是斜拉桥施工的关键。

1. 塔柱施工

混凝土塔柱施工一般均采用分节就地浇筑方法施工，每节 2～5m，其方法类似高墩或高烟囱的施工。混凝土的输送采用吊斗或混凝土输送泵，塔柱施工的不同点主要是模板和脚手架平台的做法，主要有下列方法：

（1）满布工作平台及模板法

从地面或墩顶置立满布鹰架及模板，适用于高度较小和形状比较复杂的桥塔施工，不需特殊装置和机械设备。

（2）爬升或滑升式模板及工作平台

将工作平台与模板组拼成可自动升降的整体装置，利用下节已凝固的混凝土中预埋的钢材来逐步提升模板与平台结构，机械化程度较高，可缩短工期，适用于大型桥塔施工。

（3）大型模板构件法

将模板及平台做成容易组装和解体的大型标准构件，利用起重机或特殊起吊设备来提升施工。此法应用于高空作业时存在安全问题，高度受到限制。

2. 主梁施工

斜拉桥主梁可以采用支架法、顶推法及平转法施工，但使用最多的还是悬索施工方法，它适用于所有跨径的斜拉桥施工。

3. 斜拉索施工

斜拉索施工主要分为挂索和张拉两个过程。成品索必须整索安装。

较短的成品索直接利用起重机将拉索起吊，借助卷扬机由钢丝绳或钢绞线将斜拉索两端分别牵引入主梁和塔柱上的预留索孔，并初步固定在索孔端面的锚板上完成挂索。长索的垂度大，无法直接用卷扬机将锚头牵引到锚板后方，在锚头接近锚板时用钢连接杆将锚头连接到千斤顶，由千斤顶将锚头拉到锚板后方。对于超长斜拉索，垂度特别大，连接杆已无法将锚头连接到千斤顶，必须先架设临时索，然后沿临时索将斜拉索牵引到位。成品索一般直接用千斤顶整索张拉。现场制作索可以用千斤顶逐根张拉，也可以用小千斤顶将初应力调均匀，再用大千斤顶整索张拉。

参考文献

[1]高峰.公路施工组织实务[M].北京:北京理工大学出版社,2018.

[2]严战友,崔冬艳,夏勇.山区高速公路施工安全与管理[M].成都:西南交通大学出版社,2018.

[3]王秀敏,葛宁.公路工程施工组织与管理[M].天津:天津大学出版社,2018.

[4]李志农,陈杰,王翠.风积沙路基公路设计施工与防沙[M].上海:上海科学技术出版社,2018.

[5]杨涛.高速公路标准化施工工艺规范蓬莱至栖霞高速公路建设实例[M].北京:科学技术文献出版社,2018.

[6]李自光,展朝勇.公路施工机械第3版[M].3版.北京:人民交通出版社股份有限公司,2018.

[7]陈希,胡毅,肖能立.公路施工组织[M].天津:天津科学技术出版社,2018.

[8]马敬坤.公路施工组织设计第3版[M].北京:人民交通出版社,2018.

[9]杨勇,王琨.公路施工安全管理与风险辨控技术[M].徐州:中国矿业大学出版社,2018.

[10]公晋芳.公路工程施工技术[M].长春:吉林教育出版社,2018.

[11]任传林,王轶君,薛飞.公路工程施工技术[M].长春:吉林科学技术出版社,2019.

[12]杨斌,马跃明,汪遽.公路高架桥梁与长隧道施工及研究[M].北京:文化发展出版社,2019.

[13]韩常领,夏才初,纳启财.多年冻土公路隧道设计与施工[M].上海:上海科学技术出版社,2019.

[14]郝铭.公路工程施工技术与质量控制[M].北京:北京工业大学出版社,2019.

[15]毛磊,李俊均,李小青.公路隧道钻爆法开挖支护机械化施工与管理技术[M].武汉:华中科技大学出版社,2019.

[16]王明华.山区公路施工技术研究[M].北京:北京工业大学出版社,2019.

[17]高峰.公路施工组织与概预算[M].哈尔滨:哈尔滨工程大学出版社,2019.

[18]王明华.公路施工及后期养护研究[M].北京:北京工业大学出版社,2019.

[19]汤云良.公路施工技术与管理研究[M].北京:北京工业大学出版社,2019.

[20]李涛,冯虎,王理民.公路施工与养护管理基础工作研究[M].长春:吉林科学技术出版社,2019.

[21]艾建杰,罗清波.公路工程施工技术[M].重庆:重庆大学出版社,2020.

[22]王旻,张振和.图解公路工程施工技术[M].北京:机械工业出版社,2020.

[23]武彦芳.公路工程施工组织设计[M].重庆:重庆大学出版社,2020.

[24]徐静涛.公路工程施工监理[M].2版.北京:北京理工大学出版社,2020.

[25]王首绪,杨玉胜.公路施工组织及概预算[M].北京:人民交通出版社,2020.

[26]张建娟.公路施工组织与概预算[M].徐州:中国矿业大学出版社,2020.

[27]李婷婷.公路施工组织与概预算[M].北京:人民交通出版社,2020.

[28]程可秀.公路工程施工管理研究[M].长春:吉林出版集团股份有限公司,2020.

[29]杨飞.公路桥梁施工与隧道工程[M].天津:天津科学技术出版社,2020.

[30]张国祥,陈金云,张好霞.公路与桥梁施工技术及管理研究[M].北京:文化发展出版社,2020.